中小学图书馆员

基本素养和基本技能系列丛书

U0802195

中国古代图书与图书馆

ZHONGGUO GUDAI TUSHU YU TUSHUGUAN

本书编著 王海明 秦 俭

现代教育出版社
Modern Education Press

图书在版编目（CIP）数据

中国古代图书与图书馆 / 王海明，秦俭编著. —北京：现代教育出版社，2023.5

（中小学图书馆员基本素养和基本技能系列丛书 / 王富主编）

ISBN 978-7-5106-8602-3

Ⅰ.①中… Ⅱ.①王… ②秦… Ⅲ.①图书史—中国—古代 ②图书馆学史—中国—古代 Ⅳ.①G256.1

中国国家版本馆CIP数据核字(2023)第041563号

中国古代图书与图书馆

中小学图书馆员基本素养和基本技能系列丛书

出 品 人 陈 琦
丛书主编 王 富
本书编著 王海明 秦 俭
选题策划 李 硕
责任编辑 王海平
封面设计 韩志鹏
出版发行 现代教育出版社
地 址 北京市东城区鼓楼外大街荣宝大厦3层
邮 编 100120
电 话 010-64252230（编辑部） 010-64256130（发行部）
印 刷 北京飞达印刷有限责任公司
开 本 710 mm × 1000 mm 1/ 16
印 张 16
字 数 320千字
版 次 2023年5月第1版
印 次 2023年5月第1次印刷
书 号 ISBN 978-7-5106-8602-3
定 价 49.50元

前言

图书是人类文明的承载体，对人类文明的保存、传承与发展起着不可替代的巨大作用。源远流长的中华文明，正是通过书籍得以千载流传。在书籍已成为人类日常生活必需品的今天，了解图书演进的过程，追溯与感受历史长河中流淌的一脉悠远的书香，无疑是一件很有意义的事情。

从文字的发明，龟甲竹帛文献的出现，到造纸术、印刷术的发明，再到图书普及的实现，中国图书的发展历史清晰地映现出中华民族文明进步的足印。数千年的积累，使“图书”这个主题包含的内容十分丰富，在这一主题之下，文字、编纂、纸张、出版、印刷、收藏、阅读等各个与图书相关的方面，无不值得我们去深入探寻。

一般而言，我国图书馆事业史被划分为古代、近代、现代三个历史阶段。古代社会的文献收藏之所称为“藏书楼”，近代以后社会的文献收藏之所则称为“图书馆”。

图书馆（藏书楼）是专门搜集、整理、保管、传播文献，并提供文献使用服务的机构，它的产生是以文字的出现为前提，藏书活动是图书馆（藏书楼）最本质的文化特征。藏书活动源于人类保存记事的需要。所谓藏书，是指将不同时代的文献，依据确定的编排体系，实施管理、保存与流通的文化活动，涉及文献收藏方式、组织方法、管理体制和利用形式四个方面。只要有利用文献的需要，就会有藏书的需求。藏书的目的就是使一次的使用变为多次的使用，短期的使用变为长期的使用，少数人的使用变为多数人的使用。

我国图书馆事业的历史变迁大致经历了古代藏书楼、近代图书馆、电子图书馆和数字图书馆四个阶段，其文献收藏出现过四次重大历史变革：第一次变革在春秋末年，改变了“官守其书”的局面，使得众多平民获得拥有及阅读图书的可能；第二次变革在东汉之后，纸张成为图书主要载体，图书传抄得以普及，形成除官藏以外的各类文献收藏系统；第三次变革在唐宋之际，雕版印刷技术的普及应用促进了书籍的生产与流通，丰富了文献收藏的内容和数量；第四次变革在19世纪中期，西方图书馆思想引入，开始出现与以往藏书楼性质和功能不同的近代新式图书馆。这些内容，本书均有所涉及。此外，对于古代图书馆的藏书活动，本书还列有古代图书馆藏书管理机制的相关内容，对古代图书馆藏书利用以及藏书家、藏书楼和藏书印等进行了主题论述。

然而，作为一本关于中国图书与图书馆史知识的普及性小书，本书不可能对“中国图书及图书馆”这一主题之下的各个方面进行全面铺展与深入探究。我们只是希望沿着历史的轨迹，为读者呈现中国图书及图书馆事业发展的清晰脉络，讲述中国图书和图书馆史上的重大事件与重要典籍，让读者对古代图书的形态、内容有所认识，对古代图书的刻印、流通与收藏概况有一定的了解，并通过此书，获得一些有关中国图书与图书馆史的基本知识。

虽然对于中国图书与图书馆史已有诸多学者的研究之作，然而这还远远不够。图书和图书馆是中华民族优秀传统文化的承载者与传续者，有关图书和图书馆的专题史不应当只限于学者的学术研究之中，而应当为更多的人所了解。因此，本书的撰写，是在忠于史实的基础上，尽量避免枯燥的学术考据，而以浅近的语言和生动有趣的历史掌故，来进行叙述。

希望本书能让读者增长一点儿有关中国古代图书和图书馆的知识，激发更多人了解相关知识的兴趣。

本书第1—5章由秦俭撰稿，第6—13章由王海明撰稿。由于编著者水平有限，书中难免存在错漏之处，望有识者批评指正。

编著者

2021年7月

目 录

第一章

图书概念、特征与社会价值

第一节　图书的概念与特征

一、图书的概念

图书是人类用文字、图画等符号，在一定物质载体上，通过一定的方式，对在生产、生活中获得的知识进行记录的结果。一本图书，必定具有一定的知识内容、记录符号、记录载体、记录方式与制作方式等，这些都是构成图书的基本要素。

在人类文明发展的不同历史阶段，图书的物质形态有所差别。距今上万年以前，旧石器时代的人类就已开始在洞穴的岩壁上，用图画反映捕猎、祭祀仪式等信息。1940 年发现于法国多尔多涅的拉斯科洞窟，被誉为“史前的卢浮宫”，至今已有 15000 年到 17000 年的历史，洞壁上各种色彩斑斓的绘画向人们传达出许多史前文明的信息。这种以绘画形式来记载史前文明信息的洞窟壁画，在世界其他地方还发现了多处。但直至文字出现，人类有了以文字记录并因此流传于后世的知识信息，才翻开了人类的文明史。

在人类文明史上，出现过以纸莎草纸、石板、泥板、树叶、羊皮、蜡板等为载体的图书。我国历史上曾先后以甲骨、青铜器、竹木片、绢帛等材料作为记录知识的载体，造纸术发明后，纸张以其取材容易，成本低廉，便于书写、保存、携带、阅读等优点，迅速取代了其他书写材料，成为记录知识最广泛采用的载体，直到今天，仍是图书的主要物质形态。随着科技的发展，图书除了纸质形态以外，还出现了如音像书籍、电子图书等新的形态。可见，随着时代的发展和文明的进步，人类记录知识信息的方式不断丰富，图书的形态在不断改变，人们对图书的认识也相应在不断地发生变化。

我国最早的图书，根据其书写材料的不同，曾有版、方、策、简等不同的名称。《周礼·天官·司书》中说“司书掌邦之六典、八法、八则、九职、九正、九事邦中之版，土地之图”[①]，意思是“司书掌管有关王国的六典、八法、八则、九职、九赋、九贡、九式的文书”，这里的“版”即图书。《周礼·春官·宗伯》还记载：“王制禄，则赞为之，以方出之。”[②]意思是：“王制定俸禄，就帮助王撰写下来，用方公布出去。”版和方都是以木片为书写材料的书。杜预《春秋经传集解》的序言中说：“大事书之于策，小事简牍而已。”可见策、简等也是古代对图书的称呼，而且策与简已经有了不同的形制与功能，策所记录的文字较多，简所记录的文字较少。策和简是以竹片为书写材料的书。

司马迁的《史记·萧相国世家》中有“先入收秦丞相御史律令图书藏之”[③]的记载，说明西汉时已有了明确的书的概念。许慎《说文解字·序》中说“著于竹帛谓之书”，即从书的形态上对汉代的图书所下的定义。

对于现代的图书，《简明不列颠百科全书》（中文版）定义为：一本书是手写的或印刷的，有相当长度的信息，用于公开发行。信息记载在轻便而耐久的材料上，便于携带。它的主要目的是在人与人之间传递信息。因其便于携带与耐久而能达到此目的。它不受时间与空间的限制，行使宣告、阐述、保存与传播知识的职能。《中国大百科全书》对“图书”的阐释是：“用文字、图画或其他符号手写或印刷于纸张等形式的载体上并具有相当篇幅的文献。图书是人类社会发展到一定阶段的产物，是作为记录和保存知识、表达思想、传播信息的手段而出现的。不同的历史时期，人们对图书概念的认识不尽相同。图书产生之初，与书契、档案不分。随着图书从零星、片断记载到系统的著述，对图书的解释也不断变化。如联合国教育、科学和文化组织（UNESCO）为了统计目的，对除封面外篇幅不少于49页的非定期出版物称图书，49页以下者为小册子。也有人将一切书籍、期刊、小册子、图片等泛称为图书。前者可视为狭义的图书，后者可视为广义的图书。”[④]

---

① 《十三经注疏》整理委员会．十三经注疏·周礼注疏[M]．北京：北京大学出版社，1999：166．

② 《十三经注疏》整理委员会．十三经注疏·周礼注疏[M]．北京：北京大学出版社，1999：710．

③ 司马迁．史记[M]．北京：中华书局，1959：2014．

④ 中国大百科全书总编辑委员会．中国大百科全书（图书馆学·情报学·档案学）[M]．北京：中国大百科全书出版社，1993：420．

从上述阐释可以看出，在历史发展进程中，人类对知识载体从不同的出版方式、功能等方面进行了进一步的区分。我们可以将一切记录人类知识的载体称为文献；将那些不定期出版、用于公开发行、有相当长度，有别于报刊、档案、科技报告、视听资料等的文献，称为图书。

二、图书的属性特征和类型

图书的知识内容、著者出版信息、文字种类、装帧形式、尺寸大小、书写材料等各种元素，是构成图书的属性特征。图书是记录人类知识信息的载体，因此，在图书的各种属性特征中，知识内容便是其主要属性。图书的内容属性是图书的本质属性，是一种图书与另一种图书最根本的区别所在。图书的内容要依附于一定的物质形式，因此，除了内容上的属性，图书还有其他一些属性，如记录图书内容所用的材料，图书的装帧形式、开本大小、版本形态、所用文字符号等，这些属性特征是形式上的，是图书的次要属性。所谓图书的类型，就是利用图书的这些属性特征，对图书进行的划分。

根据图书的不同属性，可以划分出图书的不同类型。例如，按照图书的学科内容，可将图书分为社会科学类图书、自然科学类图书。如果再进行细分，可以分为哲学、政治、军事、经济、文化、教育、文学、历史、数学、物理、化学、生物、地理等类图书。按图书的不同用途，可将图书分为工具书、教材、教辅、普通读物等。按图书的装帧形式，可将图书分为精装书、平装书、线装书等。按图书所用的文字划分，则可将图书分为中文书、英文书、法文书等。

图书的每种属性，都可作为图书类型的划分标准，由此便可划分出各种不同的图书类型。在对图书类型进行划分时，可以将其中一个属性特征作为划分标准，也可以渐次采用多个属性特征作为划分标准。采取的划分标准不同，所划分出来的图书类型也不一样。在图书整理工作中，应当采取哪种属性，将图书分成哪些类型，可视具体的需要而定。

第二节　图书的社会价值

人类将在生活与生产中积累总结的经验、知识记录于图书，也将自己的思想、情感诉诸图书。图书是人类知识信息的载体，又反作用于人类社会，对人类社会的发展起着不可替代的作用。

一、图书具有传承文化知识的作用

公元前 800 年至公元前 146 年间，古希腊人在哲学、文学、戏剧、建筑、科学等诸多领域取得了很高的成就，创造了影响深远的古希腊文明。这些成就一度被欧洲中世纪的黑暗所掩蔽，如果没有图书对它们的记录保存，很难想象人类历史会如何开启 14 世纪文艺复兴这场伟大的思想解放运动。同样，图书使文艺复兴思想与成果得以保存并广泛传播，这对欧洲从封建主义向资本主义发展起到了巨大的推动作用。从古希腊文明到文艺复兴，从文艺复兴到科技革命，在人类文明向前迈出的每一个足印中，图书的作用都清晰可辨。

在差不多同时期的我国春秋战国时代（前 770—前 221），周王室政权式微，社会动荡，出现了百家争鸣的学术繁荣局面，诸子百家纷纷著书立说。儒、法、墨、道等各家的著作，在哲学、宗教、政治思想、社会制度、社会管理、教育、科学技术等许多方面，对中国后世产生了深远的影响。直到今天，《论语》《道德经》等图书中的思想，还在影响着人们的思想与行为。

可见，图书对于人类文化知识的薪火传承起到巨大的作用，是人类文明发展的重要标志。因为有了图书，人类文明才得以广泛传布承继，并以加速度向前迈进。正如高尔基所说：“书籍是人类进步的阶梯。”

二、图书在国家治理与社会管理中起到重要作用

早在公元前1700多年前，古巴比伦王国已经开始利用《汉谟拉比法典》治理国家与社会。在我国殷墟出土的甲骨上，也明确记录了商代的刑法。在漫长的古代社会中，除了法律，关于政治经济制度、社会治理、军事、外交等方面的图书也十分丰富。以先秦时期为例，我国的《周礼》《尚书》《春秋》等书详细记载了当时社会的政治经济制度，对封建社会君王的治国理念有很大的影响。又如举世闻名的《孙子兵法》，其军事思想与谋略至今仍受到人们的推崇。《韩非子》不仅成为秦国富国强兵、最终统一六国的治国法宝，对后世也产生了深远影响。实际上，我国历史上各个时期都有许多治国理政之书，而各朝各代的君王也通过图书所记载的治国方略、律令来统治国家。

现代，图书在国家治理与社会管理中的作用与意义更加明显，政治、经济、军事、法律等相关类别的图书品种十分丰富，大到宏观政策，小到具体措施，无所不包，对国家与社会的政治建设、经济发展、社会治理等具有参考价值。

三、图书的教育功能对于提升人类整体的文化水平、文明程度具有至关重要的作用

图书是文化产品，属于上层建筑。图书产生之初，文字掌握在极少数人手中，文字的掌握者、记录者主要是王室的史官、掌管祭祀与占卜的巫，其所记内容主要是王室的起居、更替、征伐等重大政治军事事件以及祭祀、占卜等宗教活动，因此，图书的功能较为单一，主要起到相当于我们今天档案的作用。图书对于当时绝大多数人来说，神圣、神秘而遥不可及，其社会作用与影响都很有限。

随着社会的发展，政治制度的改革，掌握文字的阶层人数也逐渐增加。在西方，苏格拉底、柏拉图、亚里士多德等先哲先后在雅典城邦传道授业，将自己的学术思想、科学研究成果传授给众人，成为当时最有影响的教育家。这时的中国，士大夫阶层已渐渐参与到文化活动中来。图书的内容逐渐丰富，图书的功能也逐渐增多。人们开始将图书所记载的内容传授给更多的人，图书的教育作用也随之彰显。《史记》记载的“孔子以诗书礼乐教，弟子盖三千焉，身通六艺者七十有二人”[①]，清楚地反映出孔子招收学生已经有相当大的规模，说

① 司马迁．史记[M]．北京：中华书局，1959：1938．

明我国春秋战国时期，教育已开始兴盛，而孔子晚年编定的“六经”[①]应当是他用于教授弟子的教材。隋唐以降，科举制的实行为寒门士子进入上层社会提供了机会。读书受教育成为下层社会读书人改变命运的途径，通过图书接受教育的人数进一步增加。

今天，图书的教育作用已大大提升，各学科、各层次的教材应有尽有。人们不仅在学校学习专门的教材，达到受教育的目的，还通过阅读其他图书不断丰富、更新文化知识，从而终身接受教育。

四、图书对社会道德风尚具有极大的引领作用

图书是人类精神文明的产物。人们通过图书中宣扬的道德伦理，培养品性，修养身心，从而形成整体的社会道德风尚。如在我国封建社会占正统地位的儒家思想中，其所宣扬的“三纲五常”[②]，通过儒家的经书、史书及各种文学作品的反复解说、演绎，不仅构建起封建社会的生活秩序，还成为封建社会伦理道德准则，广泛影响着人们的生活行为。

现代社会，图书更因其对人类社会道德风尚的构建、对精神文明的影响，而受到高度重视。

图书对个人命运的影响十分明显，对社会的发展起到重要推动作用，这就使得人们对文字与图书怀有尊崇、敬畏的情感，往往将其奉于神圣的地位。

我国历代统治者十分重视图书，政府设有专门的藏书机构和专门管理图书的官员（如御史大夫、兰台令、大学士等），并组织进行官方图书的纂修与出版活动。历史上著名的《永乐大典》《四库全书》等，皆是由官方组织搜集、编撰与抄录的。官刻图书，以其刻印精美、品质优良而受到学者、收藏家看重。

一般读书人对图书的爱重，往往表现在千方百计、不惜重金搜求图书，为所收藏的图书修造藏书阁、藏书楼，予以精心呵护与珍藏，同时自己也刻印出版图书。历史上不少著名的学者文人都是书痴，他们爱书成癖的故事往往流传

① 孔子对上古流传下来的文献进行整理，即后人所说的“删诗书，定礼乐”，对《周易》进行阐述并对鲁国史《春秋》进行删定，即后人所说的“赞周易，修春秋”，最终编定《诗》、《书》（即《尚书》）、《礼》、《易》（即《周易》）、《乐》、《春秋》六种书籍，后代称为“六经”。

② 三纲：君为臣纲，父为子纲，夫为妻纲。五常：仁、义、礼、智、信。

后世，成为佳话。如清代著名的藏书家黄丕烈，就曾多次在除夕夜举行祭书仪式，将自己珍藏的图书放于案头，供花果名酒，焚香参拜。①

民间的老百姓对图书也非常尊崇。凌濛初的小说《二刻拍案惊奇》卷一《进香客莽看金刚经 出狱僧巧完法会分》中，记载了这样一个故事：

> 宋时，王沂公之父爱惜字纸，见地上有遗弃的，就拾起来焚烧；便是落在粪秽中的，他毕竟设法取将起来，用水洗净，或投之长流水中，或候烘晒干了，用火焚过。如此行之多年，不知收拾净了万万千千的字纸。一日，妻有娠将产，忽梦孔圣人来分付道："汝家爱惜字纸，阴功甚大。我已奏过上帝，遣弟子曾参来生汝家，使汝家富贵非常。"梦后果生一儿，因感梦中之语，就取名为王曾。后来连中三元，官封沂国公。宋朝一代中三元的，止得三人，是宋庠、冯京与这王曾，可不是最希罕的科名了！谁知内中这一个，不过是惜字纸积来的福，岂非人人做得的事？

这个故事宣扬了爱惜记录有文字的纸，就是为自己积福，就会得到好的结果。对一张字纸尚且如此，更遑论对图书了。可见，那时的人们认为，图书有一种神奇的魔力，因此对图书自然怀有十分敬崇之心。

图书具有极大的社会价值，因而在历史上闪耀着神圣的光芒。如今，虽然图书已十分普及，成为人们生活中的平常之物，但其社会价值却并未稍减。相反，在现代社会中，知识已成为一个人的立身之本，人们需要通过阅读大量图书来学习知识技能，塑造思想品行，丰富精神世界，图书已成为人们生活中不可或缺的必需品。随着现代技术的发展，人创造了图书，图书又用它所记录的人类智慧，滋养着人类文明之花的繁盛。

图书是人类文明的记忆者与记载者，无论在内容上还是在形态上，都向我们传达着丰富的人类社会发展信息。对图书追根溯源，了解图书演变发展的历史，对于我们更深刻地认识图书这一兼物质文明、精神文明于一体的特殊文化产品，从而更好地对其进行管理、传播，更加充分地发挥图书的作用，具有十分重要的意义。

---

① 王余光，徐雁. 中国阅读大辞典[M]. 南京：南京大学出版社，2016：534.

第二章

图书的产生与发展

第一节　汉字的起源与图书的产生

一、汉字的起源

文字是记录知识的符号，是图书的基本构成要素之一。了解我国图书的产生，首先应该了解汉字的起源。

那么，汉字出现于什么时候呢？对这个问题，史籍中有着不同的说法。孔安国在《尚书序》中说："古者伏羲氏之王天下也，始画八卦，造书契，以代结绳之政，由是文籍生焉。"他认为是三皇之一的伏羲发明了汉字。但后来人们知道《古文尚书》是伪书，所以伏羲造字一说自然也不被采信。

流传最广、影响最大的，是仓颉造字的传说。相传仓颉是黄帝的史官，他观察鸟兽的脚印，受到启发，发明了文字。"仓颉作书"在《荀子》《吕氏春秋》等多种古籍中都有记载。《淮南子·本经训》中说："昔者仓颉作书，而天雨粟，鬼夜哭。"为什么仓颉发明文字，老天会降下粟雨，鬼会在夜里号哭呢？《淮南鸿烈解》许慎注："有契则诈伪萌生，诈伪萌生则去本趋末，弃耕作之业，而务锥刀之利。天知其将饿，故为雨粟。鬼恐为书文所劾，故夜哭也。"意思是，有了文字书契，人们便会变得狡诈虚伪，为了寻求微末之利而放弃耕作。上天知道人们会因此挨饿，便降下粟雨。鬼怕人利用文字来劾制他们，所以在夜里号哭。这些记载，为汉字的产生增添了许多神奇的色彩。

其实，文字不可能产生于一夜之间，也不是某个人灵光一现的产物。在我国现存最早的文字甲骨文中，象形文字占绝大多数，东汉文字学家许慎在《说文解字》中总结汉字构成的六种类型时，说象形文字是"画成其物，随体诘屈"，说明了最早的文字跟图形有着密不可分的联系，是由图形演变而来的。古代典籍中记载的造字者，有可能只是文字的系统整理者。仓颉造字的传说从一个侧面说明，文字的出现的确是一件惊天地、泣鬼神的大事。有了文字，人类的活动才得以记录，人类文明才得以长久保存和广泛传播。文字是人类智慧的结晶，对保存人类知识成果、传递文化知识、促进人类文明的发展进程有着极其重大的意义。数千年来，中华文明得以薪火相传，汉字起到了至关重要的作用。

虽然汉字起源的确切年代已不可考，但我国现存最早的文字甲骨文已经是比较成熟的文字，这充分说明了汉字历史的久远。

二、图书的产生

文献典籍在夏商时期甚至更早就已经出现。我们的祖先曾以龟甲、兽骨、石鼓、青铜器等作为载体，将当时的重要事件如王室活动、战争、祭祀、占卜等用文字记录下来。这些记载着文字的龟甲、兽骨、石鼓和青铜器物，起到了记录保存知识与信息的作用，具有文献典籍的性质。虽然它们还不以传播知识为目的，主要起着类似现在的档案的作用，也有人因此不将其视为图书，但它们无疑是图书的早期形态。

西周重视礼制，不仅制定了完善的典章制度，建立起一套严密的礼仪体系，而且设立学校[①]施行教育。西周时期，中华文明有了很大的发展，产生了许多重要典籍文献。对中华文化产生重大影响的《易经》，后来收于《尚书》中的《周书》，《诗经》三百篇中的《周颂》《大雅》《小雅》《周南》《召南》等，都是这一时期的作品。始于西周的竹木简策虽然还没有图书之名，但已经具有传播知识的功能，可称为名副其实的图书了。

春秋战国时期，社会发生巨大变革，奴隶制度走向没落，参政的要求使“士”这一阶层对知识格外重视，私学兴盛，尤其是诸子百家通过讲学著述以传播各自的思想与学问，出现了百家争鸣的局面。思想的空前活跃促进了文化的繁荣，因此文献典籍也更加丰富。孔子曾搜集整理古代典籍，“删诗书，定礼乐，赞周易，修春秋”，编定《诗》《书》《礼》《乐》《易》《春秋》六种图书，这六种图书对后世产生了深远的影响。

那么，“图书”这个名称出现于什么时候呢？《周易·系辞》记载：“河出

① 西周官学分为乡学（庠）和国学两种。

图，洛出书，圣人则之。”说的是伏羲为天下之王时，有龙马出于黄河，其身上有图，称为“河图”；有神龟现于洛水，其所负之书，称为“洛书”。伏羲就根据龙马、神龟的图、书，制成八卦。这里所说的图、书，是指龙马、神龟身上的图案纹样，虽不是我们现在所说的“图书”，却可能是“图书”一词的来源。

战国时期的《慎子》《韩非子》中都已有“豪杰不著名于图书，不录功于盘盂，记年之牒空虚”之句，这说明战国时期已经有了“图书”这个正式称谓。两汉时，《史记》《汉书》《汉纪》《论衡》等多部著作中都有图书的称谓，图书这个名称已经普遍使用了。

第二节　纸发明之前的中国图书

纸发明之前，我国文献典籍的载体主要有甲骨、金石、简策、缣帛等形态。

一、甲骨

我国现存最早的文字是殷商时代刻在龟甲、兽骨上的文字。3000 多年前的商代，从王室到民间，占卜盛行。无论是商王祭祀、征伐、出行，还是百姓打猎、捕鱼、预测天气等，都习惯去问问鬼神，将占卜的过程和结果（卜辞）刻在龟甲或兽骨上。甲骨文是我国现存最早的文献。

19 世纪末，甲骨发现于河南安阳小屯村。村民们在翻地时不断翻出甲骨，他们把这些甲骨当作中药材“龙骨”拿去卖。1899 年，一名古董商带了一块“龙骨”给国子监祭酒、著名金石学家王懿荣看，王懿荣发现了刻在“龙骨”上的文字。经过考证研究，王懿荣认定这些文字是比篆籀更早的文字，于是，他有意识地在各药房进行收集。王懿荣是第一位发现并收藏甲骨的人，正是他确认了甲骨文的价值，从而开启了对甲骨文的研究。

随后，清末著名学者、《老残游记》的作者刘鹗从自己收藏的 5000 多片甲骨中精选了 1000 多片编印成《铁云藏龟》一书，这是我国第一部著录甲骨文的图书。而晚清学者、经学大师孙诒让据此书写成的《契文举例》，对 100 多个甲骨文字进行了考证解释。《契文举例》是我国第一部考释甲骨文字的著作。

其后，王襄、罗振玉等学者通过研究，找到了殷墟，发掘出大量甲骨，甲骨文的奥秘也被进一步揭开。目前殷墟出土的甲骨已有 15 万片之多，甲骨上不相重复的文字有 4500 个左右，其中已辨认出来的约 1700 个。这说明甲骨文已是比较成熟的文字。甲骨文献所记录的祭祀、天象、战争征伐、收成、疾病等内容，也为我们了解商代社会情况、研究商代历史提供了极其珍贵的资料。

二、金石

金属和石头都是我国古代用以记事的材料，它们不像甲骨多出现于商代，而是上自商周，下至清代，一直都在被人们使用。以金属和石材为载体，在其上记录文字，可谓由来已久。古籍中对于金石文献出现的记录，甚至远涉黄帝、禹等上古帝王，如《拾遗记》中提到“黄帝以神金铸器，皆有铭题”，《吕氏春秋·求人》篇中又说“得陶、化益、真窥、横革、之交五人佐禹，故功绩铭乎金石，著于盘盂”。这些说法因均无材料佐证，不敢据信。但商周之时，中华文明从石器时代进入青铜器时代，既出现了钟、鼎这样体积较大的宗庙祭祀礼器，也有体积较小的青铜器如爵、觚、壶、斝、卣等，种类繁多；尤其是鼎，更是国之重器，是权力的象征。青铜器上铸有文字，记载当时有关祭祀、征伐、赏赐等重大社会活动，尚有许多存世实物可证。如西周晚期的毛公鼎（今藏于台北故宫博物院），是周宣王（前 827—前 782 在位）时的重器，上面用 497 个字记录了周宣王追思文武功绩，感叹四方动乱，委命毛公父厝辅助他治理天下的事情。

钟鼎、石材材质坚固，能久远保存，且体积较大，便于铭刻较长篇幅的文字，因此，歌颂帝王功绩的内容多于其上镂刻。

商周时期钟鼎上铸刻的文字，和甲骨文有所不同，是小篆出现之前的大篆，也叫籀书或钟鼎文，后世之人也将其称为金文。因为铜是铸造钱币的材料，至战国末年，已不大用铜来铸造器物，铭于器物上的金文也就渐渐少了。所以我们今天看到的金文文献，以商周时期为最多，越往后越少。

现存最早的石刻文是唐代初年在今陕西宝鸡凤翔发现的“石鼓文”，因其刻于十个鼓形石上，故名。这些石鼓大约是秦国初期的刻石，其上用大篆记录了秦国国君游猎的情况，所以又称“猎碣”。据《史记·秦始皇本纪》记载，秦始皇统一天下后，东巡峄山、泰山、之罘、琅邪等地，均“立石颂秦德”。秦始皇巡游刻石立碑的，还有会稽、碣石等地，这些碑上的文字都是早期的石刻文。

在自汉代至清代两千余年的历史中，产生了大量的石刻，其内容也不再局限于歌颂帝王的功德，还扩展到儒、佛、道等经书，纪事、纪言之文，墓志，文书，地图，等等，内容繁多，不能尽述。

金石之名，在先秦文献中已多有所见，如:《墨子》一书中，即多次说到要将历史文献“书于竹帛，镂于金石，琢于盘盂，传遗后世子孙”;《荀子·劝学》篇中“锲而不舍，金石可镂”的名句更是为人们所熟知。金石文献具有很高的史料价值，是研究经、史的重要材料，各代所刻的文字也反映了文字的发展，是文字演变的实例。因此，金石文献历来受到各领域专家学者、书法家的高度重视，是中国图书的重要形态之一。从宋代起，已有专门著录研究金文的著作。以考据见长的清代乾嘉学派，对小学（指研究文字、训诂、音韵的学问）非常重视，撰写出许多关于金石研究的著作，对古文字学研究作出了很大贡献。

三、简策

在甲骨、金属或石头上刻铸文字不是一件容易的事，于是我们的祖先就将竹子和木头削成片，经过杀青（用火烤干水分）处理后，作为书写材料。写有文字的竹片或木片，称为竹简或木简（木简也称为木牍）。将一片片竹简或木简用皮索或麻绳编串起来，就叫作简策。“策”是“册”的通假字，所以简策也可以叫作“简册”。

简策的历史悠久，国学大师王国维说:“书契之用，自刻画始。金石也，甲骨也，竹木也，三者不知孰为先后，而以竹木之用为最广。”① 我们的祖先什么时候开始用竹木来书写，现在已经无法考证，但是，在《尚书》《左传》《诗经》等文献记载中都有简与策的身影。如《尚书·多士》说“惟殷先人有册有典”,《尚书·金縢》又说“公（周公）归，乃纳册于金縢之匮中”，反映出商周时期就有简册了。《诗经·小雅》有“岂不怀归，畏此简书”句，也是关于简策的记载。

孔子编订“六经”，他所收集的文献资料大多应当也是简策。《史记·孔子世家》说，孔子晚年“读《易》，韦编三绝”，意思是孔子晚年时反复研读《周易》，以至编连《周易》简策的绳子都断了好几次。“韦编三绝”的故事后来被用来形容读书勤奋，也向我们传达了孔子当时所读之书是简策的信息。

南宋学问家程大昌说:“古者大事书之于策，小事简牍而已。策者，编缀众简而成者也，文满百乃书之，不然则否，故曰小事简牍而已。”这说明，简

① 胡平生，马月华．简牍检署考校注[M]．上海：上海古籍出版社，2004：1-2．

策的形制是根据书写的需要而定的。百字以内，写于木片上，这个木片称为“版”，写上文字的版就称为“牍”或“方”。超过百字，一版写不下，就写在用绳串编的策上。现在我们仍在使用的“版图”“尺牍”等词汇，就是从古代沿袭下来的。

为了防止文字被磨损，古人在编串简时，要在正文前面加上一枚空白简，这枚空白简称为赘简。为了便于查找，可以在赘简上写上书名或篇名，类似我们今天图书的封面。写好的策，可以以最后一枚简为轴，从尾到头卷起来，捆成一卷，收放于箧（筐）或帙（布袋）中。可以说，简策已经完全符合我们现在对书籍的定义，是真正的书籍了。

由于取材容易，价格低廉，书写便利，在文化迅速发展、学术思想出现“百家争鸣”的春秋战国时期，竹木已成为最常使用的书写材料。在纸张发明以前的秦汉时期，简策数量更是大量增加，这从简策的出土情况就可以证明。

古代就有关于简策出土的记载，历史上有名的“汲冢竹书”发现于晋太康二年（281）魏襄王墓（也称魏安釐王冢），经整理抄写后流传于今的尚有《竹书纪年》《穆天子传》，可惜原简已不存。迄今为止，已经出土了数以万计的秦汉简策。如发现于湖北云梦县的1155枚秦代竹简——云梦竹简，上面记载的内容包括秦朝的法律、行政文书、医学、占卜等，是研究秦代法律、政治、社会、文化、语言文字、科学等的重要资料。出土于内蒙古自治区的居延汉简，内容也十分丰富，是了解汉代历史的珍贵历史文献。山东银雀山汉墓出土的4900多枚竹简中，有《孙子兵法》《孙膑兵法》等国宝级文物，这些简策对于研究古代政治、军事、外交、语言文字等，具有巨大的价值。从上述举例可以看出，简策是纸书出现以前流传最广泛的图书形态。简策除了以竹木为材料，还有以金玉为材料的。不过金玉材料珍贵，以之为简策的情况较少，普遍使用的还是竹木。

竹、木容量有限，以竹木为载体的图书——简策，无论就体积还是就重量而言，都不便于携带。战国时期的哲学家、诸子百家中名家的代表人物惠施（即惠子），知识渊博，《庄子·天下》记载“惠施多方，其书五车”，意思是惠施的方法多本领大，他读过的书很多，要五辆车才能装完。后世即以“学富五车”来形容学问大的人，从中也可见那时的图书——简策往往是要用车来装的。那时的学者若要带书出行，往往需要专门的车辆装载简策。据史籍资料记载：墨子周游列国，带了三大车竹简；孟子周游列国，也带着专门载书的车辆。

后来，随着人类文明的进步，知识的不断积累，图书的内容越来越丰富，需要更加轻便的材料来代替竹木，那就是纸张。不过，在纸张发明以前，简策使用的时间很长；在纸张发明以后，简策还和纸张并行使用了较长时间，直至东晋，才完全被纸张取代。

四、缣帛

缣帛是一种丝织品。古代文献中记载有黄帝的妻子嫘祖“亲蚕为丝”的事，其真伪虽不可考，但现代考古发现的丝织物碳化残片证明，在新石器时代我国已出现了丝织品。现存的甲骨文中就有“帛”这个字。这些都说明，古人很早就知道利用蚕丝进行纺织了。除了缣帛，类似的丝织品还有绢、缯、素等。在缣帛等丝织品上书写的图书文献，称为帛书。帛书也叫缯书。

缣帛在先秦时已经被用作书写材料，前文提到的《墨子》“书于竹帛，镂于金石”之语，就是证明。春秋、战国至秦汉时期，缣帛的使用较为普遍，尤其是汉代，宫中收藏了许多缣帛。缣帛具有轻便柔软、便于携带、字容量大等优点。因此，缣帛也被用于绘制图画。用缣帛书写文字，是书写材料的一大进步。

但是缣帛也具有易朽坏、难以长久保存等缺点。从考古出土实物来看，竹简较多，而缣帛则很少，就是这个缘故。1942 年在湖南长沙东郊子弹库战国墓中出土的“楚帛书”① 是现存最早的帛书实物，约书于战国中晚期。1972 年长沙马王堆汉墓出土的帛书最多，有《老子》甲乙本、《战国纵横家书》以及已失传的古医书等 20 余种，还有两幅帛画。帛书还有一个缺点，就是作为书写材料的丝织品价格昂贵，非寻常百姓所能使用，即使是像刘向这样的大学者，也不轻易使用。古籍中记载，西汉末年，刘向奉命整理宫中书籍，校勘群书时，都是先在竹简上书写，等修改定稿后，再抄写到缣帛上。

① 全文 900 多字，也被称为“楚缯书”。

第三节　印刷术发明之前的中国图书（写本）

一、纸张的发明

在《后汉书·蔡伦传》里有这样一段文字："自古书契多编以竹简，其用缣帛者谓之为纸。缣贵而简重，并不便于人。伦乃造意，用树肤、麻头及敝布、鱼网以为纸。元兴元年奏上之，帝善其能，自是莫不从用焉，故天下咸称'蔡侯纸'。"① 这段文字向我们传达了这样几条信息：①纸发明以前已有了"纸"这个词，不过那时的"纸"指的是缣帛，而不是今天的"纸"的概念；②蔡伦造纸用的原料是树皮、麻头、破布、渔网等；③蔡伦发明纸张以后，纸张得到广泛使用。

据古籍的这一记载，造纸术是由蔡伦所发明的。现代考古却发现，我国造纸术应当发明于蔡伦之前的西汉时期。1957 年在西安灞桥出土了"灞桥纸"，"灞桥纸"的年代大约在公元前 118 年，但专家对"灞桥纸"是不是用造纸术造出来的纸张还有所争议。1973—1986 年陆续在甘肃居延、陕西扶风、甘肃敦煌、甘肃天水等地出土的纸张，年代都在公元前（约前 179—前 49）。初期的纸张质地粗糙，很难用于书写。直到东汉和帝时期（89—105），蔡伦对造纸技术进行改进，使纸张的质量得以大大提高后，纸张才逐渐取代简帛，成为广泛的书写材料。

纸张成为书写材料，是书写材料的一次重大变革。特别是经蔡伦改进后的造纸术，提高了纸张的产量与质量，为纸张能够成为普遍的书写材料提供了客观条件。以纸张为知识载体，对于知识的记录、保存与广泛传播，起到了重要

① 范晔. 后汉书[M]. 李贤，等，注. 北京：中华书局，1965：2513.

的作用，极大地推动了人类文明的发展。虽然蔡伦不是最早发明造纸术的人，但是蔡伦改进的造纸术对人类文明作出的巨大贡献，是值得浓墨重彩地留于史册的。

蔡伦改进造纸术之后的东汉时期，纸张被广泛用于书写，但尚未完全取代绢帛等丝织品。那时纸张的使用情况，我们可以从《艺文类聚》《北堂书钞》等图书的记载中略窥得一二。先来看看《艺文类聚》卷三十一中所记载的几封东汉人的书信：

崔瑗的《与葛元甫书》："今遣奉书，钱千为贽，并送《许子》十卷，贫不及素，但以纸耳。"

马融《与窦伯向书》："孟陵奴来赐书见手迹，欢喜何量，次于面也。书虽两纸，纸八行，行七字，七八五十六字，百一十二言耳①。"

延笃《答张奂书》："惟别三年，梦想言念，何日有违？伯英来，惠书盈四纸，读之三复，喜不可言。"

张奂《与阴氏书》："笃念既密，文章灿烂，名实相副，奉读周旋，纸弊墨渝，不离于手。"

崔瑗是汉安帝（107—125）时的官员，他给葛元甫送礼，除了钱，还有用纸抄的《许子》十卷。而马融、延笃、张奂等东汉时的官员在写信时，都使用了纸张，说明纸张在当时已经很盛行了。

不过，从《艺文类聚》《北堂书钞》所引东汉赵岐的《三辅决录》"韦诞奏：蔡邕自矜，能兼斯籀之法，非纨素不妄下笔"，《三国志·魏书·文帝纪》说魏文帝曹丕"以素书所著《典论》及诗赋饷孙权，又以纸写一通与张昭"等情况来看，那时丝帛也在使用。只不过丝帛材料贵重，其使用远不及纸张普遍。

可见，纸张发明以后，简帛图书和纸书还并行了较长一段时间，但纸张所具有的原材料易得、便宜，轻薄，便于书写、携带、保存等优点，是竹、木和丝织品所不能比拟的。因此，纸张最终完全取代简帛，是历史发展的必然。东晋安帝元兴元年（402），大臣桓玄夺取朝权，自立为王后，下令"古无纸，故

① 百一十二言耳：文津阁本《四库全书》所录《艺文类聚》中，此处为"百三十二言耳"，"三"应是"一"之误。

用简，非主于敬也。今诸用简者，皆以黄纸代之”[①]，对纸张书写的普及起到了重要作用。随着纸张取代简帛，图书进入了纸本时代。

二、印刷术发明之前的写本

1. 写本的概念

在印刷术发明之前，无论是简策、缣帛，还是纸本图书，都是由人手抄的。人工抄写的图书，称为“写本”。“写本”在唐以后也叫作“抄本”。

2. 汉代的写本

秦始皇吞并六国、统一天下之后，为了巩固政权，禁锢思想，“焚书坑儒”，将他认为对统治无用的图书文献悉数烧毁，只留下《秦纪》、法令和一些医、巫、种树的书。先秦图籍遭到严重损毁，损失殆尽。汉朝建立后，经几代帝王实行休养生息政策，至汉武帝时，社会经济已得到很大发展，国力日益强盛。国家开始广开献书之路，大规模搜集、整理图书。百年之间，书积如丘山，“天下遗文古事靡不毕集”[②]。汉成帝时，光禄大夫刘向等受命校书，将整理后的图书重新进行抄写。刘向为所校之书，每种均写一叙录，单独编成一本图书《别录》。刘向死后，他的儿子刘歆继续校书工作，并总结所校之书，写成《七略》。今《别录》和《七略》均已亡佚，但从《汉书·艺文志》中的记载，我们仍能了解到当时抄校图书的大概情况。此次整理图书，抄书量大约为13000卷。

刘向、刘歆的整理工作，所抄图书仅是汉代写本的一部分。汉代写本总共有多少，现在已经难以完全统计，不过，从前文介绍的简帛出土情况和史料所记来看，汉代的写本数量是很多的。据曹之《中国古籍编撰史》介绍，两汉时期的官方抄书大约有6万卷。

3. 魏晋南北朝时期的写本

魏晋时期，随着造纸技术的进步，纸张产量进一步增加，纸张的使用范围更加广泛。据《晋书》所载，西晋文学家左思博学能文，他花了10年时间构思，潜心写成《三都赋》。当时名气很大的张华、皇甫谧等文人读后，都大为

---

① 李昉．太平御览：卷第六百五文部二十一[M]．四部丛刊三编景宋本．

② 司马迁．史记[M]．北京：中华书局，1959：3319．

叹赏，张华甚至称其为“班张之流”[①]，说他的《三都赋》“使读之者尽而有余，久而更新”，令人回味无穷。于是当时的达官贵人竞相传抄，以至于洛阳纸张供不应求，价格大涨。这就是“洛阳纸贵”这个成语的由来，这个故事也从一个侧面反映出当时纸张普遍使用的情况。

魏晋南北朝时期，无论官方还是民间都很重视抄书。魏晋时期，官方大规模的校书活动就有六次。至南北朝时期，北魏统治者重视学习吸收汉文化，广泛搜集图籍并进行抄录；南朝虽经历宋、齐、梁、陈四代，但社会局势相对稳定，经济持续发展，文化也受到重视，国家多次进行抄书活动。南北朝时期，大规模的抄书活动就有十余次。[②]

私人抄书也很兴盛。《太平御览》中辑录了数条关于当时私人抄书的情况：梁子初、杨子林，抄书万卷；隐士沈驎士，年过八十，还手抄图书满数十箧；北魏书法家穆子容，见书必抄录，抄得上万卷……[③]

此时，自东汉开始传入中国的佛教也进入兴盛阶段。唐杜牧“南朝四百八十寺，多少楼台烟雨中”说明了当时佛教的兴盛，魏晋南北朝时期佛教传播的主要特点就是翻译佛经。僧侣们纷纷译抄经书，国家也开展了多次大规模的译抄经书活动。

南北朝时期，写本图书进入极盛时期。

4. 隋唐时期的写本

（1）隋唐写本概况

隋唐两个朝代都很重视图书的收集与抄写，尤其是唐代，国家统一，社会稳定，经济繁荣，文化昌盛，写本发展到前所未有的高峰。

隋代虽然只有短短的38年，但文帝、炀帝都重视对史籍的收集整理。据《隋书·经籍志》记载，隋开皇三年（583），隋文帝批准秘书监牛弘的请求，派人四处搜访图书异本，进行抄写；对献书者给予奖励，献一卷书，就赏绢一匹，抄完后原本归还原主。于是宫中藏书很快达到了3万余卷。隋炀帝即位后，继续抄写事业，规定秘书阁的书每种限抄50本副本，还在东都洛阳观文

① 班张：指东汉辞赋家班固和张衡。

② 姚名达. 中国目录学史[M]. 上海：上海古籍出版社，2011：145-147.

③ 李昉. 太平御览：卷第六百十九学部十三[M]. 四部丛刊三编景宋本.

殿东西厢专门建屋用以贮藏图书，并为道经、佛经设立专门的藏书处。[①]而在西京嘉则殿，藏书多达37万卷。

唐代是我国封建社会的鼎盛时期，其文化的灿烂辉煌，不仅表现在文学、艺术、教育、宗教等的繁荣上，也表现在典籍的增加上。唐代抄书之风，从国家层面到个人层面都十分盛行，写本图书达到了鼎盛期。

唐初，唐高祖李渊批准令狐德棻的奏请，在隋代藏书的基础上，继续重金搜求天下遗书，并且增设专门的抄写者进行抄写。[②]唐太宗李世民时，又令魏徵写四部群书，设有雠校20人，抄写者（书手）100人。魏徵改职后，又让虞世南、颜师古等接续搜书、抄书工作。这项工作一直持续到唐高宗时。[③]这样持续的搜集抄写，使唐代宫中的藏书量迅速增加。至唐开元三年（715），唐玄宗与褚无量、马怀素等人言及经籍时说，宫中藏书都是太宗、高宗时的旧书，且残缺的没有补缉，篇卷的秩序也很混乱，不方便查阅，令他们着手整理。于是，国家大规模地面向公卿士庶搜求异书，进行抄写。等四部书成时，玄宗让百官到乾元殿东廊参观，无人不为其浩繁的卷帙感到震惊。[④]开元九年（721）十一月修成的《群书四部录》，共200卷，著录图书2655部，48169卷。此后，唐代著名目录学家毋煚对《群书四部录》进行了修订与补充，在他所撰的《古今书录》里，著录了图书3060部，51852卷。

安史之乱，使官府藏书遭到极大的损失。安史之乱后，肃宗（756—761

---

① 《隋书·经籍志》："隋开皇三年，秘书监牛弘表请分遣使人搜访异本，每书一卷，赏绢一匹。校写既定，本即归主。于是民间异书，往往间出。及平陈已后，经籍渐备。检其所得，多太建时书，纸墨不精，书亦拙恶。于是总集编次，存为古本。召天下工书之士，京兆韦霈、南阳杜頵等，于秘书内补续残缺，为正副二本，藏于宫中，其余以实秘书内、外之阁，凡三万余卷。炀帝即位，秘阁之书，限写五十副本，分为三品：上品红琉璃轴，中品绀琉璃轴，下品漆轴。于东都观文殿东西厢构屋以贮之，东屋藏甲乙，西屋藏丙丁。又聚魏已来古迹名画，于殿后起二台：东曰妙楷台，藏古迹；西曰宝迹台，藏古画。又于内道场集道、佛经，别撰目录。"

② 《旧唐书》卷七十三《令狐德棻传》："时承丧乱之余，经籍亡逸，德棻奏请购募遗书，重加钱帛，增置楷书，令缮写。数年间，群书略备。……高祖然其奏。"

③ 《旧唐书》卷一百九十上："太宗命秘书监魏徵写四部群书，将进内贮库，别置雠校二十人、书手一百人。征改职之后，令虞世南、颜师古等续其事。至高宗初，其功未毕。"

④ 《旧唐书》卷四十六："开元三年，左散骑常侍褚无量、马怀素侍宴，言及经籍，玄宗曰：'内库皆是太宗、高宗先代旧书，常令宫人主掌，所有残缺，未遑补缉，篇卷错乱，难于检阅。卿试为朕整比之。'至七年，诏公卿士庶之家，所有异书，官借缮写。及四部书成，上令百官入乾元殿东廊观之，无不骇其广。"

在位）、代宗（762—779在位）两位帝王多次下诏搜购图书，文宗（826—840在位）皇帝时，又“诏令秘阁搜访遗文，日令添写。开成初，四部书至五万六千四百七十六卷”。①

从以上所述可以看到唐代官府写本的大概情况。

除了官府写本，唐代私人抄书者也越来越多。据文献记载，唐代许多官吏、文人都注重收藏与抄写图书，如《旧唐书》《新唐书》中有记载的，就有韦述、苏弁、韦处厚、柳公绰和其子柳仲郢等许多官员与学者。《新唐书》卷一百六十三记载，柳仲郢传“家有书万卷，所藏必三本：上者贮库，其副常所阅，下者幼学焉”。

佛教自东汉传入中国，至南北朝时期出现了兴盛的局面。隋唐时期，佛教在中国继续盛行，抄译经书十分盛行。隋代文帝信仰佛教，曾命人抄写经书放在寺内。到唐代，抄译经书规模更大。例如，唐代著名高僧玄奘法师，因觉得当时译经错讹甚多，西行到天竺求取异本，带回梵文经书657部。归来后，他受到唐太宗召见。太宗命他在弘福寺翻译他带回来的经书，并让房玄龄等人襄助他。当时还是太子的唐高宗，也积极赞助。《大唐内典录》记载：“有沙门玄奘，观方游国，还返帝京。二帝钦承，征入宫阙，为制教序，布所译经，官供丰华，于今不绝……所出经论，记传行法等，合一百余部，一千五百余卷。”

唐代的写本，在历次战乱动荡中损失殆尽，流传于今的，主要是佛经。

（2）敦煌遗书

1900年，一个名叫王圆箓的道士在清理敦煌莫高窟中一处积沙时，意外地发现了一间砌死的石室，石室中存放有大量图书以及美术品、法器等。由于当时摇摇欲坠的清政府没有采取保护措施，这批文物最珍贵的部分流散到英、法、日、德、俄等国，还有一部分被权贵巧取豪夺，4万多件藏品最后残余8000多件，存于京师图书馆（今中国国家图书馆）。著名学者陈垣对残余藏品进行整理编目，编成《敦煌劫余录》。在敦煌发现的这些珍贵图书，就是举世闻名的敦煌遗书。

敦煌遗书以写本为主（也有极少数的拓本和雕版印刷本），故也被称为敦煌写本。其中最早的写本是后凉麟嘉五年（393）王相高所写的《维摩诘经》，最晚的写本写于宋咸平五年（1002），大多数为唐代和五代时的写本，内容以

① 刘昫，等．旧唐书[M]．北京：中华书局，1975：1962．

佛经为主。我们今天所能见到的唐代的写本主要是敦煌写本。

敦煌遗书具有重大的学术意义，其价值不可估量。一大批著名学者如罗振玉、王国维、陈垣、王重民等，致力于敦煌遗书的研究，由此而形成了专门的学科“敦煌学”。

第四节　图书印刷与出版（刻本）

一、雕版印刷术

关于雕版印刷术开始于什么时候，有各种说法。有人说雕版印刷术最早出现于隋代，也有人说汉代、晋代或六朝时就有雕版印刷术了，还有人说雕版印刷术出现于五代。但是大多数学者认为，雕版印刷术出现于唐代。不管雕版印刷术出现于何时，根据有关文献记载，以及目前世界上发现的古代雕版印刷本实物（如敦煌遗书中有印刷的《金刚经》），可以确证唐代的雕版印刷已初具规模。

所谓雕版印刷，是指将要印的文字和图像反刻（刻成阳文）在一块块木板或其他材质的板子上，然后在板子所刻的字和图像上涂上墨，将纸覆上去，轻轻将纸刷匀，使字迹和图像印于纸上的印刷方法。

手抄书籍速度缓慢，抄成一本书，需要耗费大量的时间和人工，而且容易出错。用雕版印刷的方法，只要将书稿刻好版，就可以轻松印出很多复本。雕版印刷术的应用，使图书出版从一本一本手工抄写的形式，发展为批量印刷的形式，这大大提高了图书出版的效率。雕版印刷术的发明，是人类文明史上的又一辉煌成就，它使图书产量大大增加，图书的流通量也因此加大，图书的收藏变得容易，传播的范围也更为广泛，这对促进文明的发展，无疑具有重大而深远的意义。

自宋代起，雕版印刷即成为我国封建社会主要的印刷方式。

二、图书出版（刻本）

（一）刻本的概念

以雕版印刷的方式制作的图书称为刻本，也被称为椠本、镌本、刊本。

唐代已经有用雕版印刷的方式印制的图书，到宋代时，雕版印刷书籍已经非常盛行。此后元、明、清各代，刻本一直盛行不衰。

（二）刻本的种类

刻本种类繁多，在发展过程中，因时间不同、地域不同、主刻者不同、用处不同等，而有不同的称谓。按时代分，可分为宋、金、元、明、清、民国刻本；按地域分，可分为蜀刻本、闽刻本、浙刻本，还有苏、皖、赣、粤、湘、鄂等各地的刻本；按主刻者分，可分为官刻本、私刻本、坊刻本等；按图书的形态分，可分为巾箱本、手帕本、大字本、小字本等；按印刷技术分，可分为墨印本、朱墨印本、多色套印本等，还有用于校刊而试印的蓝印本、朱印本等。较之抄本，刻本复本量大，流通范围广，对传播和保存我国传统文化起到了重大作用。

（三）版本的概念

宋代刻印书多，刻印者不同，其所刻书版也会有所差异，因此产生了"版"这一概念。宋代在雕刻书版时，为了避免错误，往往用所藏写本进行校勘。于是，版、本二字合为一词，产生了"版本"这个概念。版本是指一书因多次传写或刻印而形成的不同文本。随着图书出版形式的丰富，版本的概念逐渐扩大，除了刻本，还包括写本、拓本等。"版本"这一概念包括了书籍制作的各种特征，如出版形式、出版时间、版次、刻印（或书写、拓印）者、内容的修改变化、款识、字体、纸墨、装订等，还包括图书在流传中形成的记录，如藏书印、题识、批校等。版本的真伪和优劣，直接影响图书的内容质量。因此，历代藏书家都很注重图书的版本。

三、宋代的刻书情况

宋代结束了五代十国的分裂局面，社会安定，经济复苏，统治者崇儒重文，文化进入一个新的繁盛期。在我国封建社会时期，宋代的文化艺术达到了登峰造极的水平，在文学、艺术、哲学、政治等各个领域都有非凡的成就。哲学方面，形成了以北宋"二程"（程颢、程颐）、南宋朱熹等为代表的程朱理学；历史学方面，出现了司马光的历史巨著《资治通鉴》；文学方面，涌现出欧阳修、苏轼等杰出的文学家……陈寅恪曾这样评价宋代的文化："华夏民族之文化，历数千载之演进，造极于赵宋之世。"① 图书的刻印与文化的发展相适应，加之雕版印刷术解决了手抄书籍复制困难的问题，使图书批量生产成为可能。因此，此时期形成了完整的图书编纂、刻印、销售、收藏环节，这标志着我国图书出版事业的正式开始。

宋代的刻书中心主要在汴梁（今河南开封）、临安（今浙江杭州）、建阳（今属福建南平）、眉州（今四川眉山）等地。宋刻分官刻、私刻、坊刻三大系统。

（一）宋代的官刻

所谓官刻，是指宋朝中央和地方官府用公家的钱刻书的出版活动。宋代是一个崇文抑武的朝代，从皇帝至官员都非常重视图书的编刻印刷。宋代中央文化机构众多，中央官刻机构主要有秘书省、国子监、崇文院、司天监、校正医书局等，其中以国子监刻书最多。国子监是我国封建时代最高的教育管理机构，有的朝代兼为最高学府，其所刻书籍称为"监本"。国子监刻书所涉很广，经、史、子、集都在其刻印范围之内，经书类如《七经正义》、唐人九经旧疏、五代十二经等，史书类如《史记》《汉书》《后汉书》《三国志》《晋书》、"七史"（《宋书》《南齐书》《梁书》《陈书》《魏书》《北齐书》《周书》）及《隋书》《旧唐书》等，还大规模刻印了《文选》《文苑英华》及医书、算书等图书。

宋代地方官刻名目繁多，包括司库、州、军、郡府、县、书院刻书等。据叶德辉《书林清话》所记的地方官刻本，就有两浙东路茶盐司本、两浙西路茶盐司本、两浙东路安抚使本、浙东庾司本、浙右漕司本、浙西提刑司本、福建转运司本、潼州转运使本、建安漕司本、福建漕司本、淮南东路转运司本、荆湖北路安抚使本、广西漕司本、江东仓台本、江西计台本、江西漕台本、淮南漕廨本、广东漕司本、江东漕院本、江西提刑司本、公使库本、州军学本、郡斋本、郡庠本、郡府学本、县斋本、县学本、学宫本、頖宫本、学舍本、太医局本、书院本、祠堂本等。② 还有按地方直接称某州某府的州府县刻书，如江宁府本、杭州本、明州本、温陵州本、吉州本、绍兴府本、临安府本、平江府

① 陈寅恪．邓广铭《宋史职官志考证》序[M]//陈寅恪．金明馆丛稿二编．北京：生活·读书·新知三联书店，2001：277．

② 叶德辉．书林清话：外一种[M]．陈小林，点校．杭州：浙江人民美术出版社，2016：77-98．

本、严州本、余姚县本、眉山本等 40 多种。①

地方官刻中，值得一提的是公使库本和眉山本。

公使库为宋太祖赵匡胤所创设。为了让地方官员来京无“旅寓之叹”，其路费、住宿费、膳食费等公务经费均由公家开支，公使库就是地方管理公务经费的专门机构。公使库用积余的经费所刻的书，就称为“公使库本”。著名的公使库本如抚州公使库刻印的《礼记郑注》等。

自唐代以来，四川就有刻书传统。靖康之变，金军攻破东京（今河南开封），俘虏了宋徽宗、宋钦宗父子，中原地区沦陷，而四川却未受战乱影响，图书保存较好。南宋时，眉山成为蜀刻图书的中心。四川漕井宪孟在眉山刻“七史”，搜集天下异本，进行勘校，纠正了秘阁所藏之书的谬误。因所刻字大如钱，所以也被称为蜀大字本；又因为印本每半页 9 行，版印模糊，所以又被称为“九行邋遢本”。此“七史”是眉山本的代表。

宋代的官刻书非常重视校勘，尤其是国子监所刻图书，都先由书法家写出样本，再由专门的学者反复校勘，确定无误后才付雕版印刷。因此，宋代官刻图书质量精良，历来为藏书家所重视。

（二）宋代的私刻

私刻，是指中国古代由个人出资的书籍刻印活动，也称“家刻”。宋代不仅官刻兴盛，私刻也蔚为风尚。私人所刻图书，称为“家刻本”“家塾本”或“宅塾本”。家刻本是对官刻本的良好补充。

宋代重用文人为官的国策和科举制度的发展，使社会形成了崇文向学的风气。官宦名流、士大夫之家为了便利读书学习、传承文化，往往挑选经典名作，精校细勘，进行刻印。宋代著名的私刻有岳珂相台家塾所刻的《九经三传》，廖莹中世彩堂所刻的“五经”“韩柳集”等。此外，还有蜀广都费氏进修堂刻大字本《资治通鉴》，临安进士孟琪刻姚铉《唐文粹》，京台岳氏刻《新雕诗品》，建邑王氏世翰堂刻《史记索隐》，建安蔡子文东塾之敬室刻《击壤集》，等等。叶德辉《书林清话》中记载的，就有 48 家。②

宋代私刻图书遍涉经、史、子、集，一般印数不多，但校勘精细，刻印精良。例如，岳珂在刻《九经三传》时，就先广集异本，请当时有关名士进行反

① 叶德辉．书林清话：外一种 [M]．陈小林，点校．杭州：浙江人民美术出版社，2016：98-100.

② 叶德辉．书林清话：外一种 [M]．陈小林，点校．杭州：浙江人民美术出版社，2016：101-113.

复校订，然后才找优秀的刻工进行刻印。[①] 廖莹中世彩堂所刻《昌黎先生集》《河东先生集》诸书，书法精美，纸张光洁，墨色如漆，令人赏心悦目，因此，历来受到藏书家的推崇与珍视。

（三）宋代的坊刻

坊刻，是指民间书坊的书籍刻印活动。书坊古时也称为书肆、书棚、书林、书堂、书籍铺、经籍铺等。书坊所刻的书，称为“书坊刻本”“坊刻本”或“书棚本”。

坊刻与官刻、私刻鼎足而立，是中国古代三大刻书系统之一，在三大刻书系统中出现较早，在唐代已具有一定的规模。到宋代时，随着雕版印刷的盛行与刻书事业的发展，坊刻也进一步发展起来。坊刻与官刻、私刻不同，它是以营利为目的的，因此，其所刻书籍的内容侧重和官刻、私刻也有所差别，主要是刻印科举考试所需的图书、百姓日常生活所需的图书、文学作品等。

宋代坊刻主要分布在汴梁、四川、浙江、福建等地，而以临安和建阳最盛。汴梁与临安分别是北宋和南宋的都城，刻印事业发达，除了国家的刻书活动，民间的刻书活动也很多。北宋时，汴京的书坊主要集中在相国寺内及寺东门街巷[②]。南宋临安是全国三大刻书中心之一，刻书不仅数量多而且质量精。四川本就是富庶之地，造纸业发达，又远离中原，未遭兵燹之祸，有着安定的社会环境，加之自唐以来就有刻书传统，至宋时得到进一步发展，其所刻印的图书，纸、墨、书法、刻版和印刷工艺都很精美。福建自然环境优越，社会环境安定，造纸业发达，南宋以来，书肆林立，刻印了大量的书籍，尤其是戏曲、小说等为民间所喜闻乐见的通俗读物，发行范围很广，颇似今天的畅销书。因为福建刻书以坊刻为主，而书肆又主要集中于建阳一带，因此，福建建阳所刻的书被世人称为“建本”。而建阳的书肆，主要集中于麻沙、崇化两镇，崇化交通不如麻沙便利。麻沙不仅是刻书之地，还是图书销售市场，因此，人们又将福建建阳麻沙镇书坊刻印的书本称为“麻沙本”。

若以刻家论，最著名的刻家当数建安的余氏和临安的陈氏。

叶德辉《书林清话》中说：“夫宋刻书之盛，首推闽中。而闽中尤以建安

---

① 钱泰吉．曝书杂记[M]．北京：中华书局，1985：3．

② 孟元老．东京梦华录：卷三[M]．清文渊阁四库全书本．

为最，建安尤以余氏为最。”[①] 建安余氏，从宋代起经营书业，刻印了大量精美的图书，为我国古代的图书出版事业作出了重要贡献。余氏刻书者，最著名的有余仁仲万卷堂、余志安勤有堂。余氏不仅自己刻书，而且承接官刻图书的刊印。由于其校雠精审，因此，其刻本很受文人学者看重。

临安陈氏指陈起父子。陈起字宗之，号芸居，又号陈道人，南宋人。陈起喜欢吟诗，也喜欢结交当时的诗人，著有《芸居乙稿》。其子别号续芸，人称陈解元。陈氏父子两人刻印了许多书籍，主要是说部书和唐宋人的诗集，所以当时人评价陈氏的刻书是“字画堪追晋，诗刊欲遍唐”[②]。又因其书铺开在棚北大街的睦亲坊南，陈氏刻书也被世人称为“书棚本”。

除了官刻、私刻、坊刻这三大刻书系统所刻之书，宋代寺观的刻经数量也很可观。开宝四年（971），宋太祖赵匡胤命内官高品、张从信到益州（今四川成都）雕印《开宝大藏经》，至太宗太平兴国八年（983）才完成，前后耗时 12 年，共雕版 13 万块，5048 卷，被世人称为“开宝藏”，也称“蜀版藏经”。此后，宋神宗至宋徽宗年间，福州又两次大规模刻印佛经，刻印了著名的《崇宁藏》收佛典 1450 部，《毗卢藏》收佛典 1429 部。此外，寺院大规模的刻经还有《圆觉藏》《资福藏》和《碛砂藏》等。

总的来说，宋刻图书纸张坚韧，墨质优良，书法讲究，校勘精细，雕印精美，加之宋以前的图书资料多已不存，后世只能依据宋刻本得知此前图书资料的内容，因此，宋刻本历来受到藏书家和文人学者的看重，《书林清话》中说，汲古阁主毛晋喜欢宋刻本，凡有宋刻本来，每页出钱二百。[③] 可见，到明代时，宋刻本已是按页论价了，后世更是将宋刻本视若珍宝。

（四）辽、金、西夏等政权的刻书

我国历史上与宋代同时并存的辽、金、西夏等政权也有一些刻书。

辽代佛教盛行，为此而刻有《辽藏》，亦称《契丹藏》。

女真建立金后，大举南下，不但俘获了宋朝皇帝宋徽宗与宋钦宗，而且得

---

① 叶德辉. 书林清话 [M]. 上海：上海古籍出版社，2012：38.

② 周端臣. 挽芸居二首 [M]// 陈起. 江湖后集：卷三. 清文渊阁四库全书本.

③ 叶德辉. 书林清话 [M]. 上海：上海古籍出版社，2012：158.

到了宋朝中央文化机构的藏书。由于金模仿宋，实行科举制，且信奉佛教，加之宋的一部分刻工到了金的辖地，因此，金也刻印了一些汉文经、史、子、集的图书以及佛教、道教书籍等。特别值得一提的是《金藏》，此书全名为《金解州天宁寺大藏经》，或称《宋藏遗珍》，因为是金代所刻印，也称为《金版大藏经》，又由于该书发现于山西赵城，又称为《赵城金藏》。该书金熙宗皇统八年（1148）至大定十三年（1173）雕于解州（今山西运城）天宁寺，1933 年于赵城广胜寺被发现，共 4957 卷。由任继愈主持的国家古籍整理重点项目《中华大藏经》正编，就是以《赵城金藏》为底本。

西夏刻书种类较丰富，由于西夏人笃信佛教，佛教书籍是其重要的刻印类别。从目前发现的图书资料来看，佛教类图书最多，且刻印技术较高。但因为战乱频仍，西夏的刻书业远不及宋，所刻书籍传世者很少。

（五）活字印刷术

雕版印刷，印一页书就要刻一块版，印一部书，需要刻很多块版。如果其中有个别字刻错了，要更改只能整块重刻，耗时耗工，成本很高。因此，在雕版印刷鼎盛的宋代，印刷技术有了重大的改进，出现了活字印刷术。

对于毕昇的活字印刷术，沈括在他的《梦溪笔谈》中作了较详细的介绍。北宋庆历年间（1041—1048），毕昇用胶泥刻字，字泥的厚度跟铜钱的边沿的厚度相近，每个字刻一个字印，然后将刻好字的胶泥用火烧硬，做成字模。要印书时，先在一块铺着松脂、蜡和纸灰的铁板上安上铁框，再将字模按需要排进铁框里，排满后用火烘烤，待松脂、蜡等物熔化后，用一块平板压在字上，使铁板上的字平整，就可以将纸覆上去，进行印刷了。印刷时，通常准备两块铁板，一块在印刷时，另一块同时排字。第一块印完时，第二块已排好版。两块铁板交替使用，很快就可以将书印好。

活字印刷术通过用单个字灵活组合成版的方法，解决了雕版印刷一页书必须刻一版，重复刻字、费时费工的问题，大大解放了生产力，提高了印刷效率。毕昇的活字印刷术被誉为中国四大发明之一，比德国谷登堡发明的铅活字印刷术早了 400 多年，不仅是印刷史上的里程碑，也是对人类文明史的重大贡献。

活字印刷术发明后，宋代用此法印过何种书，文献中没有记载，南宋著名文学家周必大[1]的著作《文忠集》中收录的绍熙四年（1193）给程元成给事的札子说："某素号浅拙，老益谬悠，兼之心气时作，久置斯事。近用沈存中法，以胶泥铜板，移换摹印，今日偶成《玉堂杂记》二十事。"[2]可见，周必大的《玉堂杂记》即是用泥活字印刷的。这是现在可以看到的关于宋代利用活字印刷术印书的可靠记载，说明宋代除了刻本，也有使用活字印刷术印刷的活字本。

毕昇之后，还出现了木活字、铜活字等。可惜的是，在漫长的封建社会，因为种种原因，活字印刷术始终没有得到广泛的应用。

四、元代的刻书情况

元统一中国后，为了笼络文人学士，元世祖忽必烈听从耶律楚材的建议，尊孔孟，倡儒学，袭汉制，任用吴澄、许衡等人，还拨款刻印汉文图书，颁布学校使用，因战乱而衰落的文化事业又得以恢复和发展，图书出版事业逐渐恢复。

元代刻书仍分为官刻、私刻和坊刻三大系统。

（一）元代的官刻

元代统治者对于刻印图书很重视。入主中原前，元太宗（孛儿只斤·窝阔台）八年（1236）就已在燕京（今北京）设立编修所，在平阳（今山西临汾）设立经籍所，编刻经史类图书。[3]元世祖至元四年（1267），经籍所迁到燕京，改名为弘文院。至元九年（1272），又设置秘书监掌管各种图书。攻克临安后，忽必烈听从许衡的建议，利用杭州、江西诸郡的宋代书版，继续印行图书，又设立兴文署专门掌管刊刻图书事务。[4]兴文署刻书最著名的有至元二十七年

---

① 周必大（1126—1204），字子充、洪道，自号平园老叟，谥文忠，吉州庐陵（今江西吉安）人。工诗文，著书八十一种，后人汇编为《益国周文忠公全集》。曾刻欧阳修作品集《六一居士集》以及《文苑英华》《文苑英华辨证》等书。

② 周必大．文忠集：卷一九八［M］．清文渊阁四库全书本．

③ "八年……耶律楚材请立编修所于燕京，经籍所于平阳。"脱脱．元史：卷二本纪第二［M］．清乾隆武英殿刻本．

④ 雒竹筠．元史艺文志辑本［M］．李新乾，编补．北京：北京燕山出版社，1999：547．

（1290）所刻的《资治通鉴音注》和《资治通鉴释文辨误》等。中央机构刻书者，除了兴文署，还有广成局、太史院、太医院等。元代中央刻书，除了汉文图书，还将《孝经》《资治通鉴》等汉文图书译成蒙古文刻印。

忽必烈对于地方官刻也予以扶持，他下诏说："江南学田，当仍以赡学。""赡学"就是资助办学。因为有资助，各路儒学、书院等刻书经费都在赡学田款中开支，所以刻印图书都选择上等刻印材料；加之地方学官较为清闲，每有刻书，他们都细加校勘，使刻书质量得到了保证。

元代地方官刻包括各路儒学、州县学、书院等所刻图书，其中以各路儒学和书院刻本最为有名。各路儒学所刻图书，称为路刻本、路学刻本或儒学刻本。路刻本最著名的有九路儒学分刻的"十七史"等。各地学校刻书则以书院为最多。元代各地书院之主讲兼总理院务者（元时称为"山长"）多为知名学者，刻书时，他们往往亲自选本，亲自校勘，既保证了所刻图书的内容质量，又使刻印精美。清代著名学者顾炎武因此盛赞元代书院刻书有"三善"："山长无事而勤于校雠，一也；不惜费而工精，二也；板不贮官而易印行，三也。"因此，书院刻书往往都是精品之作。元代书院刻书，最著名的有杭州西湖书院①所刻的《文献通考》348卷、《国朝文类》70卷。《文献通考》字体优美，行款疏朗悦目，雕印工精，被世人称为元刻本中的代表作。除此之外，茶陵东山书院刻的《梦溪笔谈》26卷、广信书院所刻的《稼轩长短句》12卷等，都是元刻中的上品。

（二）元代的私刻

元代也很流行私家刻书，私刻数量与质量都不在宋之下。虽然记载元代私刻情况的文献不多，但就《书林清话》一书中所记的就有39家私家刻书。除了刊刻前人的著作，元代文人学者也刊刻自己的著作。从刻书内容来看，元代私刻经、史、子、集类图书都有。由于私刻不同于坊刻，它不以营利为目的，因此刻印者往往精勘细校，刻本质量很高。元代私刻中，著名的有岳氏荆溪家塾所刻《春秋经传集解》、平水曹氏进德斋所刻《中州集》、东平丁思敬刻的《元丰类稿》、褒贤世家家塾岁寒堂刻的《范文正公集》等。其中不少刻印质量

① 杭州的南宋国子监，元时改为西湖书院，除了印行其原有书版，亦新刻图书，在元代众书院中，刻书最盛。

极佳，毫不逊色于宋刻，如平阳府梁宅所刻《论语注疏》，即被认为是比宋刻更好的刻本。

（三）元代的坊刻

元代坊刻与宋时相比，规模更大，印书更多，在三大刻书系统中，刻书量居第一。元代坊刻主要集中于福建建宁府（治今福建建瓯）、山西平阳府（今属山西临汾）以及杭州等地，而以福建为最。建宁府的著名书坊如建安崇化镇余氏勤有堂、麻沙镇刘氏南涧书堂、刘锦文日新堂、虞平斋务本堂、叶日增和叶景逵的广勤堂、郑天泽宗文堂等，很多都是宋代就在刻书的历史悠久的老字号，因为没有受到宋末元初战争兵火之乱，书坊得以存续，刻书业才得以承袭。杭州坊刻不如宋时兴盛，但刻印水平很高。平阳府是当时北方的刻书中心。

元代坊刻书籍，主要是适应科举考试需要的经书、史书的节本、字书，以及类书、诗文集、医书、平话小说、戏曲等。著名的坊刻本如刘锦文日新堂《伯生诗续编》，虞平斋务本堂《赵子昂诗集》《全相平话五种》，郑天泽宗文堂《静修先生文集》，叶曾南阜书堂《东坡乐府》，等等。

除了刻本，元代活字印刷术也有了新的发展。元代著名农学家王祯在他的《王祯农书》里所附的他的《造活字印书法》，是介绍元代活字印刷术最完整的文献资料，详细介绍了他的木活字印书方法：先在一块木板上刻字，然后用小细锯把字锯开，得到一个个字模；再以小刀修字模，使每个字模大小、高低都一样；接着把字模按图书内容排成行，行与行间夹以事先削好的竹片，等排字的框排满后，再在空隙处塞进木屑，使字模固定，就可以上墨印刷了。王祯还对刻字法、修字法、嵌字法、贮字轮的造法、取字法及排版印刷法等具体技术作了详细的说明。他利用自己研制的木活字印刷术，印出了6万余字的《旌德县志》。

王祯的木活字形状已经和现在的铅活字一样，其印刷工艺也已经具备相当高的水平。

五、明代的刻书情况

朱元璋建立明朝后，为巩固统治，采取“武定祸乱，文治太平”[①] 的思想治国，文化受到高度重视。明朝历代统治者皆尊孔崇儒、重用儒士，重视教育，

① 雷礼．皇明大政纪：卷一[M]．明万历刻本．

积极兴办学校，明代学术思想与科技都有了新的发展，出现了大量新的著述；科举取士政策，使得社会读书之风盛行，图书文献不仅为统治者所收藏，也为社会更多人所需要。随着社会经济的恢复与繁荣，明代社会生产力也有了很大的进步。明中晚期开始出现资本主义萌芽，手工业与商业得到较快发展，这些都为图书出版提供了有利的条件。因此，明代刻书无论从刻书地域、规模、刻书者，还是数量、内容、技术方面，都超越宋元两代，进入了一个辉煌的时期。

明代刻书可分为官刻、私刻和坊刻三大系统。

（一）明代的官刻

1. 明代的中央刻书

明代官刻机构众多，中央刻书机构主要有经厂和南、北（南京、北京）国子监，此外，朝廷各部（如礼部、户部、工部、兵部等）、院（如都察院、太医院等）、钦天监等皆有刻书。这些机构所刻的书，影响较大的是经厂本和监本。

（1）经厂本

经厂是司礼监下属刻印和管理释、道经籍之处，又为内廷刻印其他书籍。其规模较大，分汉经厂、番经厂和道经厂，分别掌管四部书籍、佛经、道藏的校刻，刻书内容颇为繁杂。经厂所刻的书一般为大册，赵体（赵孟頫）字，装帧精美，但因为出于宦官之手，宦官文化水平不高，难免存在校勘不精等问题，因此不为世人所重视。人们把明清两代宫廷内刻印的书称为“内府本”。经厂所刻的图书被称为“经厂本”，是明代内府本的重要部分。

（2）监本

明代国子监有两处：一处在南京，南京国子监也被称为“南监”或“南雍”；另一处在北京，是明迁都北京后所建，北京国子监也被称为“北监”或“北雍”。国子监也是明代中央官刻的重要机构。南京国子监刻印的图书，被称为“南监本”；北京国子监刻印的图书，则被称为“北监本”。

南京国子监接收了宋元两代遗留下来的书版，并对残损的书版进行修补、重刻。由于南京国子监所藏书版很多，所以刻印图书也很多，周弘祖《古今书刻》中就著录了南京国子监所印图书 273 种[1]，其中许多是用经修补的前代书版所印的，即后世所说的“三朝本”[2]。南京国子监印书中，最著名的是“二十一史”和《十三经注疏》等。北京国子监刻印图书质量不及南京国子监，所印图书数量也不及南京国子监，《古今书刻》中只记载了 41 种。北监本大多以南监本为底本，著名的刻书有《十三经注疏》等。

明代两监刻书，因校勘不精，讹误错漏甚多，受到后人批评。但也应看到，明代国子监刻印图书，无论品种还是数量，都远远多于前代，其中不少是很有价值的图书，这对于图书的流传是很有意义的。

2. 明代地方官府刻书

明代地方官刻也有很多，各省布政司、按察司，各府县、各地官办儒学、书院、监运司等刻印了大量的图书，其中特别值得一提的是藩王刻书。

（1）藩刻本

明代实行分封制度，把皇室子孙分封到各地做藩王。除了封地和财物，明王朝还赐给藩王很多书籍。明朝提倡读书的风气，使不少藩王都十分看重读书，对刻书有着浓厚的兴趣，加上足够的财力，明代藩王府刻书蔚然成风。

明代时，藩王官高位显，在社会上有着特殊的地位，手中拥有许多宋元善本。凭借自身藏书的优势与优越的物质条件，藩王对刻书要求精益求精，选取最好的纸、墨，使用最好的书手、刻工，他们自身受过良好的教育，有些人本身就是文人学者，如周王朱有燉就是一位戏曲作家[3]，郑恭王世子朱载堉是律学家、历学家[4]。王府中也不乏专门的人才，因而对图书的校勘精细，使图书内容质量得到保证。藩王府这些刻书的条件，使其所刻书籍成为明代质量最好的官

---

① 周弘祖．古今书刻[M]// 高儒，等．百川书志 古今书刻．上海：古典文学出版社，1957：327-332．

② 三朝本，指南宋临安国子监所藏书版，因年久损坏，元代将其运到西湖书院加以修补后，继续使用。明太祖洪武八年（1375），这些书版移归南京国子监后，又修补并继续使用。因版本经过三个朝代的修补，用其所印的图书被称为“三朝本”。

③ 朱有燉（1379—1439），号诚斋，朱元璋孙，谥号“宪”，世称“周宪王”，著杂剧 31 种，著有散曲集《诚斋乐府》。

④ 朱载堉（1536—1611），朱元璋九世孙、郑恭王朱厚烷之子。著有《乐律全书》《律吕正论》《嘉量算经》等书。其《乐律全书》中的《律吕精义》是音乐史上最早用等比级数平均划分音律，系统阐明十二平均律的学术著作。

刻书籍而受到藏书家和学者的珍视。

藩王府的刻书，被称为“藩刻本”或“藩府刻本”。明代受封为王并建藩的皇族子孙有 50 人，其建立的 50 座王府中，刻书最多的是宁藩及其后裔弋阳王。洪武二十四年（1391），朱元璋第十七子朱权被封为宁王，明成祖朱棣即位后，朱权被封于南昌。朱权在南昌以读书、著述、刻书、藏书为乐事，刻印了很多书籍。著名学者钱谦益在其《列朝诗集》中说，宁王“凡群书有秘本，莫不刊布国中”。朱权是戏剧家、古琴家，据《四库全书总目》记载，宁藩刻书 137 种①，其中有不少朱权本人的著作。除宁藩外，其他各藩也多有刻书。藩刻本数量众多，品质精良，产生了很好的社会影响。

（2）书帕本

明代隆庆、万历年间（16 世纪后半叶），刻书风气盛行，在外地做官的任满回京入朝觐见的官员，或是临时到外地出巡回朝的官员，回京时都要刻一本书，和手帕之类的物品一起作为馈赠礼物，通常是一书一帕，也有一书二帕，人们把这种礼品书称为“书帕本”。书帕本是送礼用的，校勘粗疏，刻印较劣，所以不为世人所重视。

（二）明代的私刻

明初，私刻尚不多，刻书者一般都是知名学者或藏书家，他们治学严谨，在刻印图书时重视图书的版本与校雠，所据底本可靠，校勘精细，因此，刻印出的书籍质量较高，堪称佳本。其中比较著名的有游民刻的《资治通鉴》，郑济、郑洧兄弟为其老师宋濂所刻的《宋学士文粹》，等等。

明代中期，尤其是正德、嘉靖、万历年间，私人刻书之风大盛，涌现出许多私人刻书家，刻印出很多善本，如：正德年间吴县（今江苏苏州市吴中区、相城区）洞庭山人陆元大刻印过后蜀赵崇祚《花间集》10 卷、《陆士衡文集》10 卷、《陆士龙文集》10 卷等；吴郡（治今苏州）人袁褧，以藏书、刻印书著称，其嘉趣堂刻印图书甚多，著名的有《大戴礼记注》13 卷、《世说新语》3 卷、《六家文选注》60 卷等；嘉靖年间钱塘（今浙江杭州）人洪楩，家中藏书丰富，喜欢刻书，他所刻的《清平山堂话本》（原名《六十家小说》）60 卷是中国最早的话本丛刻。明代中期的私刻家及善本佳刻还有很多，在此不一一列举。

---

① 永瑢，等．四库全书总目：卷八十七史部四十三[M]．清乾隆武英殿刻本．

明代中期以后，刻印图书进入一个新的繁荣阶段，刻书风气盛行于士大夫阶层，刻书者之多，不胜枚举，其中最著名的是藏书家毛晋。

毛晋（1599—1659），初名凤苞，字子晋，一字子九，江苏常熟人，明末清初著名的出版家、藏书家。毛晋好学博览，酷好图书收藏。他家道殷实，为他重金求购各地善本古籍提供了条件。据《书林清话》记载，他曾在家门口张贴求购图书的榜书，上面写着："有以宋椠本至者，门内主人计叶[①]酬钱，每叶出二百；有以旧钞本至者，每叶出四十；有以时下善本至者，别家出一千，主人出一千二百。"买书按页论价，这么优厚的收购条件，自然吸引了众多书商，"于是湖州书舶云集于七星桥毛氏之门"，所以当时有谚语说："三百六十行生意，不如鬻书于毛氏。"毛晋收藏图书 84000 余册，为妥善保存这些图书，他先后修建了汲古阁、目耕楼等藏书楼，其中汲古阁不仅以藏有众多宋元珍本、善本而闻名于世，还出版了大量图书。

汲古阁出版的图书，一种是抄本，一种是刻本。

（1）毛抄本

除了重金购买图书，毛晋还四处寻访借抄他人的善本。毛氏抄书规模较大，时人赠毛晋诗有"行野田夫皆谢赈，入门仆僮尽抄书"之句。其所抄宋版书，采用的是影写的方法，即将纸覆于底本之上，按底本进行描摹，行款、字体、版式等与底本完全一致，从而保留了宋刻本的原貌。毛晋发明的这种影写法，被称为"影宋抄"或"毛抄"。由于毛晋挑选优秀的抄书人进行抄写，且所用纸墨俱佳，因此，其所抄之书书法、纸墨、界栏都精美绝伦，深受世人称赞，被称为"毛抄本"。《书林清话》引孙从添《藏书纪要》的话说："汲古阁印宋精钞，古今绝作。"

（2）毛刻本

毛晋校刻的图书被世人称为"毛刻本"，因其版心多题"汲古阁"（汲古阁刻印的图书，版心间或也有题"绿君亭"的），也被称为"汲古阁本"。

毛晋从事刻书四十余年，刻印了大量图书，从明万历到清顺治间，计刻有图书六百多种，其中多有像"十三经""十七史"、《津逮秘书》这样的大部头的丛书，其品种之丰富，在私人刻书中绝无仅有。其所刻图书，往往多次印刷，流传广泛，产生了很大的社会影响。

① 叶：通"页"。

毛晋刻书内容范围很广，清代著名学者朱彝尊在他的《静志居诗话》中说毛晋“自群经、十七史以及诗词曲本、唐宋金元别集、稗官小说，靡不发雕”①。其实，毛晋所刻图书的种类范围，比朱彝尊所说更广，除了上述种类，汲古阁还刻印如道经、佛经等其他种类的图书。毛晋所刻的图书中，影响较大的有《十三经注疏》、“十七史”、《六十种曲》、《宋六十家词》、《津逮秘书》等。

毛氏很重视其所刻图书的质量，刻印前，多选择宋版元刊、珍善秘本为底本，不仅延请名士进行校勘，毛晋父子也亲自参与。《书林清话》记载，毛晋“日坐阁下，手翻诸部，雠其讹谬”。毛晋不仅重视图书校勘，对于图书的刻工、用纸也很讲究，他招纳了很多擅长缮写镂版的能工巧匠，印刷用的纸则是专门在江西定制的，厚的纸称为“毛边纸”，薄的纸称为“毛太纸”②。毛晋汲古阁刻印的图书受到世人称赞。

由于其刻印量大等种种原因，毛刻本中也存在着不少讹误，因而受到后世学者的批评。如孙从添《藏书纪要》中说“毛氏汲古阁‘十三经’‘十七史’校对草率，错误甚多”，又说“毛氏所刻甚繁，好者仅数种”。黄丕烈则说：“汲古阁刻书富矣，每见所藏底本极精，曾不一校，反多臆改，殊为恨事。”③

但是，毛晋及其汲古阁的图书出版，不仅仅是出于利益考虑，还有着自己学术思想上明确的意旨，即以恢复汉唐之学为己任（钱谦益《隐湖毛君墓志铭》：“谓经术之学，原本汉唐……故于经史全书，勘雠流布，务使学者穷其源流，审其津涉。其他访逸典，搜秘文，皆用以裨辅其正学。于是缥囊缃帙，毛氏之书走天下，而知其标准者或鲜矣。”），因此，其刊印的图书，对清代学术的发展产生了很大影响。同时，毛晋汲古阁大量刻印宋元刊本，挽救了一大批濒于亡佚的古籍，如许慎的《说文解字》，就是由于汲古阁的翻刻，才于自宋以来数百年的沉寂之后，获得广泛传播。毛晋汲古阁为古籍的保存流布作出了巨大贡献，其功绩是不容忽视的。

（三）明代的坊刻

明朝自开国至灭亡，历时276年，有较长时间相对稳定的社会环境，这为

① 朱彝尊．静志居诗话：卷二十二[M]．清嘉庆扶荔山房刻本。

② 叶德辉《书林清话》记载：“所用纸，岁从江西特造之，厚者曰‘毛边’，薄者曰‘毛太’……”

③ 黄丕烈．士礼居藏书题跋记[M]．北京：书目文献出版社，1989：13.

经济的发展提供了有利条件，明代的经济因此发展到了一个新的水平。人们普遍认为，中国资本主义的萌芽就诞生于此时，这也说明了明代商业发达。随着商业经济的发展，城市繁荣，市民阶层逐渐壮大，对文化的需求大大增加，加上明初朱元璋取消了书籍税，刻书、售书有利可图，因此，书坊的数量迅速增加，坊刻十分繁荣，规模空前。

明代坊刻主要集中于北京、建阳、苏州、无锡、常州、金陵（今南京）、杭州、湖州等地，其中以建阳最为兴盛。建阳书坊则主要集中于麻沙、崇化二镇，其中不少书坊是历史悠久的老字号，如始于南宋的余氏刻书，至明代已有几十人从事刻书业。建阳书坊最著名的有余象斗的三台馆、双峰堂，刘洪的慎独斋，等等。其他还有余氏勤有堂、刘氏日新堂、叶氏广勤堂、杨氏清江书堂、郑氏宗文堂等，可谓书坊林立，不可胜计。余象斗的书坊，以刻印通俗小说而闻名，他自刻的《四游记》《三国志传评林》《水浒志传评林》等，销量大、销售范围广，至今仍有流传。为了迎合大众阅读口味，他所刻的通俗小说还配有插图。郑振铎在《西谛书话》的《余象斗：列国志传》一文中说余象斗所刻的书有一个特点，“那就是继承了宋、元以来的建安版书籍的型（形）式，特别着意于‘插图’，就像现在印行的‘连环图画’似的，上层是插图，下层是文字。图、文并茂，使读者们阅之，兴趣倍增”。①

就刻书品种来看，明代坊刻品种丰富，所刻多是面向大众日常生活需要的书籍，如医书、科举考试用书、小说、戏曲、学童启蒙读物等。明代书坊已不单是刻书，而是集编辑、出版、发行于一体，且刻书量大，但由于书坊以营利为目的，所以明代坊刻图书质量也是历代坊刻中最差的。

六、清代的刻书情况

清朝建立后，统治者所采取的文化政策与明代相似。一方面大兴文字狱，对有碍其统治的思想和书籍进行毁禁，对当事者进行严厉镇压；另一方面尊崇儒术，提倡理学，开设博学鸿词科，以八股取士的科举制给读书人出仕的机会，以此笼络人心。与此相应，一方面，清代销毁了很多书籍，如编纂《四库全书》时，在面向民间广泛征集图书后，乾隆下令对其中他认为“违逆”的图

① 郑振铎．西谛书话[M]．第2版．北京：生活·读书·新知三联书店，1998：508.

书进行销毁，品种近3000种。另一方面，清朝前期，历时100多年的康熙、雍正、乾隆三朝（即康乾盛世）国力强盛，经济繁荣，文化全面发展，刻书业也兴旺鼎盛。至道光、咸丰时期，西方列强的坚船利炮打开国门，外忧内患，社会动荡，因而刻书业一度衰落。同治、光绪时期，中国知识分子面对西方文化的冲击、国运的衰落，积极探寻救国兴邦之道，新思想与旧思想、新文化与旧文化碰撞，新式出版物（如报纸、杂志、教科书等）与旧式图书版本并存，图书出版业进入了新的发展时期。

清代的刻书，仍然分为官刻、私刻和坊刻三大系统。

（一）清代的官刻

清代官刻书较前代更为发达，以内府刻书和官书局刻书为主。

1. 内府刻书

如前所述，清政府对不利于其统治的思想进行严酷的钳制，因此内府刻书多为钦定，往往冠以“钦定”“御纂”“御批”“御定”等名目。内府刻书中，以武英殿刻书的影响最大。

武英殿是位于北京故宫外朝熙和门以西的一座宫殿，始建于明初，清康熙年间在此设立修书处，专门从事图书的编修、校勘与刻印。武英殿刻印的图书，种类繁多，内容丰富，卷帙浩繁，多为封建社会正统的经史著作、圣训、实录、诗文以及大型丛书等。如康熙四十年（1701）开始编纂，至雍正六年（1728）才完成出版的《古今图书集成》，由康熙钦定书名，雍正作序，仅目录就多达40卷，正文内容1万卷，被康有为认为是“清朝第一大书”。

武英殿刻印的图书校勘精细，刻印精美，纸张优良，在历代刻本中独具特色，被称为“殿本”或“殿版”。

武英殿刻书事业兴于康熙，雍正承之，至乾隆时达到最盛。康乾时期，武英殿出版的图书，著名的除了前文提到的《古今图书集成》，还有“十三经”“二十一史”《明史》《通典》《通志》《文献通考》《大清一统志》《旧唐书》等众多图书。嘉庆一朝，武英殿虽承乾隆朝之余绪，刻印了如《全唐文》等较大型的图书，但书的刻印质量下降，不及乾隆时期。嘉庆之后，随着鸦片战争的爆发，国家进入一个动荡不安的时代，清政府面临着内忧外患的困境，武英殿刻书事业也随之全面衰落。同治八年（1869）夏天，武英殿失火，“凡康熙二百年来之藏书储板，一炬荡然"[1]。大火烧掉了存于武英殿的书籍和版片，使本已衰落的武英殿刻书事业雪上加霜，基本处于停滞状态，所以同治一朝，可以说是武英殿刻书事业最为衰败的时期。光绪时，武英殿经修复后，又开始进行图书出版活动，但补刻书版终难以为继。1900年庚子事变中，武英殿再次被烧。不久，清朝灭亡，武英殿的刻书事业也就此终结。

武英殿修书处出版的图书，除了雕版以外，还有铜活字版、木活字版、铅印、石印图书。《古今图书集成》即是铜活字本的代表。康熙年间编纂《古今图书集成》时，康熙便敕令刻（非铸）了一批铜字，作为排印的活字版用字。《古今图书集成》出版后，随着时间的流逝，这些贮存于武英殿的铜活字有的被窃，有的字版残缺。到乾隆初年，因为国家缺少铸钱的铜，于是在乾隆九年（1744），这些铜字就被敕令销毁用于铸铜钱。武英殿铜活字本图书存世很少，极为珍贵。

修纂《四库全书》时，收罗辑佚的善本众多，尤其是从《永乐大典》中辑出了大量世间罕见和不传的图书，对此，乾隆敕令将这些书印刷出来，以广流传。对这些图书一一雕版，工程量太大，因此，为了节省时间与版片，负责此事的金简奏请用木活字排印，得到乾隆批准，乾隆还为其取名为"聚珍"。因此，武英殿用木活字排印的图书被称为"聚珍本"或"聚珍版"。

光绪时，由于原有书版毁损严重，为节省费用，武英殿又采用了西方铅活字印刷术、石印等方法出版图书。

总体来说，武英殿刻书无论是内容质量、刻工，还是材料、工艺等方面，都有较高的水平，是清代刻书的典范。

2. 官书局刻书

清代前期，官刻主要集中在内府，地方政府刻书最早的当数曹寅所主持的扬州诗局所刻的《全唐诗》等书。康熙年间，为了刻印"钦定"《全唐诗》，任两淮盐政的曹寅（曹雪芹的祖父）奉旨在扬州天宁寺创办了图书出版机构扬州诗局。扬州诗局刻印的《全唐诗》虽有900卷之多，前后字体却几乎一致，殊为难得；而且其采用的楷体字字体端丽，又使用上乘的纸墨工料，印制精美，成为清代刻书中的佳品，被世人称为"扬州诗局本"。又因为扬州诗局所刻的书是经过康熙皇帝钦定的，所以"扬州诗局本"也被纳入内府本。

---

① 陶湘．清代殿板书始末记[M]// 陶湘．书目丛刊．沈阳：辽宁教育出版社，2000：66.

同治初年，官书局开始兴起。官书局是同治、光绪年间各地官府所设立的图书出版机构，是清代地方官刻的主要代表。

曾国藩设立的金陵书局是清代最早设立的官书局之一。金陵书局的前身是曾国藩在安庆开办的书局，同治三年（1864），曾国藩的湘军攻下太平天国的天京（即金陵，今南京），书局随后迁往金陵，改名为金陵书局。其后，各地纷纷效仿，相继设立了10多个官书局，如江苏书局（苏州）、浙江书局（杭州）、崇文书局（武昌）、广雅书局（广州）、思贤书局（长沙）、存古书局（成都）等。

近代以来，清政府处于内忧外患的境地，社会的动荡，连年的战争，使图书遭受极大的损毁。清政府设立官书局刻书，是为了宣扬儒家正统思想，清除太平天国的影响，因此，其所刻图书，从内容上来看大多是符合当时社会正统思想观念的经史类书籍，也有诗文类书籍。其中许多书籍不仅底本较好，而且由著名专家主持校勘，内容和印刷质量较高，并且官书局刻书不以营利为目的，书的售价低廉，这对保存和弘扬传统文化在客观上起到了积极的作用。官书局出版的图书，称为“局刻本”或“局本”。在官书局出版的1000种左右图书中，比较著名的有金陵书局的《王船山遗书》、浙江书局的《二十二子》、江苏书局的《资治通鉴》，以及金陵、淮南、江苏、浙江、崇文五局合作出版的“二十四史”等。

鸦片战争以来，随着国门被打开，西方的印刷技术传到中国，传统的雕版印刷术日渐衰落，中国的图书出版面临着近代化的转型。官书局与民间出版机构一道，在中国图书出版的近代化进程中承前启后，起到了促进作用。光绪末年，随着清政府走向覆亡，官书局自然也未能摆脱走向衰落的命运。

（二）清代的私刻

清代的私刻与清代的学术发展有着密不可分的关系。清朝统治者入主中原后，采取怀柔与高压并施的手段，一方面提倡程朱理学，另一方面又大兴文字狱。为避祸端，文人士子埋头故纸堆，致力于古籍的考据，这种学术研究方法盛行于乾隆至嘉庆年间，被称为乾嘉朴学。考据需要对古籍进行整理、辑佚、辨伪、校勘、训诂、考释等，其成果体现在图书出版上，就是文人学者对大量古籍进行精校重刻。

清代私人刻书活动蔚然成风，出版了很多图书。其所刻的图书大致可分为两类。一类为文人学者自己的著作和前贤的诗文集，这类书大多是写刻本，即手写上版的书。写刻本大多由名家精心缮写，制作材料考究，印刷精美，堪称精品，被称为“精刻本”。请名家写样刻版，是清代私刻的一大特点。另一类则为与治学相呼应辑刻的丛书、逸书和影刻书等。刻印综合性丛书，是清代私刻的另一特点。值得一提的是，私家刻书不以营利为目的，在刻印图书时精益求精，无论是底本的选择，内容的校勘，字体、纸墨的选择，还是刻版的刀工、印刷的工艺，无不追求最佳。例如，清代盛行仿宋影刻书之风，刻书者刻书，从版式到字体，都按照宋版书的样子摹刻，技艺高的几乎可以乱真。对图书品质的追求，使清代私刻的出版达到了很高的水平。

总体来说，清代私刻本校勘精审，刻印精良，与前代相比，品种多，数量多，质量也高，具有较高的使用价值和学术价值。

清代私刻业发达，出现了一大批刻书名家，如周亮工、朱彝尊、徐乾学、卢见曾、卢文弨、袁枚、鲍廷博、孙星衍、张敦仁、张海鹏、黄丕烈、阮元、胡克家、伍崇曜、缪荃孙、王先谦、黎庶昌、叶德辉、罗振玉等，不胜枚举。出版的图书如鲍廷博的《知不足斋丛书》、黄丕烈的《士礼居丛书》、卢文弨的《抱经堂丛书》等都是其中的代表之作，阮元主持校刻的《十三经注疏》至今仍称得上同类书中的最佳版本，对后代学术研究产生了很大的影响。

（三）清代的坊刻

清初，刚刚经历了战乱的社会经济受到严重破坏，加之清政府为了压制反清思想，稳固其统治地位，频繁制造文字狱，文化事业因此受到严重影响，图书出版呈现万马齐喑的清冷局面。随着康乾盛世社会经济的恢复与发展，商品经济得到极大的发展，手工业水平迅速提高，加之市民阶层的壮大，诸种因素都为坊刻的发展提供了有利条件。清代的坊刻很快兴盛起来，规模也超越了以前各代。

清代的书坊很多，分布极广，几乎遍及全国各地，其中以北京、苏州的书坊最为集中。北京的书坊主要集中在琉璃厂、隆福寺两处，尤其是琉璃厂，书坊多达上百家；苏州有名号可考的书坊，有70家左右。其他如南京、扬州等地，书坊也很多。因此，坊刻书籍数量众多，从内容来看，多为面向民间大众的通俗读物，如小说、戏曲、医卜、星相、蒙学读本、佛经、类书等。由于书坊出于营利的目的，对图书成本进行控制，故而坊刻书的质量不如官刻和私刻。不过，坊刻图书因为很多为普通民众所喜闻乐见，因此刻印量大，为文化的普及作出了不容忽视的贡献。

清代的书坊，最为著名的当数苏州的扫叶山房。扫叶山房始建于明末清初，其后规模不断扩大，一直到20世纪50年代才歇业。它所出版的图书，除了经、史、子、集类，还有大量的古代小说，涵盖了古代绝大部分小说品种，为古籍的保存与传播作出了很大贡献。

清代是我国从古代社会向近代社会转型的时期，这一时期，传统刻书业和近代出版并行发展，古籍和“新学”图书并存，大量西方的译著得以出版。随着中国向近代化迈进，社会对古籍图书的需求日益减少，传统的雕版刻印方式逐渐被新式铅印、石印所取代。以雕版印刷为标志的中国古代图书出版让位于近代新式出版，退出了历史的舞台。

第三章

古代图书的形态

第一节　古代图书的版式

版式是指作品内容在书刊报纸版面上的编排格式。中国古代图书的版式和现代图书的版式有很大的不同。自宋代起，印书时以双面折叠的纸页为一张印页，每一张印页有一定的格式，这样的格式就是中国古代图书的版式。

随着历史的演进，古代图书的版式经历了一个逐渐程式化的过程。一方面，图书版式所包含的基本元素大体一致，体现出古代图书版式所具有的共同特点；另一方面，不同时代、地域和出版者所出版的图书，在版式细节上又千差万别，有各自不同的特点。

古代图书的版式主要由版框、界行、版心等内容构成。

①版面：一块印版所占的面积。

②版框：版面上下左右四周的粗线形成的版面框界（界格），也称为边栏。其中，上方的称上栏，下方的称下栏，左右两边的称左右栏。有些书的版框是单条粗墨线，称单栏或单边；有些书的版框在粗墨线之内还有一道细墨线（双线），称双栏或双边；还有些书的版框是上下栏为单线，左右栏为双线，称左右双栏或左右双边。此外，还有由各种花纹图案构成的边栏，称花边。

版框使书页版面显得规范、整洁、美观，便于阅读。

③界行与界格：版框之内往往还用直线来分行，分行的墨线称为界行，分隔线之间的条格则称界格。在古代图书中，界行并不是古代图书必须具备的部分。文字不分界行的，称白文。不过我们今天看到的古代图书，大多有界行。

④版心：古代图书版心的概念和现代图书不同。现代图书的版心指版面上排印文字、图片表格的部分；古代图书的版心则指的是书页中间的折缝处，通常有用作对折标准的黑线或鱼尾形图案，也称版口或书口。版心上下两端均刻有黑线者，称黑口；均不刻黑线者，称白口；黑线只刻在上方者，称上黑口；

黑线只刻于下方者，称下黑口。版心往往还刻有书名、卷数、页码、字数、刻工姓名等与图书相关的信息，则称花口。

⑤鱼尾：版心中间，距上边约四分之一处，刻有一个类似鱼尾的图案，称鱼尾。版心所刻鱼尾样式有多种：有在版心上下方对称处刻两个鱼尾的，称双鱼尾，也有只在上方或下方刻一个鱼尾的，称单鱼尾；鱼尾有黑白两色，黑色者称黑鱼尾，白色者称白鱼尾，以黑鱼尾居多；还有有花纹或细线的花鱼尾、线鱼尾；双鱼尾中，鱼尾方向一致，称顺鱼尾，鱼尾方向相对，称对鱼尾；等等。

⑥象鼻：上下鱼尾到版框之间，各有一条黑线作为标准线，称象鼻。

⑦行款：指图书每半页的行数和字数。古代的图书文字为竖排，书写顺序先上后下，行序从右到左。字和行的疏密会直接影响版面的效果，因此，古人刻印图书时，对一页设多少行、一行写多少个字都很讲究。一些刻书家和著名的刻书机构，所刻的书有自己固定的行款。由于古代的图书是双面折叠的印页，在著录和鉴别图书时，人们习惯按半页计算行款，如“每半页 × 行，每行 × × 字”。

行款是判断和区别版本的依据之一。

行格界栏以红色印刷，称朱丝栏；以黑色印刷，称乌丝栏。

⑧天头：版框上栏以上的空白处。天头也称书眉。

⑨地脚：版框下栏以下的空白处。古代的图书天头地脚一般都留得比较宽，以方便人们批注。

⑩书耳：在版框左右栏外的上方，另刻一个小方格，小方格中常刻有简单的篇名或卷数，称书耳或耳子。

第二节 古代图书的装帧

中国古代的图书经历了一个由金石简帛向纸张嬗变的过程。图书的装帧与书写材料有着密切的关系，随着书写材料的改变，图书的装帧形式也有所不同。简策书是用绳子串简编册，缣帛书采用有轴棍的卷轴装。纸用作书写材料以后，图书装帧形式更加多样，如卷轴装、旋风装、经折装、梵夹装、蝴蝶装、包背装、线装、毛装等。

一、卷轴装

卷轴装又称卷子装，它是我国古代图书使用时间最长的图书装帧方式，从缣帛图书时就已开始使用，至隋唐五代时已经十分完善。其基本装订方式是，以一根短棍为轴，将书有文字内容的帛书或纸书的末尾粘于轴上，收藏时以轴为中心向前卷成一卷。“卷”因此成为图书的代名词和计量单位。唐代的卷轴装图书由卷、轴、褾、带、签五个部分构成。卷是卷轴的主体，由于纸张和缣帛不同，一页纸张比较短，因此，制作卷轴时，先要将写有文字内容的纸张按顺序粘成长幅，亦即卷子，然后再粘到卷轴上。轴是一根短棍，通常是漆过的细木棒，轴头露出卷外，皇家贵族也用琉璃、珊瑚等贵重材料制作卷轴。在卷子右边开头的部分，接上一张较厚实的纸或丝织品，以保护书卷，这部分就是褾。在褾头往往还系有一根带子，用以捆扎书卷。此外，为了查阅方便，在每卷书的轴头挂有一个小牌子，写上书名、卷次，这就是签。《旧唐书·经籍志》中记载：“开元时……其集贤院御书：经库皆钿白牙轴，黄缥带红牙签；史书库钿青牙轴，缥带绿牙签；子库皆雕紫檀轴，紫带碧牙签；集库皆绿牙轴，朱带白牙签。”[①] 可谓琳琅满目，可见唐时的卷轴装帧是很讲究的。

① 刘昫，等．旧唐书［M］．北京：中华书局，1975：2082．

卷轴装美观、轻便，但展开阅读不方便，所以唐代又出现了新的装帧形式。

二、旋风装

所谓旋风装，是用一张比书页稍宽的长条厚纸作为底纸，将单面写字的首页粘在底纸的右端，其余双面书字的书页以右边无字的空白处在底纸上一页页依次向左粘裱。收藏时，从右向左卷起来。卷起的书外观仍然呈卷轴的形状，里面的书页则朝一个方向旋转，状若旋风，所以古人也称之为“旋风叶卷子”。由于每一页都是粘在上一页的底下，上页压下页，状似龙鳞，所以古人也把这种装帧形式称为“龙鳞装”。故宫博物院所藏唐写本王仁煦《刊谬补缺切韵》，是今天我们能见到的古代旋风装图书的实物。

旋风装既保留了卷轴装的形制，又解决了卷轴装无法翻动书页、不便于查检的问题，是卷轴装向册页装过渡的一种装帧形式。

三、经折装

所谓经折装，就是将粘好的书页长幅（不用卷轴）按照一定的行数（宽度），像折扇子一样正反均匀地折叠成长方形的一叠，再在前后各自加上一块与书页尺寸一致的硬纸板，作为“封面”和“封底”。这种装帧方式的图书收合方便，易于阅读，多用于装帧佛经，故被称为“经折装”。经折装也称为折子装、折装。后来大臣的奏书也采用这种形式，所以奏书也称为奏折。和旋风装一样，经折装也是针对卷轴装阅检不便而进行改进的结果，是卷轴装向册页装过渡的一种装帧形式。经折装完全抛弃了卷轴装的形制，其长方形的外形更接近于后世的册页书。

经折装省去了卷书的麻烦，缺点是折缝处容易断裂。经折装是适应手写书籍的装帧方式，宋代雕版印刷术被广泛采用后，必然会产生与之相适应的新的装帧形式。

四、梵夹装

梵夹装源于古印度贝叶经，是一种外来的装帧方式。古代印度人将佛经写在贝多罗树叶（贝叶）上，然后根据经文内容，将贝叶依次摞好，用两块板夹住，用绳子将事先打有圆孔的贝叶及板穿起来，防止贝叶脱散。因为贝叶经是用梵文书写，又是用夹板夹起来的，所以人们称这种装帧方式为“梵夹装”。《资治通鉴》中记载唐懿宗奉佛太过，无心政事，曾“于禁中设讲席，自唱经，手录梵夹”。史学家胡三省注释说：“梵夹者，贝叶经也；以板夹之，谓之梵夹。”①

受贝叶经的影响，我国古代的纸质书也有模仿梵夹装进行装订的。采用梵夹装者，是将纸张裁成长条形，然后按纸上所写内容的顺序，一页页将裁好的纸重叠整齐，用木板或竹板夹起来，再像贝叶经那样打孔，穿上绳子。梵夹装的图书每页都是独立的，便于翻检，类似于今天活页夹形式的图书；但由于图书是散页，无论是穿书的绳子断了，还是书页穿孔处坏了，都很容易导致书页散失。因此，我国古代使用梵夹装的图书不多，主要是一些佛经。

五、蝴蝶装

蝴蝶装亦称蝶装。其方法是：将一张印页有字的一面向里对折，再将对折好的书页以折叠的中缝为准，整齐地重叠起来，把形成书背的折缝一面粘在一张包背纸上，再用硬纸作为封面。用这种方法装订的书，打开时，被对折的一整页书页以版心为轴，形如张开的蝶翅，故名蝴蝶装。蝴蝶装版心向内，单口向外，这有利于保护书中文字免受磨损，也使书不易受虫鼠损坏。但阅读时每读两页有字的单页，必须翻两页无字的空页，很是烦琐。

蝴蝶装出现于唐末五代，流行于宋元，是宋元时期书籍的主要形式。蝴蝶装的出现，表明图书的装帧进入了册页装的阶段。我国国家图书馆所收藏的宋本《册府元龟》等，是我们今天仍可见到的蝴蝶装书籍。

六、包背装

包背装书页的折法和蝴蝶装相反，它是将书页有字的一面向外对折（亦即将无字的一面向里对折），版心朝外，单口向内。早期的包背装是将书页摞成叠后，将单口粘到一张包背纸上，粘贴比较麻烦，糨糊用少了粘不牢容易散页，用多了书籍又容易生虫发霉。因此，后来改在书的右边打孔，穿以纸捻装

① 司马光．资治通鉴[M]．胡三省，音注．北京：中华书局，1956：8097．

订成册，再装上书衣（封皮）。由于书衣包覆于书脊上，正好可以遮住书脊处的装订痕迹，所以这种装帧方式被称为包背装。

包背装是对蝴蝶装的改进，它不但解决了蝴蝶装无字页的问题，以纸捻装订书籍，而且比用糨糊粘贴更加牢固，不易散页。由于包背装版心在外，版心上所刻文字容易被磨损，所以在存放时，一般采用平放的方式，因此，其封皮不需要用很硬的纸。包背装大约出现于南宋时，直到清代，仍有使用包背装的图书。现存于世的包背装图书，主要是元明时期的刻本。

七、线装

包背装以纸捻装订书页，虽比蝴蝶装以糨糊粘贴书页牢固，但如果书籍被反复翻阅，书页仍容易脱散。为了适应书籍的使用需要，一种新的装帧方式——线装出现了。线装书出现时间较早，大约在宋代，但其工艺完善而取代蝴蝶装、包背装成为我国古代图书主要的装帧方式，则是在明朝中叶。

线装的方法：按包背装的方式折页，但加书衣时和包背装不同。线装书装订时不包书背，而是裁两张与书页大小一致的护纸，首尾各一张，与书页一道摞齐整，在右边打孔，穿线装订。其具体制作有以下步骤：①折页。②分册，按书的卷页顺序将书分成若干册。③添副页，在书衣内前后添加空白页。④齐口，以书口为准，将书页对整齐。⑤打眼，根据书的大小，在书的右边打上穿线用的细孔。⑥草订，即先用纸捻穿订。⑦加书衣。⑧截齐书口的三边，并磨去毛边。⑨包角，对一些珍贵的书籍，用绫绢等丝织品将其装订线一侧的上下两个角包起来。⑩穿线。⑪贴签，即在书衣上贴上书名。

线装是我国古代书籍装帧的一次重大变革，它解决了书页易脱散的问题，美观实用，在明中期至清末的几百年里成为图书最常见的装订形式。我们现在仍能看到很多明清时期的线装书，深蓝色的书皮朴素静谧，白色的内文纸页泛着岁月留下的微黄，其所散发的浓郁的中国文化气息，正是文人士子儒雅内敛品格的诠释，故而线装书被国际社会誉为“中国书”。

八、毛装

如上所述，线装书以纸捻预穿订后，最终还要穿线装订，图书的书页也要经过裁切、打磨等工艺处理。毛装是指把书页摞整齐、加上封面（有的甚至不加封面）后，只下纸捻粗装，并且对书页不加裁切、磨光的装订方式。毛装又称草装，毛装书也称为毛边本。毛装书便于重装，因此，清廷给沈阳故宫和王府、有功之臣、封疆大吏等的赠书，武英殿通常做成毛装，以便受赠者可以按自己的喜好重新装订。文人在写稿时，为了让手稿不致散乱，也常自己用毛装的形式把稿子装订起来。毛装书未经裁切，天头地脚都较宽，便于在上面做批注。

因为没有经过工艺修饰处理，毛装书呈现的原始形态，使其别具一种天真之态和素朴之韵，很符合一些文人雅士的审美趣味，20 世纪二三十年代曾流行一时。鲁迅先生就是毛装书的爱好者，他曾在给萧军的信里说："切光的都送了人，省得他们裁，我们自己是在裁着看。我喜欢毛边书，宁可裁，光边书像没有头发的人——和尚或尼姑。"[①] 直到今天，仍有许多图书收藏者钟情于毛边书。

① 鲁迅．鲁迅全集：第十三卷[M]．北京：人民文学出版社，2005：501-502．

第三节　古代图书的结构

虽然古代图书经历了不同材料载体、不同形制的演变，但自明代以来，线装书的形制就成为主要的图书形制，因此本节主要对线装书的结构进行介绍。将书页装订成册，即为一本具体图书。一本具体图书的结构，可以分为外形结构和内容编排结构两个方面。

一、外形结构

古代图书的外形结构主要包括书衣、书签、书脑、书脊、书首、书根、书名页等。

①书衣。在不同的时代，书衣有不同的所指。《说文解字》说书衣即是"帙"(《说文解字·巾部》"帙"条："帙，书衣也")。帙是什么呢？《说文解字》的作者许慎是东汉时人，那时图书主要是由简帛制成，许慎说的"帙"，就是包裹简帛的套子。唐时的卷轴书，也如简帛书一样，是一卷一卷的，保存的时候仍然要用帙（书衣）包裹。印刷术得到广泛应用后，图书不再是一卷一卷的，而是一本一本的，书衣便指加在书页最前面和最后面，起保护图书内芯作用的外壳，俗称"书皮"或"书壳"。我们现在常见的线装书的书衣多是磁青、天蓝色，其实，书衣并不只有蓝色，还有其他颜色。如清代修《四库全书》时，就将经、史、子、集四类分别用青、红、蓝、灰四种书衣标识，以象征春、夏、秋、冬。很多藏书家在刻印书籍时，对书衣的选材、色彩也都很讲究。书衣的材料有纸、绫等。纸是最常用的材料，纸书衣一般用毛边纸、棉连纸，绫则多用于古籍善本。

②书签。书签是指书衣上所贴的题有书名的长方形签条。签条通常为纸条，也有丝条，上面除题有书名外，有的还题有卷数、作者、题签人的姓名、

题签的时间等。书签一般贴在书的左上角。

③书脑。书脑是指线装书锥眼穿线的部分，亦即订线的右边空白处。因为锥眼穿线是装订的关键工序，所以这部分被称为书脑。

④书脊。书脊是指图书装订线的侧面。

⑤书首。书首也称为书头，指一本图书的最上端。

⑥书根。书根和书首相对，指一本图书的最下端。有些书的书根上印有书名、卷册数等。

⑦书名页。在书衣之后，有一张或半页或整页的纸页，上面题有书名，有的还题有著作者、出版者、出版时间等。这个页面称为书名页，也称为封面、内封面、封内大题。

二、内容编排结构

古代图书的内容编排结构主要包括序、目录、凡例、正文、跋、牌记等。

①序。序即序言。有著者自序和他人所作序两大类。自序是著者阐述自己的写作意图、写作过程、作品大旨或自己生平阅历等的文章。如司马迁为其《史记》所作的自序《太史公自序》中，既叙述了自己的生平和写作《史记》的目的，也对书中各篇进行了介绍。他序是他人为著作所作的序言，他序的内容通常是介绍作者的生平事迹、写作经过、学术源流等。

②目录。目录即一本图书各篇章的目次，一般放在正文的前面。读者可通过目录检索书中内容，并了解一书的大致内容。大型的图书，除卷首有总目录外，各卷还有分目录。

③凡例。说明本书编纂体例、编纂原则等的文字。

④正文。正文即著作的本文，是全书的主体内容。

⑤跋。多是说明著作的资料来源、版刻源流、刻印经过等的短文。一般放在正文之后，也叫后序、书后。

⑥卷首末、附录。古人在刻书时，常常将序、跋、目录等以及其他资料以附刻的形式单独分卷次，附于图书正文之前的称卷首，附于正文之后的称卷末。有些图书的附刻资料不称卷首末，而是称为附录。并不是每种图书都有卷首末或附录。

⑦牌记。古人刻书，会在序的后面或者书的前后刻一张牌记，用于记录

书的出版事项。牌记的内容包括：刻书时间，刻书者的姓名及其斋室名、堂号名，刻书工人的姓名，刻书经过，所用底本，校勘质量，新书预告，广告，等等，有点像现代图书的版权页。只不过不同的图书，其牌记的内容有详有略。

牌记有长方形、碑形、钟形、亚字形、圆形等多种形状，字体则楷、行、隶、篆皆有。不同的形状、不同的字体，使牌记呈现出丰富多样的形式。牌记的边框常以墨色栏线围绕，所以又称为墨围。很多牌记形状像碑，因此牌记也被称为碑牌。此外，牌记还有书牌、牌子、木记等多种称呼。牌记是古代图书版本鉴定的重要依据，也是研究中国图书发展历史的重要史料。①

① 林申清．宋元刻书牌记概述[J]．图书与情报，1991（4）：81-85．

第四章

图书的内容

第一节　图书的分类

一、早期的图书分类

对图书进行分类，是为了有序管理图书，便于更好地利用图书。我国上古时期，就有了对图书进行分类管理的概念。《周礼》记载，“诵训掌道方志”，“小史掌邦国之志”，“外史掌书外令，掌四方之志，掌三皇五帝之书”，“小行人掌邦国宾客之礼籍”，“大司徒之职掌建邦之土地之图”。这里，“方志”即地方志，是记载四方风俗、物产、舆地、传说等的文献；“邦国之志”是记录诸侯国情况的文献；“四方之志”是记录春夏秋冬四时的书；“三皇五帝之书”即“三坟五典”；“礼籍”是记载各诸侯国使者名位尊卑的图书；“土地之图”即地图。可见，周时对图书文献已有分类，不同类型的图书由不同的职官掌管。

春秋战国时期，面对诸侯林立、百家争鸣、学术思想纷杂、“礼崩乐坏”、图籍散乱的社会现状，孔子进行了一次系统的文献整理。他选取能体现古代文化礼制精神的六种文献，将其删定为《诗》《书》《礼》《乐》《易》《春秋》“六艺”，也就是人们所说的“六经”，用作教育弟子的教材。虽然孔子整理图书的目的并不是进行图书分类，其“六艺”的划分也不能涵盖当时所有的图书品种，但孔子对自己的教科书所作的划分，其分类思想是明确的。

二、“七分法”

（一）从刘向的《别录》到刘歆的《七略》——“七分法”的建立

1. 刘向、刘歆父子

刘向（约前77—前6），本名更生，字子政，沛（今江苏沛县）人，是刘邦之弟楚元王刘交之后，西汉经学家、目录学家、文学家，汉成帝即位后任光禄大夫，改名为刘向。曾校阅群书，撰成《别录》，被誉为“中国目录学之祖”。

刘歆（？—23），字子骏，后改名秀，字颖叔，刘向之子，西汉末古文经学派的开创者、目录学家、天文学家。刘歆幼承家学，后受诏与其父亲一样领校书。刘向去世后，刘歆继承父亲的事业，并在整理图书的过程中，撰成我国第一部图书分类目录《七略》。

2.《别录》与《七略》

秦并六国、统一天下后，将秦纪、医巫、农书以外的图书统统焚毁，至西汉初立时，图籍已经亡佚殆尽。随着社会逐渐稳定，经济逐渐复苏，西汉王朝广开献书之路，搜求天下遗书，无论是儒家经典，还是诸子传说，均收于皇家专门的藏书机构秘府。到汉成帝时，皇家藏书已堆积如山，很散乱，需要加以分类整理。于是，汉成帝下诏，命光禄大夫刘向校经传、诸子、诗赋，步兵校尉任宏校兵书，太史令尹咸校数术，侍医李柱国校阅方技，然后由刘向“条其篇目，撮其指意，录而奏之”，即把篇目次序编好，并为每一种书写一则介绍图书情况的叙录，呈给皇帝阅读；又将叙录另抄一份汇编成书，所以这本书名为《别录》。

《七略》是在《别录》的基础上，对《别录》的叙录和篇目等加以简略，撮其要点而成。《别录》原有20卷，简略后的《别录》只有7卷，所以名为“略”。《七略》其书现已不存，但从班固《汉书·艺文志》中对它的记录，我们仍能看到其对图书的分类情况。《七略》把图书分为六大类别，其六大类及细分小类情况如下：

六艺略：易、书、诗、礼、乐、春秋、论语、孝经、小学

诸子略：儒家、道家、阴阳家、法家、名家、墨家、纵横家、杂家、农家、小说家

诗赋略：赋一、赋二、赋三、杂赋、歌诗

兵书略：兵权谋、兵形势、兵阴阳、兵技巧

术数略：天文、历谱、五行、蓍龟、杂占、形法

方技略：医经、经方、房中、神仙

简单地说，以上六大类中，六艺略是关于儒家经典著作的大类，诸子略收的是诸子百家的图书，诗赋略收的是文学作品，兵书略收的是军事图书，术数

略收的是天文、历算等自然科学和占卜类的图书，方技略收的是医学、养生一类的著作。每略之下再分小类。刘歆又于六略之后，将诸书之序辑成一辑，称为“辑略”。这样，《七略》就建构起了一个体系完整、类别清晰、井然有序的分类体系。

《七略》是我国第一部群书分类目录，也是我国第一部图书分类法著作。其以儒家经典为首的序类方式和将图书分为六大类的分类方法，符合汉代统治者尊崇儒家意旨和汉代图书的实际情况。其分类虽然实为“六分”，但《七略》的结构安排，开了中国图书分类史上“七分法”的先河，对后世的图书分类产生了很大的影响。《七略》之后，继有南朝齐王俭的《七志》、南朝梁阮孝绪的《七录》、隋代许善心的《七林》等等，形成了我国古代图书分类“七分法”的系统。

（二）《七志》《七录》和《七林》——“七分法”的发展

《七志》和《七录》是我国古代影响较大的两部图书目录和图书分类法专著。

1. 王俭的《七志》

王俭（452—489），字仲宝，琅邪临沂（今属山东）人，南朝齐文学家、目录学家。王俭一生担任过许多官职，如侍中、尚书令、镇军将军、国子监祭酒、中书监等。任刘宋秘书丞时，他上表要求点校古籍，按《七略》的体例写成《七志》30 卷（一说为 40 卷），并撰定《宋元徽四年四部书目》。

从西汉到南北朝，中国的文化有了新的发展。一方面，儒学有了更进一步的发展，地位更加稳固；另一方面，佛、道两教兴盛，尤其是佛教自东汉传入后，至南北朝时，进入了一个兴盛阶段，大量佛教典籍传入并被翻译，成为这一时期最为显著的文化特点之一。文化的发展变化，也体现在图书分类上。

王俭在《七志》中，把图书分为经典志、诸子志、文翰志、军书志、阴阳志、术艺志、图谱志七类，并将道佛两类附于“七志”之后。《七志》一书今已失传，从《隋书·经籍志》中，我们大略可以了解到《七志》各类的内容。对照《七略》的类别，可清楚地看到它们之间的因袭关系以及《七志》类目的变化发展。

《七志》	《七略》
经典志：纪六艺、小学、史记、杂传	六艺略

诸子志：纪今古诸子	诸子略
文翰志：纪诗赋	诗赋略
军书志：纪兵书	兵书略
阴阳志：纪阴阳、图纬	术数略
术艺志：纪方技	方术略
图谱志：纪地域及图书	
附　道经　佛经	

《七志》增加了图谱志、道经和佛经的类别，实为九类。王俭还在每种书的书名之下为该书作者立一传记，开启了我国传录体书目的先例。

2. 阮孝绪的《七录》

阮孝绪（479—536），字士宗，陈留尉氏（今属河南）人，南朝梁目录学家、史学家。阮孝绪年轻时就遍读经史，学问广博，却不愿出仕为官。梁武帝天监十二年（513），皇帝下诏命公卿举荐贤士，秘书监傅照举荐阮孝绪，但阮孝绪拒不受命。由于阮孝绪一直隐居不仕，所以他的亲友都称他为居士。阮孝绪所著《七录》，是我国目录学史上的重要著作。

阮孝绪在总结刘歆、王俭等人分类的基础上，将所见图书 6288 种分为内、外篇，内篇为经典录、记传录、子兵录、文集录、术技录，外篇为佛法录、仙道录。具体内容如下：

内篇

经典录：易、书、诗、礼、乐、春秋、论语、孝经、小学

记传录：国史、注历、旧事、职官、仪典、法制、伪史、杂传、鬼神、土地、谱状、簿录

子兵录：儒家、道家、阴阳家、法家、名家、墨家、纵横家、杂家、农家、小说家、兵家

文集录：楚辞、别集、总集、杂文

术技录：天文、纬谶、历算、五行、卜筮、杂占、刑法、医经、经方、杂艺

外篇

佛法录：戒律、禅定、智慧、疑似、论记

仙道录：经戒、服饵、房中、符图

阮孝绪沿袭了《七志》“经典录”的类名，对于大量增加的史书、传记等，则单立“记传录”进行分类；由于军事类书籍较少，因此，阮孝绪将其和“诸子”合并为一类；王俭认为刘歆的“诗赋略”类名，不足以概括文学书籍，于是改名为“文翰志”，阮孝绪则认为用“文集”两字作文学图书的总称更为恰当，因此，又改为“文集录”；对于天文、历算等书，阮孝绪认为《七略》的类名“术数”更为恰当，而医经等又没必要别创一类，故与术数合并，成为一录“术技录”；对于图谱，阮孝绪认为应按其内容分入各录，不再单独列类；佛教与道教的书，在王俭《七志》中还未列为正式类别，只是作为附录收入，阮孝绪则根据图书的实际情况，将其列为两类。

可见，阮孝绪在对图书进行分类时，充分考虑了图书品种的多少，反映了图书的实际情况。可惜，阮孝绪的《七录》也已佚失，我们只能从《广弘明集》中保存下来的《七录序》和《七录目录》中窥见其大略。

“七分法”至隋代，还有许善心的《七林》。许善心（558—618），字务本，高阳北新城（今河北保定徐水）人。许善心自幼聪慧，又善于思考分析问题，家中藏书上万卷，他都一一读遍。隋文帝开皇十七年（597），他出任秘书丞，见秘阁所藏的图籍混乱，便根据阮孝绪的《七录》作了《七林》。

《七林》的具体内容我们今天已无法看到，《隋书》在《许善心传》中只记载许善心的《七林》各篇篇首总叙，部录之下又有说明作者之意、区分其类例的文字，然其《经籍志》中却未载《七林》。

从《七略》到《七志》《七录》，再到《七林》，都是大致或实际将图书分为七类。古代图书分类法还有另一系统，即“四分法”系统。

三、“四分法”

（一）《中经新簿》和《晋元帝四部书目》——“四分法”的创立

三国时期的魏国，曾大力搜集因董卓之乱、汉献帝西迁而散失的图书，藏于秘书、中、外三阁，魏秘书郎郑默加以整理，编成《魏中经簿》。西晋时，荀勖在此基础上，撰成《中经新簿》（亦名《晋中经簿》），开创了“四分法”的体例。

1．荀勖的《中经新簿》

荀勖（？—289），字公曾，颍阴（今河南许昌）人，西晋律学家、文学家、目录学家。荀勖博学多才，深受晋武帝器重，任过秘书监、尚书令等官职。领秘书监时，曾与中书令张华一起，依照刘向的《别录》整理宫中图书，又奉诏对汲冢书进行整理编次。他所撰的《中经新簿》将图书分为甲、乙、丙、丁四部，具体内容如下：

甲部：六艺、小学

乙部：古诸子家、近世子家、兵书、兵家、术数

丙部：史记、旧事、皇览簿、杂事

丁部：诗赋、图赞、汲冢书

从以上四部的具体内容可以看出，甲部为儒家经典类，乙部相当于诸子百家类，丙部为历史类，丁部为文学类。甲、乙、丙、丁即为经、子、史、集，其类别的排列顺序和后来的以经、史、子、集序次的四部分类法有所不同，即"子"在"史"前。荀勖将历史类图书单独列类，将兵书、术数、方技等类与诸子类合并，对后来的图书分类产生了重要影响。荀勖的四分法，为后来形成的我国封建社会的主要分类法"四部分类法"奠定了基础。

2．李充的《晋元帝四部书目》

李充（生卒年不详），字弘度，江夏（郡治在今湖北安陆）人，东晋经学家、文学家、书法家、目录学家。他善写楷书，担任过丞相王导的掾吏、记事参军、参军、县令、大著作郎、中书侍郎等职。任大著作郎时，李充整理了当时混乱的典籍，他按荀勖的《中经新簿》校书，见存书有 3014 卷，于是将这些书"删除烦重，以类相从，分作四部"，也以甲乙丙丁的顺序编次，撰成《晋元帝四部书目》。

李充《晋元帝四部书目》所分的四大类，和荀勖《中经新簿》所分的四大类基本一样，只是顺序有所不同：其甲部为"经"，乙部为"史"，丙部为"子"，丁部为"集"，将历史类图书调整到诸子类图书之前。李充对类别顺序的调整，一方面是为了适应图书种类发展的需求，另一方面也体现了统治者尊经重史的思想。经过李充的调整，我国四部分类法的顺序确定下来。其后的四部分类法大类都依循了李充的序列，《晋书·李充传》中说李充的四部分类"甚有条贯，秘阁以为永制"。

（二）《隋书·经籍志》——“四分法”类名的确立

《隋书》是记录隋朝历史的纪传体史书，唐代魏徵等撰，是我国古代“二十四史”之一。《隋书》中的《经籍志》则是十分重要的古代目录学著作，其中记载了大量唐以前的图书文献，是我们了解唐以前图书的必读书籍。

《隋书·经籍志》将图书分为经、史、子、集四大部类五十五个小类，其具体内容如下：

经　部：易、书、诗、礼、乐、春秋、孝经、论语、谶纬、小学

史　部：正史、古史、杂史、霸史、起居注、旧事、职官、仪注、刑法、杂传、地理、谱系、簿录

子　部：儒家、道家、法家、名家、墨家、纵横家、杂家、农家、小说家、兵家、天文、历数、五行、医方

集　部：楚辞、别集、总集

附道经：经戒、饵服、房中、符箓

附佛经：大乘经、小乘经、杂经、杂疑经、大乘律、小乘律、杂律、大乘论、小乘论、杂论、记

各部下有大序，类下有小序，分别对该类进行较详细的阐述，从而使读者了解各类图书的历史源流、内容及意义等。

在荀勖开创、李充确立的“四分法”中，均以表示次序的甲、乙、丙、丁来指代他们所区分的四个类别，直到魏徵等撰《隋书·经籍志》时，才将甲、乙、丙、丁定名为经、史、子、集。也就是说，在《隋书·经籍志》中，甲、乙、丙、丁四部才有了确定的类名。《隋书·经籍志》对经、史、子、集类名的确定，为我国以后的“四部分类法”奠定了基础，此后，历朝历代整理图籍，编撰图书目录，基本都采用了《隋书·经籍志》确定的类名。

从《隋书·经籍志》的类别区分上来看，它除了将图书分为经、史、子、集四类，对道教和佛教的典籍又另列附录，单独归类。因此，它还不是严格意义上的“四分”法。北宋王尧臣等奉诏整理馆阁图籍，在所撰的《崇文总目》中，将道经、佛经编入“子部”中，这样，四部分类法就确定了“四分法”大类。

《隋书·经籍志》在总结汉魏六朝以来图书分类的基础上所确立的四部分类法，是我国图书分类史上的一个里程碑，其后无论官府还是私人编撰图书目

录，基本沿袭了《隋书·经籍志》的四部分类法，只在子目上稍有调整。四部分类法沿用上千年，成为我国古代社会最主要的图书分类法。清末目录学家姚振宗在其《隋书经籍志考证》一书中评价道，《隋书·经籍志》“虽为前代志经籍，亦即为当代立法程”。

（三）《四库全书总目》——“四分法”的完善

清乾隆时所编的《四库全书》，依据自隋代以来的四分法，将图书按经、史、子、集分部，每部下进一步分类，一些类下再细分子目，使“四分法”的分类体系更加完备。其部类的具体内容如下：

经　部：易类、书类、诗类、礼类、春秋类、孝经类、五经总义类、四书类、乐类、小学类

史　部：正史类、编年类、纪事本末类、别史类、杂史类、诏令奏议类、传记类、史钞类、载记类、时令类、地理类、职官类、政书类、目录类、史评类

子　部：儒家类、兵家类、法家类、农家类、医家类、天文算法类、术数类、艺术类、谱录类、杂家类、类书类、小说家类、释家类、道家类

集　部：楚辞类、别集类、总集类、诗文评类、词曲类

四部分类法是以经为核心，体现中国封建社会的价值体系的分类法。中国进入近代化历史时期以后，随着社会的进步和学术的发展，尤其是西方知识体系的引进，四部分类法便不再适应新的图书分类的要求，而被新的分类法所取代。不过，对于中国传统古籍，在学术研究等领域，人们还是习惯于用四部分类法进行分类。

四、其他图书分类法

《隋书·经籍志》的四部分类法，虽然占据了中国古代图书分类法的主要地位，被认为是图书分类的“永制”，但也存在一些不足，例如，其类目简略，图书分类标准不一，致使一些图书的归类杂乱、不恰当，等等。因此，在“七分法”和“四分法”图书分类体系之外，还有一些学者采用了其他的分类方法，其中较有代表性的有郑樵在《通志》采用的分类法。

郑樵（1104—1162），字渔仲，学者称夹漈先生，兴化军莆田（今属福建）人，南宋史学家、目录学家。郑樵一生著述丰富，其中最著名的是《通志》。

在《通志·艺文略》中，郑樵把图书分为十二类一百家四百三十二种。其十二类是：经类、礼类、乐类、小学类、史类、诸子类、天文类、五行类、艺术类、医方类、类书类、文类。类下再细分，如“诸子类”再分为儒术、道家、释家、法家、名家、墨家、纵横家、杂家、农家、小说、兵家。又如“文类”又细分为楚辞、历代别集、总集、诗总集、赋、赞颂、箴铭、碑碣、制诰、表章、启事、四六、军书、案判、刀笔、俳谐、奏议、论、策、书、文史、诗评。

郑樵的分类法突破了传统分类法的体系，对类目有较大的扩充。以“文类”为例，其“文类”与《隋书·经籍志》相比，内容有了较大的发展，除了楚辞、别集、总集等文学作品，还收录了诸如表章、启事、奏议、论、策之类的应用文以及文学理论著作。

在《通志·校雠略》中，郑樵还提出了自己的分类理论，他认为，图书应按学科进行分类，分类要明确图书的类别与体例，类目设置要有条理，同类书必须归入同一类。郑樵提出的这些分类原则，在现在的图书分类中仍在使用。

虽然郑樵在图书分类方面见解独到、实事求是，然而由于其分类法不符合古代社会的正统学术观念，因此没有成为主流图书分类法。

第二节　四部要籍举例

一、经部要籍举例——《十三经注疏》

先秦时期，典范著作都可称为“经”，如《山海经》和《墨子》里的《墨经》(亦称为《墨辩》)等，当然，儒家的典范著作也被称为“经”。汉武帝时，“罢黜百家，表章六经”，统治者“独尊儒术”，儒家的经典从此也由一家之经变成天下之经。此后，“经”成为整个封建社会时期以孔子为代表的儒家经典著作的专称。四部分类法经部所谓的“经”，就是专指儒家经典著作。

孔子所删定的《诗》《书》《礼》《乐》《易》《春秋》“六艺”，在战国时已被称为儒家学派的“六经”。西汉时，因为“六经”中的《乐经》亡佚，所以汉代文献中出现了“五经”的概念。汉代也常将“六经”称为“六艺”。至唐代以后，经书从六种变成了九种，这九种经书是《周易》《尚书》《诗经》《仪礼》《周礼》《礼记》《春秋左氏传》《春秋公羊传》《春秋穀梁传》。晚唐文宗时在国子监雕刻“开成石经”，将《论语》《孝经》《尔雅》三种书也收录进去，增加为“十二经”。宋代将《孟子》也列入经的范围，就构成了后来广为流传的“十三经”。

“十三经”不仅是经部图书的主干与核心内容，也是我国传统文化最重要、最核心的典籍。所谓《十三经注疏》就是“十三经”的注解合集，共416卷。具体为：

《周易正义》10卷，魏王弼、晋韩康伯注，唐孔颖达疏。

《尚书正义》20卷，汉孔安国传，唐孔颖达疏。

《毛诗正义》70卷，汉毛亨传，郑玄笺，唐孔颖达疏。

《周礼注疏》42卷，汉郑玄注，唐贾公彦疏。

《仪礼注疏》50卷，汉郑玄注，唐贾公彦疏。

《礼记正义》63卷，汉郑玄注，唐孔颖达疏。

《春秋左传正义》60卷，晋杜预注，唐孔颖达疏。

《春秋公羊传注疏》28卷，汉何休解诂，唐徐彦疏。

《春秋穀梁传注疏》20卷，晋范宁集解，唐杨士勋疏。

《论语注疏》20卷，魏何晏集解，宋邢昺疏。

《孝经注疏》9卷，唐玄宗注，宋邢昺疏。

《尔雅注疏》10卷，晋郭璞注，宋邢昺疏。

《孟子注疏》14卷，汉赵岐注，宋孙奭疏。

在南宋以前，各经不同的注疏都是以单行本刊印的。南宋以后，才开始将各经的旧注新疏合在一起刊印。此后，各代都有刊刻，但卷数不尽一致，比较著名的如明嘉靖时福建刊本、明万历中北京国子监刊本、明崇祯十二年（1639）毛晋汲古阁刊本、清乾隆四年（1739）武英殿刊本等。其中，以嘉庆二十年（1815）阮元据宋本重刻的《重刊宋本十三经注疏附校勘记》最为精审，阮刻本也成为后来的通行版本。

阮元（1764—1849），字伯元，清代学者，精于经籍训诂。由于明代刻本讹误百出，殿本中也有不少错误，因此，阮元聘请当时的大学问家如段玉裁、顾广圻等，依据宋本，并对其后各种版本进行比对，精心校勘，刻成一套新的《十三经注疏》，并编写了《十三经注疏校勘记》。阮元的刻本问世后，受到众多学者称赞，被认为是同类书中的佳刻善本，为后代学者阅读研习“十三经”提供了极大的便利，成为学者研究古代文史的必备书籍。

中华人民共和国成立后，《十三经注疏》也有多家出版社出版，其中较为重要的版本如：1999年北京大学出版社出版了以阮刻本为基础的《十三经注疏》标点本，为阅读“十三经”带来了很大的便利；2009年中华书局据嘉庆二十至二十一年江西南昌府学刻本影印出版了此书的嘉靖原刊本，为我们展现了阮刻本的原貌，并编有篇目索引，便于检索。

二、史部要籍举例——“二十四史”和“三通”

史部图书的内容，主要是各种历史著作。在众多的历史著作中，又以纪传体的正史最为重要。

中国古代历代统治者对于史书都很重视。我国很早就设有史官，《汉书·艺文志》中记载，古代史官会把帝王的行为记录在史书上，还指出“左史记言，右史记事”，反映了史官的分工。现存最早的史书如《春秋》，就是春秋时鲁国的编年体史书。不过，因为各种原因，《春秋》被归入了经部而不是史部。西晋时，荀勖已为历史类著作设立了专门的类别。《隋书·经籍志》中把史部图书进一步细分为 13 类，反映了史部图书品种的增加；《四库全书》则将史部图书划分为 15 类，其中包括正史、编年史、纪事本末、别史、杂史、传记、地理、政书等。其中，列于首位的是正史。所谓正史，是指以帝王本纪为纲的纪传体史书，是经官方认定的正统的史书。到清代时，正史一共有 24 种，即“二十四史”。

（一）“二十四史”

西汉司马迁作《史记》，将编年体的史书结构变为包括本纪、表、书、世家、列传五个部分的纪传体结构。《史记》的形式为后世所承袭，成为各代正史的规范形式。

随着历史的发展，朝代的更替，正史的种类也在逐渐增加。魏晋南北朝时，将《史记》《汉书》和《东观汉记》合称为“三史”。到唐代，《东观汉记》已佚，唐人便把《史记》《汉书》《后汉书》合称为“三史”。唐代又有“十三史”之说，“十三史”指《史记》《汉书》《后汉书》《三国志》《晋书》《宋书》《南齐书》《梁书》《陈书》《魏书》《北齐书》《周书》《隋书》。宋人在“十三史”的基础上，加上《南史》《北史》《新唐书》《新五代史》，这样，“十三史”发展为“十七史”。明代中期刻印史书，将《宋史》《辽史》《金史》《元史》加上，合称为“二十一史”。清乾隆四年（1739）武英殿刊刻了《明史》，又加刻了《旧唐书》，并从《永乐大典》中辑出《旧五代史》，这三种与“二十一史”合称为“二十四史”。后来，也有人将民国时柯绍忞的《新元史》加入称“二十五史”，还有加上赵尔巽的《清史稿》称“二十六史”的。不过，后两种是民国时的著作，不属于古籍的范畴。

“二十四史”记事的时间上起于黄帝，下至明代灭亡（1644），勾勒出了中华民族几千年历史的主要发展脉络，是了解和研究中国历史最主要的史料。“二十四史”的版本众多，除清代武英殿的汇刻本外，质量较好的还有清代官书局的“五局合刻本”、清末同文书局石印本等。20 世纪 30 年代，商务印书馆影印出版的百衲本“二十四史”，受到众多学者称赞，被认为是“二十四史”最好的汇刻本。中华人民共和国成立后，中华书局集众多专家学者之力，广泛吸收前人的成果，精选善本为底本，出版了点校本“二十四史”。中华书局的点校本是现在我们阅读研究中国古代史最常用的版本。

（二）“三通”——《通典》《通志》和《文献通考》

在史部图书中，有一类著作通过对专题历史资料的汇集，来展现某一专题的发展历程。这类著作就是政书。

所谓政书，是指中国古代记述有关典章制度的书籍，由于它是把各朝代的政治、军事、经济、文化等制度按主题进行辑录编排，具有资料汇编的性质，因此，它为我们了解某种专门知识提供了很大的方便，也可作为工具书使用。“政书”这个名目，是《四库全书总目提要》里设置的，但政书这种形式在唐代就已出现。

政书可分为通史类和断代类两种，其中最著名的是“十通”:《通典》《通志》《文献通考》《续通典》《续通志》《续文献通考》《清通典》《清通志》《清文献通考》《清续文献通考》。上述“十通”中，前三种惯称“三通”，是“十通”中价值最高的著作，因此，这里只介绍“三通”。

1.《通典》200卷，唐杜佑撰

杜佑（735—812），字君卿，京兆万年（今陕西西安）人，唐代著名的史学家。他出身于仕宦家庭，经历过开元、天宝盛世与安史之乱，面对国运的衰落，杜佑期望从对历史经验的总结中找到救国之术，因此，他分门别类汇集历代典章制度，加以研究，“将施有政”，撰成《通典》。

《通典》分为食货、选举、职官、礼、乐、兵、刑、州郡、边防九门，每门下再细分子目，如“食货”主要是关于国家经济的，又细分为田制、赋税、钱币、漕运、盐铁等16个子目，每门前面有序，后面有杜佑的议论见解。《通典》所收资料丰富翔实，尤其是唐代部分的一些资料，都是较原始的第一手资料，具有较高史料价值。杜佑所创立的这种按主题类别汇集典章制度的“政书”体裁，将古今制度联系起来，既便于人们进行纵向的专题研究，也便于查找史料，对后世产生了很深远的影响。

2.《通志》200卷，南宋郑樵撰

《通志》的内容实际上可以概括为两部分：第一部分是“纪传”，包括了从上古三皇五帝到唐代的历史与人物传记，人们对这一部分的评价不高，认为只能起到一些校勘正史的作用；第二部分是“二十略”，其内容分类记述典章制度以及学术文化沿革，也就是政书的内容，时间起于上古，止于唐代。“二十略”是《通志》的精华部分，其中的氏族、六书、七音、都邑、昆虫草木等，都是郑樵的独创。人们研究《通志》，最为看重的是第二部分。虽然《通志》在《四库全书总目》中被列入别史，但就其内容的重点而言，归入政书似更恰当。因此，张之洞的《书目答问》就将其归入政书，现代学者一般也将它视作政书。

3.《文献通考》348 卷，元马端临撰

马端临（约 1254—1323），字贵与，饶州乐平（今属江西）人，宋末元初史学家。马端临家学渊源深厚，其父马廷鸾是南宋末年的宰相。马端临元初时担任过慈湖、柯山二书院的山长。他用了 20 多年时间，才完成《文献通考》这部史学巨著。

《文献通考》记载了从上古至宋宁宗时期的典章制度，该书以《通典》为蓝本，分为田赋、钱币、户口、职役、征榷、市籴、土贡、国用、选举、学校、职官、郊社、宗庙、王礼、乐、兵、刑、经籍、帝系、封建、象纬、物异、舆地、四裔二十四“考”，考下再细分子目。其材料“宋以前用诸史及《通典》，宋则据国史、会要及诸儒议论”。相较于《通志》，《文献通考》新创了经籍、帝系、封建、象纬、物异五个新类。其中，有关宋代典章制度的记载尤其翔实。因此，当代著名历史学家柴德赓说：“《通典》材料可贵在唐，《通考》材料以唐中叶至宋为佳，各有重点。”

“三通”“九通”或“十通”都有合刻本。如清代浙江书局所刻“九通”中，即有以上三部著作。我国著名出版家、商务印书馆总经理王云五先生编辑，商务印书馆出版的《万有文库》中，亦包含了“十通”。中华人民共和国成立后，“三通”“九通”“十通”也有相应的影印本或点校本出版。

三、子部要籍举例

刘歆《七略》的“诸子略”收录的是先秦诸子“九流十家”的著作。秦灭六国统一天下后，为稳固政权，禁焚诸子之书，至汉及以后各代皆尊崇儒术，因此诸子学术日渐衰亡。荀勖根据图书的变化情况，在其《晋中经簿》的“乙部”中，除了先秦古诸子之书，又并入了“兵书”“术数”类图书。《隋书·经籍志》将《七略》中的“兵书略”“术数略”“方技略”的图书合并到子部，基本确定了此后子部图书的内容。《四库全书总目提要》中说“自六经以外立说者，皆子书也”，认为经以外的各种学说、学派的著作都是子部书。因此，凡无法归入经、史、集三类的书，都放在子部，形成了《四库全书》中子部图书内容最为繁杂的情形。可见，在后来的四部分类法里，子部图书已不单指先秦诸子的图书。张之洞在《书目答问》的子部，把先秦诸子和西汉以后的各家学派进行了区分，专门列出“周秦诸子”类，置于子部之首，准确地反映了诸子学说的流变情况，较其他四部分类法更为合理。

先秦诸子的思想，对中国思想文化的发展产生了深远的影响，其著作中的内容，也是后世研究先秦时哲学、政治、法律、军事、社会、文化、艺术、科技等各方面的极为重要的史料。为了便于研究，20 世纪 30 年代，世界书局出版了《诸子集成》，这套书虽不是古代出版的，但因其所收图书为古代典籍，因此在此将其作为古代图书进行介绍。

（一）《诸子集成》

1935 年 12 月，国学整理社辑录的《诸子集成》由世界书局出版。这套书分为上下两编，上编“周秦之部”收录先秦诸子 16 家 20 种书，下编“汉魏六朝之部”收录 10 家 10 种书，其书籍的具体情况为：

上编“周秦之部”：

论语正义	（清）刘宝楠正义
孟子正义	（清）焦循正义
荀子集解	（清）王先谦集解（含杨倞注）
老子本义	（清）魏源撰
老子注	（三国魏）王弼注
庄子集解	（清）王先谦集解
庄子集释	（清）郭庆藩集释
列子注	（晋）张湛注
墨子间诂	（清）孙诒让著
晏子春秋校注	（清）张纯一校注

尹文子	（清）钱熙祚校
管子评传	（清）梁启超著
管子校正	（清）戴望校正
商君评传	（清）麦孟华著
商君书	（清）严可均校
慎子	（清）严可均辑
韩非子集解	（清）王先慎集解
孙子十家注	曹操等 11 人注
吴子	（战国）吴起著
吕氏春秋	（汉）高诱注

下编“汉魏六朝之部”：

新语	（汉）陆贾著
淮南子	（汉）刘安著
论衡	（汉）王充著
申鉴	（汉）荀悦著
盐铁论	（汉）桓宽著
扬子法言	（汉）扬雄著
潜夫论	（汉）王符著
抱朴子	（晋）葛弘著
世说新语	（南朝宋）刘义庆著
颜氏家训	（北齐）颜之推著

《诸子集成》除了先秦诸子之书，还收录了汉魏南北朝的 10 种书，是因为编者认为，“汉魏六朝之际，诸子之遗风余韵，虽不及先秦之昌盛，要亦未尝澌灭也。降及唐代，印度精深微妙之内典输入我国，一部分思深之士，相率群趋，至是而诸子之风，始告衰歇”，且这 10 种书“为汉魏六朝子书之最佳、最著名者，研究国学者所不可不读也”。也就是说，世界书局印行的这套《诸子集成》是先秦至汉魏六朝诸子之书的合集，它把众多重要的诸子之书汇集在一起，不仅可以满足读者对诸子之书阅读、学习的需求，还方便了学术研究，加之其选本大多是公认的善本，校注者又多是清代的著名学者，因此这套书出版后深受欢迎。中华书局于 20 世纪 50 年代、80 年代几次对其进行重印，并修正

了其中的错漏之处，其版本更为精良。上海书店出版社也于20世纪80年代按原版出版了影印本。此外，中华书局于20世纪80年代起还出版了《新编诸子集成》。《新编诸子集成》将诸子之书的收录范围扩大至唐五代，其所选注本皆为善本或吸收众本所长，从质量上讲，超过了世界书局的版本。

（二）类书和丛书

1. 类书

类书是辑录各个门类或某一门类的资料，并按照门类的内容或字、韵分门别类进行编排，以供人们进行检索、征引的一种工具书。从其内容来看，类书有点类似于现在的“百科全书”。我国古代图书分类法习惯将其放在子部。

一般认为，我国第一部类书是魏文帝曹丕召集群儒所编的《皇览》，不过，《皇览》早在宋代就已亡佚。其后各代编撰的类书中，影响较大的有唐代的《艺文类聚》《初学记》，宋代的《太平御览》《太平广记》《册府元龟》《文苑英华》，明代的《永乐大典》和清代的《古今图书集成》，等等。

（1）《永乐大典》

《永乐大典》是明代官修的大型综合性类书，也是中国最大的百科全书。永乐元年（1403）七月，明成祖朱棣命翰林院学士解缙等人，仿照元代阴时夫的《韵府群玉》和宋代钱讽的《回溪史韵》编纂，次年十一月编成进呈，成祖赐名为《文献大成》。因为此书编写仓促，还有许多不完备的地方，于是成祖又命太子少保姚广孝、刑部侍郎刘季篪和解缙一道任监修，组织翰林学士王景、国子监祭酒胡俨等2000多名文人，对此书重新进行编修。重编于永乐五年（1407）十一月完成，成祖改赐书名为《永乐大典》。《永乐大典》共22877卷，另有目录、凡例60卷，分装11095册，总计字数约3.7亿。

《永乐大典》以明初南京文渊阁（南京文渊阁是明皇家图书馆，藏有宋元两朝皇家藏书）所藏图书为基础，又从全国各地搜集了包括经、史、子、集、佛、道等在内的各种图书七八千种，依照《洪武正韵》的韵目，一字不易地整段、整篇或整部编入，保存了大量珍贵的资料，被人们视为“辑佚明初以前珍本秘籍的宝库”，对古代图书的保存起到了极大的作用。

《永乐大典》完成于南京，1421年明成祖迁都北京后，将其运到北京贮藏。嘉靖三十六年（1557）宫中失火，幸好《永乐大典》被抢救出来，未受损毁。嘉靖四十一年（1562），明世宗朱厚熜命程道南等一百儒士再录写一部副本，由于体量庞大，录写工作至隆庆元年（1567）才告完成。于是正本还与南京文渊阁，副本则贮于北京皇史宬。

《永乐大典》收录图书品种十分丰富，其中保存了大量的宋元图书以及明初佚书，清乾隆年间编《四库全书》时，从中辑出的佚书有500种以上，其中很多以聚珍版形式印出。可惜的是，《永乐大典》正本约毁于明亡之际，1900年八国联军入侵北京，副本大部分被烧毁，未毁者散失殆尽。如今残存于世的，只有将近800卷，不到原来的百分之四。《永乐大典》的损毁，是中国文化史上的巨大损失。

中华人民共和国成立后，国家一直努力搜求《永乐大典》的残本。20世纪60年代，中华书局影印出版了202册（730卷），至80年代，又出版了后来征集到的67卷，合为精装本印行。2004年，北京图书馆出版社仿真影印出版了国家图书馆、上海图书馆、四川大学博物馆、南京图书馆等所藏残卷共163册，亦较好地再现了“大典”的原貌。

（2）《古今图书集成》

清代官修私修类书众多，官修类书主要有《古今图书集成》《渊鉴类函》《子史精华》《格致镜原》等，其中以《古今图书集成》最为著名。《古今图书集成》初名《古今图书汇编》，始编于清康熙四十年（1701），由康熙第三子诚亲王胤祉主持，大学者陈梦雷负责编纂，陈梦雷于康熙四十五年（1706）完成初稿。呈康熙御览后，康熙改赐书名为《古今图书集成》，并让陈梦雷继续修订增补。雍正即位后，1723年，诏谕蒋廷锡对此书进行重新校勘修订，并亲自作序。蒋廷锡完成重编后，即由内府（武英殿）用康熙时所刻的铜活字刊印。由于体量庞大，这部图书仅印制了60多部，十分珍贵。

《古今图书集成》是我国现存规模最大的一部古代类书，共1万卷，计有1亿6000万字。分为6汇编32典，每典下再分部，共有6109部。其具体内容如下：

历象汇编：乾象典、岁功典、历法典、庶征典

方舆汇编：坤舆典、职方典、山川典、边裔典

明伦汇编：皇极典、宫闱典、官常典、家范典、交谊典、氏族典、人事典、闺媛典

博物汇编：艺术典、神异典、禽虫典、草木典

理学汇编：经籍典、学行典、文学典、字学典

经济汇编：选举典、铨衡典、食货典、礼仪典、乐律典、戎政典、祥刑典、考工典

《古今图书集成》分类细致，辑录资料极为丰富，从天文、地理、动植物、医药、农桑等自然科学到伦理、哲学、政治、经济、教育、文学、艺术、历史等社会科学，无所不包，且插图精美，图文并茂，被西方学者称为“康熙百科全书”。它不仅汇集了历代资料，提供了大量很有价值的清代史料，还详注出处，是学者查找古代资料与线索的重要参考资料。

除了武英殿本，清光绪时图书集成局还印有铅字本（又称扁字本），上海同文书局也印有照相石印本（又称同文本）。1934年，中华书局上海编辑所根据康有为所藏铜活字本出版了影印本（又称中华本）。20世纪80年代，中华书局和巴蜀书社又依据中华本共同出版了影印精装本。

2. 丛书

丛书是汇辑多种单独的著作为一编并冠以总书名的出版物。丛书一般有一个总的丛书名，在书的版式、装帧等方面风格一致，又称为“丛刊”“丛编”“丛刻”“汇刻”等。

在编辑类书时，往往会对选择的图书材料进行剪裁、删削等处理，而丛书和类书不同，丛书中每种图书都是完整独立的著作。我国古代编辑丛书的历史很长，可以溯源至先秦两汉，但多以南宋咸淳九年（1273）左圭辑刊的《百川学海》为定型的丛书。

从内容来看，丛书亦可分为综合性丛书和专题性丛书两类。综合性丛书涉及学科内容广泛；专题性丛书是按某一学科、某一类别、某一主题或某一文体编制的丛书。在此，我们仅介绍古代众多丛书中规模最大的《四库全书》以及张元济主编的《四部丛刊》。

（1）《四库全书》

《四库全书》是由清乾隆皇帝敕编的官修丛书。乾隆三十八年（1773），乾隆下诏设立四库全书馆，皇子永瑢、大学士于敏中等为总裁，侍郎纪昀、大理寺卿陆锡熊等为总纂，纂修官有戴震、邵晋涵、庄存与、任大椿、王念孙、姚鼐、翁方纲、朱筠等著名学者，参与修纂的共有300多人，都是当时的才俊。为了修纂《四库全书》，乾隆令全国各地进献图书，短短两年时间里收集图书两万余种。纪昀等人奉旨对图书内容进行审查，禁毁了一批不利于清朝统治的图书，余下的由纂修官进行考订校阅，并由缮书处的写工进行抄写。乾隆

四十六年（1781）编纂完毕，并抄完一部。《四库全书》收入图书约3500种，79000多卷，装订为36300余册，分为经、史、子、集四部。此后乾隆又令人抄写了六部。因此，《四库全书》一共有七部，分别收藏在北京故宫的文渊阁、沈阳故宫的文溯阁、北京圆明园的文源阁、承德避暑山庄的文津阁（即“北四阁”）和镇江的文宗阁、扬州的文汇阁、杭州的文澜阁（即“南三阁”）中。今天，七部《四库全书》只剩下四部：文渊阁《四库全书》现存于台北故宫博物院，文溯阁《四库全书》现存于甘肃省图书馆，文津阁《四库全书》现存于国家图书馆，文澜阁《四库全书》现存于浙江省图书馆。另外三部，文源阁《四库全书》毁于英法联军烧毁圆明园的烈火，而文宗阁、文汇阁《四库全书》则毁于太平天国的战火之中。

《四库全书》的修纂，是我国出版史上一次规模浩大的编辑出版活动。一方面，它对系统整理与保存我国古代典籍起到了积极作用；另一方面，在编纂过程中，大批图书遭到禁毁，还有一些图书被删改得面目全非，这无疑也是我国古代文化典籍的一场浩劫。

20世纪80年代，台湾商务印书馆、上海古籍出版社等先后出版了文渊阁《四库全书》。1999年，上海人民出版社还出版了文渊阁《四库全书》的电子版，大大方便了检索与使用。

（2）《四部丛刊》

《四部丛刊》是由张元济主持，商务印书馆影印出版的一套大型古籍丛书。

张元济（1867—1959），字筱斋，号菊生，浙江海盐人，我国著名的出版家。1902年进入商务印书馆，1903年任商务印书馆编译所所长，1916年任商务印书馆经理、监理，1926年任董事长。

张元济在商务印书馆任职期间，因看到“自咸同以来，神州几经多故，旧籍日就沦亡；盖求书之难，国学之微，未有甚于此时者也”，于是致力于抢救整理出版古籍的工作。他选择当时最好的古籍版本为底本，借助商务印书馆的出版力量，于1919—1935年陆续编成出版《四部丛刊》初编、续编、三编，初编收录古籍350种，续编81种，三编73种，并有缩印本出版。本计划再出四编，因抗日战争全面爆发，未能实行。

《四部丛刊》将图书按经、史、子、集四部进行分类，对于版本的选择极其用心，重宋元旧刻，明清精刻本、抄本和手稿，汇集了众珍善本，是对古籍的一次抢救性整理，对于古籍的保存、流传等，都有着重大影响。《四部丛刊》

收书品种丰富，包罗宏富，不仅能够满足一般的阅读需要，还基本能够满足学者的研究所需，解决了学者求书困难的问题。《四部丛刊》的出版，开了现代影印古籍之风气。我国著名目录学家顾廷龙先生因此评价张元济道：“影印古籍规模之大，影响之大，在中国现代出版史上是放一异彩的大事，他的功绩是永远不会磨灭的，后人也会永远怀念他。”

1984—1989 年，上海书店出版社重新影印出版了商务印书馆的《四部丛刊》三编；2001 年，北京书同文数字化技术有限公司根据北京大学图书馆馆藏的上海涵芬楼影印《四部丛刊》，制作了其电子版，该电子版可进行全文检索、著者检索、书名检索，使用便利。

四、集部要籍举例

集部相当于现在的文学类。集部图书有总集、别集、诗文评等种类。收录多名作者诗文作品的，称为总集；个人的诗文作品集，称为别集；诗文评则是文学理论图书，我国古代的文学理论著作形式有诗话、词话、文话等。特别要说明的一点是，在我国古代的分类法中，小说是放在子部而非集部。

集部书中，最早出现的是总集，如《诗经》即是我国第一部诗歌总集。诗文评出现得最晚。我国古代文学作品浩如烟海，在此，仅择其中之一的《全唐诗》作简要介绍。

唐代是我国诗歌发展的顶峰，其作者之多，作品之富，可谓空前绝后。唐诗是我国文学宝库中一颗璀璨的明珠，唐以后，屡有文人学者试图全面完整地收罗唐诗，并编辑成书，如明代藏书家胡震亨所辑《唐音统签》，清初藏书家季振宜所编《唐诗》，等等，都已是规模庞大、内容广博之作。至清代，康熙帝命编一部完整的唐诗总集。康熙四十四年（1705），由曹寅主持，彭定求等 10 人着手编纂《全唐诗》，康熙四十五（1706）年完成，并由曹寅主持的扬州诗局刊印。由于此书是奉敕编印的，因此又称为《钦定全唐诗》。

《全唐诗》在前人所编唐诗集的基础上，又旁采碑碣、稗史、杂书所记进行补缺，收入 2837 人的诗歌 49403 首，分为 900 卷。全书首列帝王后妃的作品，其次为乐章乐府，接下来依次为联句、逸句、名媛、僧道、外国、仙神、鬼怪、谐谑及各种杂体，最后是补遗和词。每类作品按作者的时代先后为次，作者下有简洁的小传。

《全唐诗》卷帙浩繁，收罗全面，不仅有著名诗人的作品，还有一般作家及社会各类人物的作品，乃至于零篇残句，不仅反映了唐代诗歌的全貌，也有益于唐诗的保存与流传，是一部资料丰富的唐诗总集。当然，由于当时材料的限制，一些唐代诗歌未能收录《全唐诗》中，如韦庄的《秦妇吟》，当时无从见到，因此未能收录。

《全唐诗》最早的版本是扬州诗局刻本，其后道光年间、光绪年间都有刻本。1960 年，中华书局根据扬州诗局本出版了点校本，改正了原刻本中的一些明显错误，并附有日本上毛河世宁所辑《全唐诗逸》三卷作为补遗。1986 年，上海古籍出版社出版了扬州诗局本的影印本。1999 年，中华书局出版了横排简体字本，其中附有《全唐诗补编》,《全唐诗》的内容更加完备。

第五章

图书的编撰

第一节　图书编撰活动的起源

一、认识编辑活动

编辑活动有着悠久的历史。早在殷商时期，甲骨上面就已出现“编”字。它是一个会意字，从其文字的原始形态看，左边是编连物参差不齐的龟册形象，右边是代表物品性质的符号“系”字。“编”字最初用以指串联龟册的丝绳。西周后期，简册取代了龟甲后，“编”也指编连简册的绳索，已不仅限于丝绳。段玉裁注《说文解字》说：“以丝次第竹简而排列之，曰编。”又《史记·孔子世家》记载：“序《书传》，上纪唐虞之际，下至秦缪，编次其事。”编次，即按次序编排，这是编辑活动最原始、最基本的含义。“辑”字本义为车舆。“缉”字，是会聚的意思。古代“辑”与“缉”相通，故“辑”有搜集之义，是指把各自分散的事物收集整理起来。如《汉书·艺文志》：“夫子既卒，门人相与辑而论纂，故谓之《论语》。”颜师古注曰：“辑，与集同。”

“编辑”一词，最早于公元6世纪或7世纪中期见于史籍，指书籍的整理修补行为。实际上，从收集材料、整理成书的古义来看，编辑活动早在先秦就已经产生，只是当时没有“编辑”这一词语而已。如孔子作《春秋》，“笔则笔，削则削”，“笔削”便是“编辑”一词出现前的同义词或近义词。

先秦图书大致可以分为三类：一是选择已有文献资料编成的书籍，以《诗经》《尚书》为代表；二是诸子的著作，包括《老子》等个人著作以及由弟子门人辑录整理而成的书，如《论语》《墨子》等；三是既有著作又有选编的作品，如《周易》，包括经、传两部分。

从先秦文献的流传情况来看，历史上长期积累的文献资料，只有按照一定的标准和体例，进行选择、整理之后才能成为可以阅读、流传的图书。而早期负责这类工作的史官等人只是记录、保管资料，“官守其学”局面被打破后，这类文献资料积累也达到一定的程度，有了向社会传播的需求，士人学者便开始参与选择、整理，将它们编次结集而成书籍，形成了一系列编辑活动。同样地，先秦著作流传也离不开编辑工作。先秦时期，著书立说者很多，有些书之所以流传下来，得益于有人将这些书进行了选择性的编辑工作。从事编辑活动的人，或是作者的门人弟子，或是信奉这一学派的人，或是需要阅读、研究这些著作的人，他们将自己认为有需要、有价值的作品加以编辑、传抄，使之流传于社会。这里说的编辑，主要是指整理，包括选择和加工两个方面。先秦诸子著作有些尚未最后定型，比如没有书名，多数以单篇流传，没有结集成为定本；有的著作经多人手分别抄写，或由各家学派世代相传，形成了不同的版本，内容多有差异；有的著作在传抄过程中羼入了其他作品，甚至存在错简或抄写的笔误等。这些情况都需要在整理工作中进行选定内容、完善体例、刊正错误等编辑活动。

因此，图书的产生与图书编辑有着密不可分的关系。出版一种图书必须具备以下六个条件：①知识信息。知识信息是图书的主体。②著作方式。图书把众多的知识信息汇集在一起，要使之具有全面性、条理性和系统性，必须有一定的组织方法，也就是我们通常说的著作方式，如撰、编、注、疏、集解等。③文字。文字是传授知识、交流思想的工具，没有文字，就没有图书。④物质载体。早期的物质载体包括甲骨、金石、简册、卷帛等。⑤文字制作技术。没有文字制作技术，文字就无法与载体相结合。⑥装订形式。文字载体是物质产品，需要用一定的方法把它们编连在一起，这种编连方法称为装订形式。前三个条件脱离不了编辑活动。因此说，编辑活动和图书是同步生产、同步发展的。早在夏代图书出现之时，原始的编辑活动就相应产生了。但由于时代久远，当时的编辑活动已无从查考。当时学在官方，官守其学，图书编辑活动为官方所垄断。

二、“编著合一”是古代图书编撰的普遍现象

“编著合一”是中国古代图书编辑活动普遍存在的现象，也是图书编辑活动的一大特色。古代图书不论是官修还是私著，作者往往既是著作者，又是编辑加工者。既编又著，把编辑工作融于著述活动之中，称为古代图书“编著合

一”现象。古代的编著者多为饱学之士，在学术研究中常把创作活动与编辑活动融为一体，在整理和编排文献时，按照自己的理解对原始文献的内容加以阐发和延伸，将自己的学术思想和观点巧妙地融入到注释和编排体例之中。“编著合一”实质是古代图书的编撰活动。

古人把著述活动分为“作”和“述”两类。“作”是著作，“述”是“编述”。前无所承，由自己始撰的称作“作”；有所凭借，但加以编次加工的称作“述”。孔子认为他删《诗》《书》，定《礼》《乐》等图书整理工作，是“述而不作”。司马迁在《太史公自序》中表明他编撰《史记》只是述，不敢以作者自居：“余所谓述故事，整齐其世传，非所谓作也。”

古文献学家张舜徽先生在《中国文献学》中综合古代论述，将著述的产生方式归为三类：一是著作，二是编述，三是抄纂。三者高下深浅不同。编述是将过去已有的书籍重新用新的体例加以改造、组织，编为适应于客观需要的本子；而抄纂则是将过去繁多复杂的材料加以排比、撮录，分门别类地用一种新的体式呈现。今天看来，编述和抄纂都带有大量的编撰成分。凡以资料或作品为工作对象的编辑活动都应归纳为编撰范畴。

所谓编述，《说文解字》中记载：“述，循也。”意为古已有之，有所因循。但这种因循并不是简单的继承，而是有所创造的继承。它要求编述者对前人的作品有一个消化、吸收、领会的过程。在领会的过程中，可能还有所增益，使之更加完整；或有所删订，使之更准确。编述既包含了编辑（即收集材料、整理成书）的成分，又包含了著作的成分，无疑是一种编撰活动。如孔子根据鲁国历代史官递相记录的国史，修成《春秋》，后人对其微言大义进行注解，又产生了《左传》《公羊传》和《穀梁传》，这些均应看成编撰的成果。有的文献的编撰难度并不亚于原创，甚至成了名著，如裴松之的《三国志注》、郦道元的《水经注》、刘孝标的《世说新语注》和李善的《文选注》等。由汉到隋八百年中，祖述“六经”的两汉传注、六朝义疏以及史部群书等，大多属于编撰文献。因而可以说，“编著合一”是古代图书的普遍编撰现象。

三、图书编撰的起源

谈到图书编撰的起源，必然涉及图书的起源，前者是探索图书编撰的源头，后者则探索图书产生的源头。这是两个不同概念的问题，但二者却有着千丝万缕的联系。图书编撰是图书产生的前期活动，而图书产生是图书编撰的最终结果。

一般认为，图书起源于夏代。其理由：一是夏代已经产生了文字，二是夏代已有史官，三是夏代文献已有多处记载。《尚书·多士》云：“惟殷先人，有册有典，殷革夏命。”如果这种记载正确，夏代文献的载体已有简册，装订形式当为卷轴装。另《史记·夏本纪》所记帝王世系井然有序，也说明夏代已有谱牒之类的图书。文字、史官和文献三个方面的材料，既探索了夏代图书产生的源头，同样也佐证了夏代图书编撰的起源。

现存文献可考的最早图书编撰者是正考父，他生活在西周宣王时期，是宋国的大夫，孔子的七世祖。据《国语·鲁语下》记载：“昔正考父校商之名《颂》十二篇于周太师，以《那》为首。”孔颖达《毛诗正义》云：“言校者，宋之礼乐虽则亡散，犹有此诗之本，考父恐其舛谬，故就太师校之也。”意思是经乐师指点，正考父编定《商颂》时，把《那》放在首篇。今本《诗经·商颂》仅存《那》《烈祖》《玄鸟》《长发》《殷武》五篇，仍置《那》为首篇，知现行《商颂》各篇的次第，为当年正考父校定所编。

第二节 历代图书编撰活动及特点

一、先秦两汉的图书编撰

1. 先秦时期的图书编撰

先秦时期最突出的图书编撰活动就是孔子对《周易》《尚书》《诗经》《春秋》以及礼书、乐典等文献的编写和整理。孔子是有确实姓名记载的最早从事图书编撰的人，经他亲手编写和整理的图书成为正本之祖，时间大约在公元前5世纪的春秋末期。孔子之所以从事图书编撰，一是因为春秋之前，“学在王宫”，一切图书均由史官掌握，只有贵族子弟才能以官为师，而孔子出身贵族，具备接触图书的条件。二是因为孔子在从政上不得志，走上从事学术研究和教育的道路，教育必须用教材，于是孔子采取“述而不作”的办法，亲自动手，将历代留传下来的档案、文献等资料，整理、编订为“六艺”，即《诗》《书》《易》《礼》《乐》《春秋》六种教材。

孔子作为一名学者和教育家，与“六经”的编撰关系十分密切。早在先秦时期，同书异本已大量存在，同书异本的差异相当严重。面对错误百出的各种版本，孔子进行了一番正次序、核同异、辨正误的编辑、整理工作。孔子编撰图书的工作形成了以下特色：一是目的明确。孔子编撰图书有其明确的政治目的，即将其当作传播儒家之道的工具。二是“述而不作”。孔子《论语·述而》云：“述而不作，信而好古，窃比于我老彭。”什么称为“述”和“作”呢？张舜徽先生认为：“凡是前无所承，而系一个人的创造，这才叫做‘作’，也可称‘著’。凡是前有凭籍，而但加以编次整理的功夫，这自然只能叫做‘述’。”[①] 张

① 张舜徽．中国文献学[M]．武汉：华中师范大学出版社，2004：24．

舜徽先生将二者的含义说得十分明确。孔子贯彻“述而不作”的原则，在图书编撰过程中，“毋意、毋必、毋固、毋我”，尽力按照古代文献的实际情况进行整理，不无中生有，不胡编乱造。三是“多闻阙疑”。广泛听取各种意见，广泛收集材料。四是择善而从。孔子选择材料的标准包括思想纯正，非怪异、勇力、叛乱、鬼怪，内容与形式兼优以及有较强的实用价值，等等。

2．两汉时期的图书编撰

西汉建立不久，为了巩固政权，刘邦即命“萧何次律令，韩信申军法”，开始了分工整理纂辑图书的活动。“次律令”是把搜集到的秦朝法典，根据汉初的社会状况，重新进行审定、编次。“申军法”是将 182 家兵法“删取要用，定著三十五家”。汉初“序次”图书活动就是比勘异同、删定篇次的图书整理工作，虽然规模较小，但对汉代图书编撰事业产生了积极影响。

两汉时期图书编撰最具有代表性的活动是司马迁撰写《史记》。刘向父子奉诏典校国家藏书（秘书），编撰出我国最早的两部综合性群书目录——《别录》和《七略》。

（1）《史记》的编撰

《史记》是一部伟大的以人物为中心的纪传体史书。全书 130 篇，包括本纪 12 篇、世家 30 篇、列传 70 篇、书（相当于后来史书的志）8 篇以及表 10 篇。《史记》的编撰过程大致可分为三个阶段。第一阶段为司马迁父亲草创时期；第二阶段为司马迁的初撰阶段（前 104—前 98），历时 7 年；第三阶段为司马迁因李陵事件获罪，发愤著书（前 96—前 86），历时 10 年。据学者研究，司马迁 53 岁时基本上完成了《史记》的写作任务。他在生命的最后 7 年，进行了一些必要的加工和修改工作。

《史记》之名并非原书所有，《汉书・艺文志》著录为“太史公，一百三十篇”，又有称之为“太史公记”“太史记”“太史公书”等。直到唐初，《隋书・经籍志》中才正式使用了《史记》这一书名。

（2）《别录》《七略》的编撰

西汉成帝时期，国家征求图书的成就显著，极大地丰富了国家藏书的内容。于是朝廷命著名学者刘向、刘歆父子先后整理国家藏书，并编撰了国家书目。整理工作按图书的内容和性质（学科）分成六个组，由专门人才主持，最后由刘向来总其成，概括为：备众本，删重复，订脱误，谨编次，撰书录。《别录》《七略》的编撰涉及以下流程：其一，集中一书的各种本子，互相校勘；

其二，将秘府所藏图书与史官所藏图书、宗庙所藏图书进行对照，如遇到篇章各有残缺，或彼此重复，则相互补充，除去重复；其三，对篇章杂乱无序的书则重新整理编次；其四，对性质相同而名称杂乱的书，则定出新的书名；其五，撰写书录；其六，把校定的底本用杀青后的竹简写成定本，以便阅读和保存；其七，分类，《七略》把图书分为六艺略、诸子略、诗赋略、兵书略、术数略和方技略六个大类；其八，撰写类序；其九，编制目录。其中一至六是整理图书的工序，七至九是编撰目录的步骤。

刘向从汉成帝河平三年（前26）即开始典校图书工作，撰成《别录》。他的儿子刘歆继承父亲未竟事业，在《别录》基础上进一步加工，编成了综合性的图书分类目录——《七略》。

先秦两汉是我国图书编撰的产生和初步发展时期。图书编撰于秦汉时代已初具规模，形成了以下特点：

第一，就编撰者而言，先秦图书以汇编整理为主。一书多非一人编撰，而是成于众手。

第二，就图书内容而言，先秦子书多，两汉经书多。

第三，就编撰形式而言，先秦已经出现图书编撰的凡例。汉代开始出现卷端题名和单书目录。注解作为一种著作方式，开始盛行于汉代。先秦两汉时期还出现了通史、断代史、纪传体史书、编年体史书、总集等图书编撰类型。

二、魏晋南北朝的图书编撰

魏晋南北朝是图书编撰的发展时期。其表现为：①官方修书机构秘书监的编撰职能进一步强化。②史书编撰大量出现。自晋代起，史学便成为一个独立的、完整的、多样化的学科，在图书分类上摆脱了依附经书的地位，为后代大规模编纂史书打下了良好的基础。③出现了多体总集，如魏曹丕《建安七子集》、晋挚虞《文章流别》、南北朝萧统《文选》等。④受魏晋玄学影响，编撰的图书多侈谈老庄，以道释儒、志怪小说居多。⑤谱牒书大量出现。魏晋南北朝时期，门阀制度盛行，为了标榜门第，维护特权，垄断仕途，官僚地主需要以谱牒为依据，朝廷选官也参考谱牒，因而谱学图书编撰应运而生。⑥类书问世。我国第一部类书是三国时的《皇览》。编修该类书的发起人是魏文帝曹丕。⑦抄撰是这一时期重要的著作方式。他序、集解、义疏、单书目录也已经大量出现。

三、隋唐五代的图书编撰

隋唐修书机构进一步完善。隋代专门成立著作省，归属秘书省管辖。隋学者牛弘任秘书监时，上表请广开献书之路，为图书编撰创造了有利条件。隋炀帝即位前和在位期间，曾广集人才从事图书编撰工作，20 年间，“自经术文章、兵农地理、医卜释道，乃至捕搏鹰狗，皆为新书，无不精洽，共成三十一部，万七千卷”①。唐代图书编撰活动主要由集贤书院（以下简称集贤院）承担。唐以前历代修史的主管部门都是秘书省著作局，由著作郎具体负责有关事宜。唐太宗继位后，决定单独组建史馆，把史馆监修国史的权力掌握在皇帝手中。史馆的建立，为官方修书开辟了广阔的前景。

唐代官修图书的编撰大致情况：唐初官修法律书《武德律》12 卷和类书《艺文类聚》100 卷等。太宗贞观年间是唐官方修书的鼎盛时期，内容包括经、史、法律、类书等，经书如《五经正义》，史书如南北朝诸史、隋史、《贞观实录》，法律书如《贞观律》，类书如《文思博要》，等等。玄宗时期，官修了《姓族系录》《群书四部录》《唐六典》《开元起居注》等大量史书。据不完全统计，唐代官方编撰图书约 100 种，远轶前代。

五代图书编撰活动的重要成就之一是官修实录，可考者有《梁太祖实录》《唐庄宗实录》《唐明宗实录》等。针对这些实录的编撰，史官们非常注重资料的搜集，规模较大的就有 4 次之多。此外，五代官方还编撰了《旧唐书》和一些刑法、礼乐、杂传方面的图书。

隋唐五代是图书编撰的重要发展时期，隋代享国日浅，著述无多。据顾櫰三《补五代史艺文志》，五代著作计有 770 部，11750 卷；而唐代著作，据杨家骆《唐代艺文志》著录达到 10036 部。唐代图书编撰形成了一些特点：①刘知几《史通》第一次系统论述了史书编撰的种种问题，标志着图书编撰学的创立。②唐代史馆的建立，为官修史书奠定了组织基础，并对后世产生了重大影响。③唐代涌现出大量图书编撰家，知名的如颜师古、刘知几、吴兢、杜佑等。④就内容而言，四部图书编撰皆备，其中尤以史书、法律、类书、诗文集为多。史书有历代实录、正史数十种。类书有《艺文类聚》《初学记》等 45 种。文集数量也很多，据统计，唐代可考诗文作者 6500 人，文集流世至今者

① 马端临．文献通考·经籍考[M]．上海：华东师范大学出版社，1985：21．

有240余种。⑤就形式而言，传奇、类书、别集等大量出现。唐代还出现了题跋、会要、正义等图书编撰的新类型。图书题跋始于唐初贞观年间，会要体著作始于唐苏冕等《唐会要》，正义如孔颖达等《五经正义》。

四、宋辽金元的图书编撰

随着雕版印刷技术的日益普及，宋代的图书编撰亦得以空前发展，官方修书的成绩斐然。宋代设收藏图书、编撰图书的专门机构崇文院，系三馆（即昭文馆、史馆、集贤院）、秘阁的总称。昭文馆和集贤院掌经史子集四库图籍修写校雠之事，史馆掌修国史、日历及典图籍之事。宋代300余年，馆阁基本是官方图书编撰的主要机构，每编一书，辄组建临时性的编撰机构（书局），由馆阁派人领修，编修地点因书而异，如五代史书局、太平御览书局、文苑英华书局、册府元龟书局等。也有一些汇编帝王诏令、历代政治制度，记载朝政事务等图书编撰常设性机构，如编修敕令所、会要所、日历所之类。据曹之《宋代书局考略》[1]，宋代设立的书局在百所以上，可见宋代官方修书之盛。

宋代有代表性的图书编撰活动除编撰大型类书《太平御览》《太平广记》《文苑英华》和《册府元龟》之外，当属司马光主持编撰《资治通鉴》。

《资治通鉴》编撰过程大体可分为编制凡例、编制事目、编制长编和删定润色四个阶段。

第一，编制凡例就是确定《资治通鉴》全书的纂修方法，司马光《资治通鉴释例》中有详细记载。第二，编制事目就是按照实录的时间顺序，将各种实录“并诸家传记小说，以至诸人文集稍干时事者”依次排列出来，形成事目。第三，编制长编就是根据事目，撰写历史事件的详文。长编与事目不同，事目是历史事件的简目，长编则是详文。就编写程序而言，事目在前，长编在后，只有在事目“附注俱毕”之后，才能编写长编。第四，删定润色，其主要任务是进行文字加工，主要由司马光来完成。

《资治通鉴》上起周威烈王二十三年（前403），下迄后周世宗显德六年（959），共记载了1362年的历史，全书294卷，是一部编年体史学名著，对后世产生了深远影响。从著作方式看，前编、后编、注释、简编之作蜂起。于史

① 曹之. 宋代书局考略[J]. 河南图书馆学刊，1995（3）：20-23.

书体裁而言，纲目体、纪事本末体也因《资治通鉴》而产生。

书局是宋代官方修纂图书的重要组织形式，北宋时书局总数逾百，宋祁、欧阳修、宋敏求、司马光、沈括、郑樵、朱熹等都是宋时著名的图书编撰家。从南宋直至元代，又出现一种编撰图书的民间组织“书会”，专为说话人和戏剧演员写话本或脚本，内容相当丰富，有戏文、杂剧、唱本、话本、谜话等。宋代编撰的图书除经书外，还有大量的史书、医书和类书等。宋代史书种类空前增多，其中最多的是野史笔记，著录于《四库全书总目》的就有113种。就编撰形式论，北宋经注“始合为一编”，既便于读者诵习，也适应雕版印刷高效率印制大部头著作的需要。宋人编辑、整理的唐代诗文别集数量极多，仅宋编杜甫诗集就有百余种。宋人的编撰活动，或网罗散佚，或去粗取精，或音释注解，或分类编目。分类编目是宋编唐诗别集形成的重要编撰方法。

辽重视国史的编撰，辽太祖耶律阿保机时设置监修国史官，后又仿宋成立了国史院。辽所修国史包括起居注、日历、实录等，如《兴宗起居注》《道宗起居注》《皇朝实录》《统和实录》等。

金统治者亦重视文化典籍，官方修史甚多，其中最重要的是编修《辽史》活动。金先后两次编修《辽史》，第一次成书于熙宗皇统八年（1148），书凡75卷，其中纪30卷，志5卷，传40卷；第二次始修于世宗大定二十九年（1189），成书于章宗泰和末年，历时19年左右。

元代收集了宋代的大量图书，为其官方修书提供了有利条件。元代修书机构是翰林国史院，设置承旨、学士、侍读学士、直学士等官职负责编撰工作，属官还有待制、修撰、应奉翰林文字、编修官、检阅、典籍、经历、都事、掾史、译史、通事、知印等，以及抄写人员。元代官修图书主要包括正史、编年、政书、志书、农书、译书等方面。如元至正三年（1343）三月，元顺帝命中书右丞相脱脱为都总裁官编修《宋史》《辽史》《金史》。至正五年（1345）十月，《宋史》修成，历时2年7个月。《辽史》亦于同年（1343）四月设局开修，第二年（1344）三月即告完成，历时仅11个月，是“二十四史”中成书最快的。《金史》亦同年（1343）三月始修，到至正四年（1344）十一月成书，历时1年8个月，其编修过程与《宋史》和《辽史》大体相同。元代官修图书还有实录《世祖实录》《太祖实录》，政书《至元新格》《元典章》，全国性志书《大一统志》和农书《农桑辑要》《王祯农书》，等等。元代编撰农书有两大特点：一是官方重视，元代不少农书都是中央和地方官吏直接参与编撰的；二是通俗易懂，图文并茂。

五、明清的图书编撰

明代是图书编撰的兴盛时期，清代达到极盛。明清所编著作极多。《明史·艺文志》中著录明代著述达4633部，96977卷，而以著录明人著作为内容的黄虞稷《千顷堂书目》著录的数量更是多达12000余种。《清史稿·艺文志》及其补编著录清代著作已有20071种，231850卷，然王绍曾认为还有甚多遗漏，其《清史稿·艺文志拾遗》增补阙遗清人著述54480种，则清代的图书编撰约有74551种，这个数量基本反映了清代图书编撰的原貌。

明代的官修图书多是由翰林院组织编写的，数量很多，经史子集无所不包。从明洪武十三年（1380）开始，成立翰林院取代东汉桓帝延熹二年（159）始设，已有1200多年历史的秘书监，其中由史官负责纂修实录、史志诸书。除了翰林院，明代中央及各地还组建了一些临时修书机构。明代比较重要的官修图书，经部有《五经大全》《四书大全》，史部包括各朝实录、《元史》和本朝国史、官修方志等，最大的官修图书则是类书《永乐大典》。

明代图书编撰的特点，就图书内容而言，杂史、方志、文集甚至西学等书籍较多。就图书形式而言，元末明初出现了章回小说和专书索引，书帕本盛行。就编排方法而言，书序、插图较多；所编唐诗别集与宋人的分类编排不同，多分体编排等。

明代图书编撰繁荣的原因主要有：第一，明代官方重视修书，把修书当作巩固政权的重要手段；第二，明代官方修书重视选拔人才，官方修书之前往往征集四方人才，唯才是举；第三，印刷术的繁荣，极大地推动了明代图书编撰。明代是雕版印刷的黄金时代，刻书点星罗棋布，书坊更是遍及全国各地，刻书数量远超前代。据统计，现存的唐代文集有278种，宋代文集347种，辽金文集100余种，元代文集324种，而明代文集数量多达2000余种。①

清代承明之制，翰林院仍然是清廷编撰图书的重要机构，清代官修图书也多由翰林院编撰而成。清代官修经部书中的《康熙字典》是我国古代收字最多的一部字书，共计收字47035个。该书于康熙四十九年（1710）奉诏编撰，至

① 曹之．中国古籍编撰史[M]．第2版．武汉：武汉大学出版社，2015：279．

康熙五十五年（1716）年成书。它在中国字书编撰史上占有重要地位，标志着封建时代字书发展的顶峰。清代官修史部书实录的编修，规模之大，史无前例。《明史》为清代官修的唯一正史。全书332卷，是中国图书编撰史上利用参考资料最多的一部正史，其《艺文志》一反常规，著录一代之书。清代从中央到省府州县都有专门的修志机构，官修志书达数千种之多，著名的如《大清一统志》《钦定八旗通志》等。清代官修的儒家类、大文类、类书类等子书也有不少。其中类书《古今图书集成》共1万卷、目录40卷，分6汇编、32典、6109部，是现存古代最大的一部类书。乾隆时期纂修的《四库全书》，则是清代官修图书最伟大的成就。

清代官修机构还包括各地官书局。清代官书局创始于同治二年（1863）的金陵书局，浙江、湖北、山西、山东、贵州、广东、湖南等地也相继建立官书局，这些官书局编撰了大量的图书，如金陵、淮南、江苏、浙江、崇文五个书局曾联合刻印"二十四史"。清代官修书四部皆备，仅历代御制诗文集就有30多种，所修方志、丛书、家谱也不少。现存清代方志有4889种，占现存古代方志的一半以上。现存2797种丛书及2万多种家谱中，清代编撰的丛书和家谱占绝大多数。清代统治者重视图书编撰，官修书多由清代统治者亲自策划，修书活动极力网罗图书编撰人才。清代官修了几部有深远影响的巨著，如《四库全书》是中国古代最大的一部丛书，《四库全书总目》是中国古代最大的一部书目，《古今图书集成》是现存最大的一部类书，《康熙字典》是中国古代收字最多的一部字典。

第六章

图书的流通

第一节　图书流通的认识

从经济上讲，流通是经济术语。流通经济学认为，流通是交换的一定要素。流通指商品从生产、分配、交换到消费的运动全过程。流通是经济现象，也是社会现象。图书作为商品从生产者向消费者，或从作者向读者流动所履行和完成的各种活动过程，就是图书流通。

一、如何认识图书流通

图书流通是社会化的图书活动过程中处在运动状态的各阶段的总和①，包含出版、发行、贸易、馈赠、出借、收求、典藏、传抄、流散、破坏、毁灭等环节，因此，图书流通具有多重的活动属性，既有出版的图书生产活动属性，又有图书馆的藏书活动属性。因古籍图书的文物价值，图书流通还具有一定传承的属性。

目前，我国对图书事业史的研究已深入图书活动的全过程，既涉及图书的分类、编目、收藏、整理等藏书活动以及图书的编撰、印刷、发行等出版活动，还涵盖了图书的阅读利用活动，等等。宏观上将图书事业划分为生产、流通、利用、管理等环节，缺少其中任何一个环节，整个图书事业则无法正常运行。图书流通是图书事业史研究的重要内容，在整个图书事业当中有重要的地位。

图书流通是客观存在的一种独特文化现象，具有精神文化产品传递交流的特殊使命。过去受传统观念的影响，图书事业史研究往往只研究图书的形式特

① 肖东发，陈慧杰．试论图书流通史的研究：图书学专题研究之三[J]．图书与情报，1988(3)：38-43.

征、生产技术方面，而忽视各环节之间的图书流通活动，从而导致图书生产环节与藏书活动割裂。

二、图书流通的相互关系

1. 图书生产与流通的关系

图书生产与图书流通虽性质不同，但有密切联系。一方面，图书生产的目的主要是流通。在图书事业初兴时期，传播图书并不容易，所以有的图书被分为单篇传本，或附在他人的文章和书中得以流传。魏晋以后，随着社会上流通的图书日益增多，专门汇集各类资料典故的类书，汇集多人单篇作品、著作的总集，以及汇集多种单行著作的丛书应运而生。唐宋时期的古书亡佚渐多，宋代开始出现辑佚书，至清达到鼎盛，这充分反映了图书编撰与图书流通的相互影响。另一方面，图书形式在一定程度上也反映了图书流通的时代特征。例如历史上曾出现的便于携带的“巾箱本”、便于翻阅的“册页装”和便于装订的“黑口”等，它们的共同之处就是便于图书流通。还有“坊刻书”，虽然形式上较简陋，校刻质量也并不高，但因其价格低廉，也有便于在民间流通的特点。

2. 图书交易与流通的关系

我国古代图书交易活动出现很早，是社会图书流通的主要方式之一。早在汉景帝（前 157—前 141 在位）时，河间献王刘德为了扩充私藏，以赏赐金帛为手段，鼓励民间捐献图书，其实这就是一种图书的交易活动。又如汉武帝时，京师兴太学，郡国立学校，刺激了官方和民间对图书的需求，从而出现了以贩书为业的书肆。汉代扬雄《法言·吾子》中提到“好书而不要诸仲尼，书肆也”，“书肆”即指贩售各类图书的书摊书店。还有王莽时期在太学附近出现了图书贸易的“槐市”，“诸生朔望会此市，各持其郡所出物及经书相与买卖，雍雍揖让，论议树下，侃侃訚訚”（《艺文类聚》引《三辅黄图》）。从这些图书交易的历史记载中，我们可以了解到许多古代图书流通活动的相关内容、地点、方式等。

雕版印刷术发明后，图书交易活动更加频繁，许多坊刻机构同时也是图书交易中心。宋代福建书肆云集，刻书单位众多，在建阳麻沙、崇化两镇，知名的书坊就有 30 多家。最有名的首推建安余氏，从宋代到明清从事刻书售书活动，历经数百年而不绝，这在世界文化史上亦属罕见。

3. 图书收藏与流通的关系

一般认为，图书流通总是发生在授受双方。如果说图书交易是以“授”为主体，则搜求可归之为以“受”为主体。古代搜求图书的范围很广，方法也很多。宋代著名学者郑樵提出“求书八法”，明代藏书家祁承㸁《澹生堂藏书约》认为藏书要“八求”，同时他在《庚申整书略例四则》中提出了“因、益、通、互”系统的图书分类编目观点。所谓“通”，就是“流通于四部之内也”。他以《文选》为例进行叙述：萧统《文选》与五臣注及李善补注，原本各为一集，而今世行者则并刻为一部，这样一书就能得三书之用，使今之简而通古之繁也。又举例王世贞的《名卿绩纪》，此书久不通行，如果不加标识，几乎无从考知。祁氏认为，凡属此类，“今皆悉为分载，特明注原在某集之内，以便简阅”①。这些求书、整书方法促进了图书更大范围的流通，至今为后人奉行。图书收藏是我国古代图书事业中最受重视的活动之一。只要有藏书，就会有图书流通。先秦时期，即使图书典籍藏于王宫之内，也存在极少数人流通利用的情况。清代《四库全书》分“北四阁”“南三阁”贮藏，不仅藏之于内廷，还颁之于文风颇盛的江南，供天下士子阅读，其图书流通活动的意义影响深远。从历代政府藏书、私家藏书、书院藏书和寺院藏书的发展过程中都能总结图书流通的现象和规律。

① 祁承㸁．庚申整书略例四则[G]// 李希泌，张椒华．中国古代藏书与近代图书馆史料（春秋至五四前后）．北京：中华书局，1982：28-30．

第二节　图书流通的起源和发展

一、图书流通的起源

1．读者群与作者群的兴起

没有作者就没有图书的生产，没有读者也无从谈图书流通。图书流通是图书从作者到读者的传播过程，读者需求是图书流通的前提条件。在早期的图书流通过程中，读者与作者是普遍交叉的。探讨图书流通的历史渊源，应从作者群和读者群的兴起说起。

公元前 770 年周平王东迁后，我国进入了春秋时期，社会发生了剧烈变革，图书生产和图书流通也出现了巨大变化，士阶层的兴起推动了读者群和作者群的兴起。春秋时期，王权旁落，公室衰败，宗法等级制度逐渐瓦解。史官和藏书出现流动，贵族内部的隶属关系变得松弛，各诸侯国也有了自己的教育制度，教学内容各有侧重，并不完全一致。到春秋末期，诸侯之学甚至有代替王室之学的趋势。周王室和各诸侯国的藏书开始对别的国家贵族和有阅读能力的人开放。进入战国时期，图书完全突破了官方的垄断而流传于民间。这些均是促进图书传播和流通的积极因素。

私学的应运而生，使士阶层中拥有丰富学识的人走上了讲学授徒的道路，社会身份的变化使他们成为传播知识的主体以及图书流通的承担者。例如孔子创办私学，主张“有教无类”（《论语・卫灵公》），“自行束脩以上，吾未尝无诲焉”（《论语・述而》）。孔子门生众多，是当时私学普及的典型特征，也是图书流通范围扩大的例证。孔子之后，其弟子多承师法，传授学业，成为儒家学派；而其他各家也都有学术传授，形成“百家争鸣”的局面，读书与著书成为士人的风尚。又例如齐稷下学宫历齐桓公以下五代君王，存在达 150 年之久，成为当时各派学者荟萃的中心，最多时学者达数千人，儒、道、法、名、兵、农、阴阳等学派都会集于此，这是先秦第一个集中学者从事著书的学术基地，也是先秦第一个图书生产和图书流通的文化中心。春秋时期的士阶层是我国古代图书事业史上最早出现的读者和作者群体，作者群和读者群的兴起，开辟了图书生产和流通的新时期。

2. 孔子对图书流通的贡献

西周以前，“学在王宫”，图书传播处于封闭状态，除史官世袭相传外，几乎没有严格意义上的图书流通。春秋以后，“天子失官，学在四夷”，文化下移，图书流通由静态转入动态，逐步形成我国图书事业发展史上第一次图书流通热潮。孔子在其中作出了重要贡献，他通过整理图书，提高了图书流通的质量，扩大了图书流通的范围。孔子在办私学的过程中，根据教学的需要整理旧籍，编纂教材，把春秋以前的国史和政治历史文献整理成教材，把原来的官府秘藏之书改变为社会读物，使其适应图书流通的需要。孔子对图书流通的贡献主要体现在从保存文献和教学需要出发，大量搜集文献，着手进行甄别筛选，删除重复，修改订正。一方面他“信而好古”，凡属真实可信的，就保持原样；另一方面“子不语怪力乱神”，凡属虚妄怪诞，不可轻信的，就加以改削。根据文章的性质，孔子创立了各种体裁，确定篇章结构，完善了图书体制。例如甲骨卜辞和金文是单篇文辞的记载，而孔子编纂《春秋》的方法是分年记事，按年月日的时间顺序排列。这样的图书体制是不同于单篇文辞的，是图书编纂规则的一次飞跃，对后代产生了深远的影响。图书体制在历史演进过程中，单篇流传时，它本身是一个独立的个体。由单篇演变为图书，图书是一个编纂的整体，具备一定的整体特征，单篇必须服从整体的要求，不能离开整体而独立存在。

3. 早期图书编纂特点

（1）精神生产和物质生产从合一到分工

图书生产从商周时期萌芽，图书编纂和制作往往集于一身，史官既是图书编纂者，也是简策制作者，作者和生产者合为一体。编书写书不仅是脑力劳动，编连简牍等还是体力劳动。精神生产和物质生产结合在一起，脑力劳动和体力劳动结合在一起，是早期图书生产的基本特征。秦汉以后，著述事业不断发展，书写材料的制作逐渐跟编纂者分开，特别是缣帛的制作，需要专业的手工工艺，跟精神生产完全分离。

（2）编纂方式从混杂到单一

商周时期的图书成书时间很长，往往先后经过多人之手，不是一人一时之作。在编纂过程中，始作者不一定有编纂的整体设想或方案，往往只是提供原始资料。继作者负责记录、整理、删补、调整、编目等，虽有多人参与，但互不相谋，各人所用的方式方法不同，导致一部书逻辑结构不甚严密。战国时期《吕氏春秋》的编纂活动改变了这种状况，它是我国历史上第一部按照编纂者的整体设计完成的著作。

（3）读者从个体到社会群体演进

西周以前，学在官府，文字使用权集中在少数史官手中，图书生产带有很大的私密性。史官既是作者，也是主要读者。春秋以后，藏于金匮石室的图书秘籍逐渐流散出去，作者和读者逐渐增多。士阶层兴起后，图书的读者群逐步扩大，图书生产从此摆脱了私密性，具备了广泛的社会性，图书开始进入社会流通领域。

二、图书流通的发展

1. 图书内容传播途径

早期的图书内容传播主要有以下四条途径。

（1）朝廷赐赠

当时周王室均赏赐“典策”即典籍简策给诸侯国。周天子的重要文书，也都由专官送给诸侯。如《左传》记载，周武王克商，成王定天下后，分封诸侯，分赐给鲁公伯禽的财物中，即有“典策”[①]。当时周王室藏书甚多，可以分赐一部分给诸侯，这是在王室垄断文字之下图书流通的特殊方式。

（2）父子相传

官府藏书最初只供王室和史官阅读，前王死后，遗籍归继位者阅读。史官也是父死子继，世守其业，继任者可以阅读先祖遗籍。文字知识既为史官所专有，史官世代传授，也只有其后代才能继承，史官之职父子相传，学术和文献也由父传子。

（3）师徒传授

孔子创办私学，是图书流通和知识内容传播的一大突破。孔子根据教学需要，编定“六经”，传授门生，直接扩大了知识传播的范围。其主张“有教无类”，广泛吸收门生，在教学对象上突破了世官世禄和贵族身份的限制。孔子

① 傅璇琮，谢灼华．中国藏书通史[M]．宁波：宁波出版社，2001：27．

把重要典籍传授给弟子，他们虽无课本，但通过口耳相传，传播了图书的内容。

（4）口耳相传

这是文化传播最普遍、最直接的方法，不仅指一般知识的传播，还包括图书内容的传授。尤其是在先秦使用简册时代，文字书写很不方便，口耳相传更为流行。图书内容通过口耳相传，在秦时还有特殊背景。先秦典籍在秦始皇时遭到焚毁，当时又禁止私藏，许多图书正是依靠口耳相传才得以流传下来的。《汉书·艺文志》中说“遭秦而全者，以其讽诵，不独在竹帛故也”[①]，《诗》能够经过秦焚书而保存下来，就是依靠讽诵和口耳相传。

2. 图书流通的方式

图书内容的传播不同于图书本身的流通。作为一种社会文化知识产品的物质载体，图书必然要从生产领域转入消费领域。早期的图书流通方式有以下四个特征：一是官书散入民间。这是自上而下的流通，也是最早的流通方式。二是传抄和仿制。早期图书不能批量生产，只能靠传抄和仿制。图书传抄，除直接按原书抄写外，还可以根据口耳相传记录进行整理。口耳相传不仅能保存书籍，还可以编纂图书，增加图书流通的品种。孔子后儒不断为其“六经”作解说，这种解说性著作从战国以后就和经书相辅而行。解说经书的著作，称为传、记或说等。其中“说”，原指口头讲说。这种讲说经过记录整理，就成为著作，在社会上流通。三是从单篇流传到全书流传。先秦典籍的流通，存在单篇流传和全书流传两种形式。早期图书的写作是以篇为单位，先是单篇，后来才集多篇为一书，故单篇流传在先，全书流传在后。即便是合篇成书之后，其中有些单篇仍然单行，分合不定，时分时合，未合前系单篇流传，合成一书之后，过一段时间又析出单行，出现单篇与全书同时流传的情况。如《尚书》中的《商书·盘庚》等三篇，是商王盘庚迁都的讲话记录，比《尚书》中其他一些周代文献时代要早，在编入《尚书》前早已流传。又如《大戴礼记》《小戴礼记》也是战国时所编，成书之前，多系散篇杂著，各自单行。四是通过法令公布。法律书很早就开始以官方颁布的方式公布了。春秋战国时期，法律书已进入民间。《韩非子·五蠹》云“今境内之民皆言治，藏商、管之法者家有之”，由此可知法律书在民间的流通情况。

西汉以后，图书流通渠道逐步拓展，流通范围不断扩大，图书流通方式发生了变革。

---

① 班固．汉书[M]．颜师古，注．北京：中华书局，1962：1708．

（1）图书搜求

这是图书流通方式变革的重要措施之一，指朝廷以皇帝名义通过行政手段向民间征求图书，是一种自下而上的图书流通方式，由汉代首创，汉初诸帝发起的一系列献书运动，成效卓著。隋文帝开皇三年（583），根据秘书监牛弘建议，“分遣使人，搜访异本。每书一卷，赏绢一匹，校写既定，本即归主”①，鼓励民间献书，国家藏书量因此迅速增加，达到了空前的规模。清乾隆时期纂修《四库全书》开展的征书运动更是历史上规模最大的图书流通过程，10 年间共征得图书 3.3 万余种，甚至许多举世罕见或仅存的珍本秘籍，也参加了这次自下而上的图书流通运动。

（2）图书交易

春秋战国以后，图书突破了官府秘藏而走向社会，从王室专有逐渐演变为上层社会成员私有。伴随着社会化的趋势，图书逐渐以商品形式进入社会流通领域。简帛时期的图书制作虽靠手工抄写，费工费时，但其劳动价值通过社会流通实现，也产生交换价值。汉以前的图书交易历史似不可考。汉武帝开献书之路，献书者获朝廷赐赠金帛，虽然这是图书流通的特殊形式，但图书的商品性实际已经得到了承认。汉代已有图书交易的文献记载，最早反映图书买卖情况的是《三辅黄图·明堂》所说的槐市：“元始四年，起明堂辟雍，为博士舍三十区，为会市，但列槐树数百行。诸生朔望会此市，各持其郡所出物及经书相与买卖，雍雍揖让，论议树下，侃侃訚訚。”②这段文字与《太平御览》所引略有不同，但已说明西汉后期在都城长安（今陕西西安）已有固定的图书交易的场所，买卖双方都是诸生。这种集市式买卖图书可谓书肆的萌芽。到西汉末年，“书肆”一词在文献里正式出现，扬雄《法言·吾子》曰：“好书而不要诸仲尼，书肆也。”《后汉书·王充传》称王充“家贫无书，常游洛阳市肆，阅所卖书，一见辄能诵忆”。可知东汉都城洛阳也有经营图书交易的书肆。

三国两晋南北朝时期也有坊肆卖书的记载。明清时期刻书业繁荣兴盛，图书需要通过市场买卖寻找出路，因此图书交易也相当发达，如在图书流通中发挥重大作用的北京琉璃厂书肆。清初，琉璃厂因居民增多逐渐成为一个繁华的集市，于是一些书贾便在此设摊贩书。康熙以后，琉璃厂书肆迅速发展，先后

① 魏徵，令狐德棻．隋书［M］．北京：中华书局，1973：908．

② 欧阳询．艺文类聚：卷八十八［M］．清文渊阁四库全书本．

建立了几十家书坊。《四库全书》纂修期间，受清政府求书政策的刺激，各地书商纷纷进京，于琉璃厂设铺售书。琉璃厂书肆自清初形成以后，一直到清末民初都是重要的图书流通中心，在全国图书市场享有很高的声誉。

（3）为人佣书

汉代后期图书的需求和供应都发生了历史性的变化，出现了一种为官府抄写图书的书佣，抄书者不必是著述者。汉代以后，随着经济文化的发展、图书数量的不断增多和图书的日益商品化，为人佣书和图书贩卖已成为社会职业。代人抄书取得工钱，在东汉已有文字记载。《后汉书·班超传》称班固的弟弟班超就曾“为官佣书以供养”。《三国志·吴书·阚泽传》记载，阚泽“家世农夫，至泽好学，居贫无资，常为人佣书，以供纸笔，所写既毕，诵读亦遍”。东汉班超“为官佣书”，即官府出资雇人抄写；而三国吴人阚泽“为人佣书”，是私人出资雇人抄书。魏晋时期从事这种职业的人已大量出现。南齐庾震，父母双亡后，无钱安葬，不得已“赁书以营事，至手掌穿，然后葬事获济”①。当时社会上依靠这种为人抄书换取收入以为生计的人，被称为“书手”“书人”“书佣”或“经生”等。书佣是当时图书的传播者和图书流通的媒介，在促进图书的商品化和图书的流通方面起了积极作用，依靠书佣的抄写，图书源源不断进入商品流通领域，大大促进了图书的传播。

（4）流通渠道拓展

雕版印刷术发明以后，图书制作工艺日益复杂，技术要求日益提高，图书制作（雕版印刷）逐渐成为一种独立的手工业生产部门。隋唐时期的书坊、书肆已集生产、销售于一身，既是刻印单位，也是销售单位。与南北朝不同，此时的坊肆已出现了坊肆主人姓名和牌号。隋唐坊肆这种将图书刻印和销售结合的经营方式，在当时具有很大的优越性，它的特色是把刻书活动放在市场之中，以社会需求为导向，社会需要什么书，坊肆就刻印什么书。社会文化的需求带动了坊肆的生产和流通。我国印本书的流通发端于唐末五代时期，北宋前期随着雕版印刷技术逐步在全国范围应用，刻书机构急剧增加，印本书的品种和数量迅速增长，很快代替了写本，成为图书流通的主流。唐末五代出现的官刻、坊刻和私刻三大刻书系统的萌芽，到宋元时期已发展成为全国性图书流通的主渠道。官刻图书的流通主要依托学校和书院等，图书市场自宋代已相当活

① 李延寿．南史[M]．北京：中华书局，1975：1822．

跃，进入明代后更是一派繁荣。明清时期图书流通总量大幅度增长，流通范围也进一步扩大，图书贩卖方式多样化，坐贾和行商成为一种普遍性行业，图书流通的一个突出现象是经营主体多元化，流通渠道进一步拓展。宋元以前，从事图书经营的主要是书坊。官刻图书投入商品流通领域的不多，私刻的目的也不是营利，进行售卖的图书数量更少。明清时期除坊刻仍然是图书经营的主体外，官刻和私刻的经营意识也日益加强，商业成分也明显增加。同时，书院刻书和寺院刻书也越来越带有商业性，已形成各自的流通渠道。

清代图书流通渠道复杂多样，既有书摊、店铺等固定销售渠道，也有书船等于某一地区或跨地区流通的流动销售渠道。具有图书流通特色的是图书租赁和书船。

尽管清代图书价格较明代低廉，但图书对广大贫民寒士而言仍属奢侈品，故各地书商在售卖图书的同时，大多兼营图书出租业务，出租的图书品种多为符合中下阶层市民口味的通俗小说、唱本鼓词之类的图书。随着租书业务的兴旺，专业租书铺从一般书肆中分离出来，形成了一种专门的图书流通渠道。至道光年间，这类租赁书铺在江浙等地已星罗棋布。晚清时期，图书的新品种连环画的出版发展迅速，受到欢迎，上海、广州等地街头巷尾涌现出无数的租赁连环画的小书摊，生意兴隆。图书租赁拉动了通俗读物的出版，扩大了图书的传播范围。

清代江南水乡，湖荡星罗棋布，河汊纵横交错，四通八达，几乎延伸到每个乡村角落。船不仅是江南重要的生产资料，也是不可或缺的交通工具。穿梭于河流湖泊之上，贩卖图书的书船（亦称书舫）就是“流动的书肆”，成为清代图书流通的一种渠道。书船始于元代或元明之交，盛于晚明和清代，延续至民国。书船上置有船棚，棚下两侧安装书架，上列图籍，旁有桌椅供使用。在书船贩书的书商亦被称为“书客”，来往于书香府第，或沿河叫卖，吸引读书人登船选书，以此获利。书船商人不仅给藏家送书、找书，还提供图书聚散的信息。他们还与书坊有业务往来，有的书就先卖给书坊，再转为藏书家所得，书船成为藏书家与征购者之间的桥梁和纽带，成为图书流向市场的渠道之一。与此同时，清代的书船还通过海运商船将图书贸易延伸至国外，在海上开拓了一条“书籍之路”，从而推动了中国与朝鲜、日本等亚洲各国的图书流通和文化交流。①

---

① 孙文杰．清代图书流通传播渠道论略[J]．图书与情报，2012（6）：130-136．

第三节　图书流通的作用和影响

一、推动了文献的整理事业

图书的流通带来图书的集聚，而集聚到了一定的程度，自然会产生图书整理的需要。

汉成帝时，因管理不善，朝廷藏书已出现“书颇散亡”的状况，成帝“使谒者陈农求遗书于天下”，又一次发动全国性的聚书运动，并诏令刘向父子进行大规模的文献整理工作。刘向父子经过努力，著录了数以万计的图书，全面反映了汉代社会的图书概貌，保存了大量的先秦古籍。尤其是刘向父子的书目整理工作，对文献典籍起到了推广宣传和阅读指导作用，促进了图书的传播。

隋唐时期，朝廷在购募图书的同时，也重视图书的整理工作。隋文帝采纳牛弘建议，下诏“购求遗书于天下”。其在位 20 多年，三次整理国家藏书，并编纂藏书目录，民间藏书不断流向朝廷。这种自下而上的图书流通，使国家藏书量不断增加。

南北朝后期，我国佛教事业蓬勃发展，佛教徒在吸收印度佛教思想的基础上，融会贯通，努力构筑自己的汉传佛教思想体系，汉译《大藏经》不断积累，确立了主导地位。隋文帝、隋炀帝都崇佛，隋代佛教大盛，佛经迅速成为图书流通的一大宗。唐代佛教更是达到全盛，各种宗派纷纷建立。以玄奘为代表人物的译经事业蓬勃发展，佛经在社会上的流通扩展到全国各地。隋唐均有大规模整理佛经活动，编纂了多种佛经目录，成为当时佛经流通量激增和流通品种繁多的标志。编纂于唐开元十八年（730）的《开元释教录》为集大成之作。全书 20 卷，分总录和别录。总录 10 卷为《总括群经录》，记载由汉至唐所译经典目录及译者传记；别录 10 卷为《别分乘藏录》，以经为主，其中“入藏录”收录佛经1076部，共分5048卷。此书撰成后即在全国流行，各寺庙纷纷以这部《开元释教录》的“入藏录”为标准，访阙补遗，去伪留真，大大促进了佛经的社会流通。宋初刊印的我国第一部雕版印刷大藏经《开宝藏》，就是以《开元释教录》为依据的。

二、提高了图书的利用价值

汉代是中华文化繁荣发展中的一座高峰，著述繁盛，影响深远。著述繁盛突出表现为汉代编纂领域不断扩大，著述数量迅速增多。《汉书·艺文志》共著录596家，13269卷，可分为三类：其一是先秦著作，但大多数经过汉代学者整理，包含了汉代人的劳动；其二是汉代人对先秦古籍的注释；其三是汉代人的著述。这些著述成果都是在汉代图书被广泛利用的基础上取得的，汉代学术繁荣与图书流通是相互促进的。例如，司马迁《史记》和班固《汉书》所引用的材料跟当时整个社会图书流通是密切相关的。《史记》材料来源除司马迁亲身游历采访所得的材料外，主要包括汉朝宫廷藏书和档案，以及在社会上流通的各种典籍。正是这些流通的典籍，为《史记》的撰写准备了所需的学术材料。班固《汉书》就是在图书大量流通背景下撰写的。班固于明帝时任校书郎，又除兰台令史，专事校勘及管理宫廷文献典籍，有充分利用当时流通的图书，广泛汲取各种文献资料的条件。

图书编纂和图书流通是互为因果、互相促进的。图书编纂是图书流通的源头，但在特定的背景和条件下，图书流通也会成为图书编纂的一种动力，并为创造图书编纂的新方式提供条件，如唐宋以后兴起的历代类书编纂活动。类书是文献资料的分类汇辑，是以大量文献资料的存在为前提的，与一般著述的不同之处是类书实用性强，应用范围广，从科举应试到属文创作都可供取材，具有保存古代文献的文化积累意义，对图书的生产和流通具有重要的促进作用。

三、促进了中外文化交流

中外文化交流是图书流通的延伸。汉代在图书流通的萌芽时期就开辟了中外文化交流的渠道。两汉统一时间近四百年，四方开拓，国威远播，影响巨大。中华文化随着疆域的开拓和交通的开辟而广泛传播，其中也包括图书的外传。汉代图书对外交流伴随着中外贸易往来而开展，主要方式为官家赐赠和私人携带流传到国外。魏晋南北朝时，对外文化交流又有了新的发展。去域外的路线除陆路外还有海路，尤其是写本书的出现，对记录域外的风土人情、山川地理和传播中华文化提供了极大的方便，记录海外见闻的图书大量涌现。据《隋书·经籍志》记载，撰述海内外山川地理的专门著作有130种，其中记载域外历史、地理情况的即有数十种。魏晋南北朝时期，我国的图书大多流传到朝鲜和日本。如南朝宋元嘉二十七年（450），百济王派人从海路到建康（今江苏南京）向南朝宋赠送礼物，并请求以《易林》等书籍回馈，南朝宋文帝如数给予。这一时期，中国的文化典籍又通过朝鲜传入日本。如南朝梁武帝天监年间，百济人段杨尔又将《诗》《书》《礼》《易》《春秋》传入日本。

隋唐是中外文化交流和图书流通的繁荣时期，唐代都城长安成为各国使节、商人、学者、僧侣聚集的国际性城市。他们带来各国的文化，带走大批的汉文书籍，将灿烂的大唐文化传播到国外，促进了中外文化的交流。如公元7至9世纪，与中国交往最频繁的是日本。自贞观四年（630）至唐末，日本正式派出的遣唐使团多达13次，每次不少于百人，他们带走了大量汉文书籍。据日本9世纪末所编的《日本国见在书目录》记载，当时日本所存汉文图书多达1979部，16000余卷。

明清时期，不仅国内的图书流通较前代有所发展，图书的对外流通也有很大发展，其特点是图书流通的数量和品种数大大增加，流通的方式更为多样，特别是出现了商业性的图书对外贸易和汉籍外译等方式。明清时期，图书的对外流通方式主要有以下三种：

（1）贡赐方式

图书以贡赐方式向国外流通是一种传统做法。南宋以后赐赠印本书更是一种特殊礼遇。明清时期，汉文书籍向朝鲜流通比以前更为频繁，而且通过朝鲜还流通到日本等周边国家。据统计，从1388年到1499年间，日本向朝鲜派遣“请经使”多达83次，朝鲜输往日本的《大藏经》多达43部，总共20多万卷。当时的朝鲜已成为中国向东方各国传播汉文文献的中继站。

（2）民间传播

以私人身份往来的外国僧俗人员也是图书对外流通的承担者。他们的图书传播方式往往具有双向性，一方面将图书携带出国，另一方面将中国已经亡佚而国外仍存的汉籍带回中国，重新参与国内的图书流通。到明清时，汉文图书在日本的流通规模极为可观。特别是明朝末年，不少人不愿臣服清政府，纷纷流亡日本，随身带去大量的中文图书。

（3）图书贸易

图书通过贸易方式向国外流通，到明清时已十分普遍。明朝与各国的往来主要依靠海上交通，除把瓷器、丝绸等作为大宗商品输出国外，输出的物品还包括汉文图书。同时，各国来华的商人在贩运回国的货物中，也带有汉文图书。通过商船把图书运往日本，是当时很普遍的一种做法。据称当时中国的图书已有十之七八传入日本，反映出当时图书向日本流通的规模之大，而商贸是其主要的方式。

第七章
古代图书馆的兴起与发展

第一节　古代藏书的起源

一、藏书的认识

中国古代藏书活动，无论是政府藏书、私家藏书，还是寺院藏书、书院藏书，在中华几千年的文明史上，都发挥了不可替代的重要作用。藏书活动作为人类社会文化活动的一种重要形式，一代又一代地传递，直至当今，伴随着中华五千年文明发展的全过程。

随着人类社会的发展，记录文字的各种文献典籍数量日益增多，而社会管理、国家统治、生产和教育的需要，必须以大量的文献典籍作为参考，如何保存和管理这些典籍，则是面临的现实问题。在文化史上，把这种以保存与管理文献典籍为主的文化活动称为藏书活动。

从学术研究的角度看，所谓藏书，则是指将不同时代的文献典籍，依据确定的编排体系，实施管理、保存与流通的文化活动。它涉及文献典籍的收藏方式、组织方法、管理体制和利用形式四个方面。

人类文化活动，总有其目的性，只要有文献典籍的编纂就会有藏书的活动。藏书的目的就是使其一次的使用变为多次的使用，短期的使用变为长期的使用，少数人的使用变为多数人的使用，因此文献典籍有了丰富的积累后，必然出现藏书活动的萌芽。同时，只要有对文献典籍的利用需要，就会有藏书的需求。一方面，文献典籍内容的参考性功能为人们使用提供了便利；另一方面，文献典籍的保存形式又使长期使用成为可能。藏书活动成为必然现象，但只有相应的藏书机构能实现藏书活动制度化。为了满足保存文献典籍，以备随时查阅的需要，历史上各朝代政府往往会设置保管文献典籍的专门机构，并配备专门的人员进行管理，促使政府藏书活动形成制度。

二、追溯藏书起源

（一）藏书起源于夏

我国古代藏书起源于何时，从目前的研究成果来看，学者的见解各不相同，归纳起来，大致有夏王朝起源、商王朝起源、周王朝起源等观点，甚至还有人认为起源于汉朝。藏书起源必须具备两个先决条件，一要有文字记录的资料，二要有保存这些资料的观念。尽管夏以前已出现文字，也有了史官和文献典籍，但根据文献和考古资料，保存文献的观念却是在夏王朝以后才开始形成的。

夏已开始使用文字，史官运用文字书事记言，王室拥有丰富的文献典籍。《尚书》说“惟殷先人有册有典，殷革夏命”[①]，意思是殷的先人在推翻夏朝时，已有文献典籍。又《逸周书》卷三《文传解》:“《夏箴》曰：‘小人无兼年之食，遇天饥，妻子非其有也。’”这里的《夏箴》，传说是夏代流传下来的古逸书。《夏时》和《夏小正》等夏代著述，被有目的地保存下来。夏形成了保存文献的观念，专设收藏、保管文献典籍的官员。[②]夏的文献典籍载体已呈多样性，至少已出现用玉石、甲骨等做载体的文献。夏宗庙是收藏文献典籍的专门场所。[③]因此，夏之前虽产生了一些藏书的萌芽，但藏书正式起源于夏王朝。

藏书在殷商已渐定型，出现了中国早期的政府藏书，其最有力的实证就是发现于河南安阳小屯村的殷墟甲骨。这是我们迄今所能见到的最早文献典籍实物，据此可以探知早期政府藏书的具体形态。商代宗庙既是重要的行政场所和供奉先祖的庙宇，也是贮藏文献典籍的地方。藏文献典籍于宗庙是政府藏书之始。

（二）商王朝的藏书活动

商朝掌管文献典籍的专职人员称“史”，又作“太史、内史、贞人、卿史、

① 尚书[M]. 北京：中华书局，2009：228.

② 《吕氏春秋·先识览》记载：“夏太史令终古出其图法，执而泣之。夏桀迷惑，暴乱愈甚。太史令终古乃出奔如商。”

③ 傅璇琮，谢灼华. 中国藏书通史[M]. 宁波：宁波出版社，2001：7.

作册”。王国维《释史》指出史官“专以藏书、读书、作书为事”[①]。史官在商王朝政府内属最博学的人，他们负责记录帝王言行和军国大事，既是最早的文献典籍制作者，也是这些文献典籍的整理者和收藏者，制作、整理、加工、典藏，一身而数任。商史官对甲骨文献的管理，反映出商的藏书保管很有条理，有严格的管理制度。

刻辞甲骨是今人所见商王室收藏的最丰富的原始文献典籍。1899 年被发现，距今已有 120 多年。据学者估计，现出土的甲骨共约 15 万片，平均每片依 10 字计，总共有 100 多万字。这个字数在今天虽微不足道，但在殷商时期，已是惊人的文字数量。专家们从中考订出甲骨文单字在 4500 个左右，其中已释约 1700 个，见于《说文解字》的亦有 941 字。夏、周虽也有刻辞甲骨，但数量、价值远不及商。

殷墟甲骨考古发掘的结果，为我们提供了刻辞甲骨收藏与管理的实例。从发掘结果看，有些包含一个朝代的卜辞甲骨累积归档，另有些没有刻辞的甲骨也汇总在一起，保存以备用，已属有意识的甲骨收藏活动。通过研究发现，有些卜骨上还刻有占卜人的名字，或刻有经管的卜官名字，这说明当时刻辞甲骨已经有专人管理。有意识地收集和保管甲骨，设有专门的收藏地点，并且把一个或几个朝代记载社会生活、农业生产以至朝廷事务、军事征战、王位继承等内容的刻辞甲骨集中加以整理和保管，既便于当时随时抽取，进行查阅，也考虑到长期保存、永久使用的需要，从侧面反映了商代藏书活动的成就。

（三）周王朝的藏书活动

周朝的藏书，是夏、商王朝无法与之比拟的。清文献学家章学诚曾评价：“周官之籍，富矣！”[②] 从载体类型来看，周朝的藏书已有简册文献、青铜铭文[③]和甲骨文献[④]等门类，包括《易》《书》《礼》《乐》《诗》《春秋》“六艺”和小

① 王国维. 观堂集林 [M]// 谢维扬，房鑫亮. 王国维全集：第八卷. 杭州：浙江教育出版社，2009：175.

② 章学诚. 章学诚遗书 [M]. 北京：文物出版社，1985：556.

③ 目前出土的先秦时期铭文多达数千篇，多为周代，其中如毛公鼎、散氏盘等青铜器所记载的内容相当丰富，是考察研究西周社会珍贵的历史资料。

④ 陕西岐山凤雏西周宗庙遗址出土的甲骨中，刻辞甲骨有 190 多片，共计 600 多字。这些甲骨中刻辞的内容是周初社会历史活动的“大事记”，是研究周初历史十分珍贵的史料。

学家、儒家、道家、墨家、杂家、小说家、阴阳家、天文家等诸子著述以及有关历谱、五行、蓍龟的各类著述。[①]周王室所藏典籍，有接收前代上世的典籍，如“孔子观书于周室，得虞、夏、商、周四代之典”，也有殷末王室、春秋诸侯国的臣子投靠周王室时进献的典籍以及周王室史官的大量著述。

周王朝稽古右文，藏书事业得到了进一步发展，藏书规模不断扩大，内容不断丰富，藏书处所不断增加，藏书制度更为健全，管理方法更为科学，文献分类更为精细，管理藏书的官员结构层次齐备，藏书利用水平更高，尤其出现的馆藏咨询服务，是对我国古代藏书事业的一大贡献。除周王室藏书外，诸侯国也有藏书。诸侯国藏书始于西周初期，最早的诸侯国藏书为周王室赏赐。因此，可将周王室藏书视为国家政府藏书，诸侯国藏书则为地方政府藏书。周王朝官府藏书已搭好了我国古代政府藏书（即古代图书馆）的框架，奠定了我国古代政府藏书发展的坚实基础。周王朝政府藏书，是我国先秦时期政府藏书的顶峰。

周从中央王室到地方诸侯国建立了不同类型的藏书机构，散见于文献记载之中，概括起来，涉及宗庙、天府、藏室、盟府、龟室、图室、太史府、故府、公府、周室、策府等处。周王室的藏书处所虽因袭夏商，有所增益，但周政府藏书的含义与夏商已有实质不同。夏商时尚未区分典籍和文书档案，到周代已有所区分，周代藏书处所既藏书，也保存档案，一般政府仅保存本政府履行职能所必备的文书档案，藏书之所属本书所论述的藏书机构即图书馆范畴，藏档案之所不属于；到战国时期，藏书和保存公文档案的区分就更为明显。

周王室的藏书处所，首推的还是宗庙，但周代的宗庙藏书较商代也有较大发展，周王室的宗庙内不仅设置有收藏甲骨文献的“龟室”，还辟有专门收藏竹木简册、玉版和早期丝绸类帛书等国家重要文献的“图室”，这些是当时国家最高一级的藏书处所。仅次于宗庙的藏书处所为太史府，太史府首要收藏“典”“法”“则”，以及盟约、契约和券书等国家重要文献，还内设专门的府库“藏室”用于藏书。据《史记》记载，老子曾担任管理“藏室”的史官。有学者认为，太史府“藏室”已经具备了图书馆的雏形。

① 傅璇琮，谢灼华．中国藏书通史[M]．宁波：宁波出版社，2001：12．

（四）私家藏书的出现

春秋战国时期出现的私人讲学和著述，打破了官学对知识的垄断和只有史官才能记言记事的陈规，历史进入了诸子兴起、百家争鸣的文化大发展、学术大繁荣的时代，政府垄断著述、藏书发展到公私并存俱有，促使我国的藏书事业萌生了一个新的类型——私家藏书。

第二节　古代图书馆的初具规模

一、秦汉时期图书馆事业

（一）秦王朝藏书活动

公元前 221 年，秦始皇灭六国，结束了春秋至战国长期的诸侯割据的局面，建立了中国第一个封建中央集权制度的国家。为了统治的需要，秦始皇在政治上采用战国阴阳家的五德终始说，来维护秦朝的法统；他感到“战国纵横，真伪莫辨，诸子之言纷然淆乱”，乃“燔灭文章，以愚黔首”，在文化上采取了集中全国书籍、挟书禁令与焚书互为表里的文教政策。

在统一中国前，秦已收藏了一定规模的图书。兼并六国后，又“收天下书”，将收缴的周王室及诸侯六国的大量藏书运往咸阳，以丰富秦文献典籍。秦的藏书制度始于战国时期，有比较完善的藏书机构，任命御史作为专门掌管书籍的人员。建立明堂、石室、金匮和周室四处规模较大的藏书处所，这在我国图书馆事业上是一大创举，对以后各代王朝创立各种类型的国家藏书机构具有“建章立制”的影响。秦朝御史大夫对管理文书、图籍、档案等文献的工作负总责，具体执掌图书典籍的工作由御史或称侍御史的官员承担。秦始皇任命张苍为专门掌管图书典籍等工作的御史，司马迁称“张苍乃自秦时为柱下史，明习天下图书计籍”，是一位学识渊博的执掌秦朝政府藏书的著名人物。从总体看，秦对我国古代图书馆事业发展起了一定的推动作用，秦初承袭和发展商周王朝的政府藏书制度为汉代中国早期图书馆的建立奠定了基础。秦代文字的简化和统一使得图书文献的收集、加工、整理和流通效率大大提高，有利于文化的发展。

（二）西汉的藏书建设

公元前202年，刘邦创建西汉王朝。西汉统治者重视文化建设，实行较为开明、宽和的文化政策，如：建立国家藏书机构，负责收藏与管理图书；在全国范围内访书、征书，力图使国家藏书齐全；选派专门人员对收藏的图书进行整理校勘，编制国家藏书目录。这些有利于藏书建设的开创性举措，为后来历代所承袭与仿效，最后演化为一种制度。①

刘邦命令汉相萧何尽收秦丞相府图籍文书，为西汉政府藏书奠定了基础。又着手建立石渠阁、天禄阁、麒麟阁等宫廷藏书处所，注重对流传典籍进行整理。② 汉惠帝四年（前191），朝廷正式解除挟书禁令，民间藏书具有了合法性，这不仅使秦遗留典籍得以入藏朝廷，还使图书的抄写和传播得以发展。汉武帝深感“书缺简脱，礼坏乐崩”，于是“开献书之路，置写书之官”，其充实宫廷及政府机构藏书的措施，得到河间献王刘德的积极响应，他将所藏《乐记》《礼》《古礼》《毛诗故训传》等书献出。汉成帝又“以书颇散亡，使谒者陈农求遗书于天下”，广泛搜罗散于民间的新旧图书，同时命刘向、刘歆父子等典校藏书，对先秦学术文化作了一次总结。据史料记载，经武帝至成帝持续不懈的艰苦搜集，西汉政府藏书“百年之间，书积如丘山”，前后积累藏书达33900卷。

西汉时期的中央政府藏书、宫廷藏书，因书颇散亡，“经或脱简，传或间编”，西汉政府经常进行校书工作。校书是对藏书的整理与利用，由于集中校书是在政府藏书处所进行，故校书工作也是政府藏书工作的组成部分。

汉成帝河平三年（前26），成帝下诏命光禄大夫刘向等人校订国家政府藏书，按图书内容和性质分组进行整理、删定和订正，最后由刘向总其成。其工作流程大致划分为四个阶段：一是搜集众本。集中中央政府机构藏书和宫廷藏书，并广泛收集私家藏书。二是校正字句。将集中的各本相互校勘，选出理想的本子。三是排定篇章。校正一书后，重新编排全书篇章，统一书名。四是写定正本。按校正的著作重新抄写出一种新的本子，用素丝、缥丝、青丝等编连起来，形成新本，列入政府藏书中。

---

① 西汉中央政府机构的图书收藏，大致划分为三个阶段：第一阶段是从高祖到武帝的访书、征书；第二阶段是从武帝到成帝的国家藏书整理；第三个阶段是成帝以后的图书校勘，编制国家目录。

② 《汉书·艺文志》称：“汉兴，张良、韩信序次兵法，凡百八十二家，删取要用，定著三十五家。”

图书编定后，刘向等把整理后的政府藏书写成解题性的文字，内容大致包括该书篇目、校书经过、学术宗旨及著作价值等，“每一书已，向辄条其篇目，撮其指意，录而奏之”。刘向撰目录学著作——《别录》，开创了中国目录学之先河，给后代藏书活动带来深远的影响。《别录》校订图书共计 13000 多卷，确切地说它是校订图书定本的一个工作记录，后人称之为提要或叙录。如《别录》记录的《管子》校订情况，用了国家文献 389 篇，民间文献 175 篇，剔除重复者，校订为 86 篇。

汉哀帝建平二年（前 5），刘歆利用刘向《别录》的提要，编制出一部分类目录《七略》，这是我国第一部系统的综合性国家藏书目录，是首个政府藏书的编目成果。《七略》编制活动确定了图书馆的基本社会职能，概括而言，即对社会图书进行全面收集的职能，对每种图书加以评价的职能，对图书按学术流别进行组织的职能，编制目录向社会介绍的职能，以及向社会提供图书的职能。这些职能相互结合，把我国图书馆事业推向一个新的发展阶段。《七略》分为辑略（六大类目录之总序）、六艺略（经类著作）、诸子略（各学派著作）、诗赋略（文学类著作）、兵书略（军事著作）、术数略（占卜类著作）和方技略（医药类著作）七部。在六大类下又分为 38 小类，603 个细类，共著录图书 596 家，13269 篇（卷）。《七略》只列书名和作者姓名，没有叙录，可以说是《别录》的节本。《别录》和《七略》在唐末五代时期失传，但《七略》的基本部分却被班固保留在《汉书·艺文志》中，只是辑略部分被删去。

（三）东汉政府藏书机构

东汉时期，开国皇帝刘秀亦十分重视藏书，征书于天下，“采求阙文，补缀漏逸”，结果四方学士“莫不抱负坟策，云会京师”，政府藏书于是益增，到建武元年（25）迁都洛阳时，随行图书已载 2000 余车，府藏已有较大的规模。光武帝之后，明、章帝对征书之事多有继承，60 余年间，便“叁倍于前”，旧典新籍叠积盈宇，汗牛充栋。东汉政府藏书数量既多，品种更加庞杂，仅诸子类图书就超过 189 家，藏书规模超过西汉。据清目录学家姚振宗《后汉艺文志》记载，东汉官府图书加上释道等图书典籍，其总数约有 1100 种，2900 余卷又 2200 余篇。[①] 但自少帝至董卓之乱，东汉政府藏书由停滞发展直至惨遭破

① 姚振宗．后汉艺文志[M]// 二十五史刊行委员会．二十五史补编．上海：开明书店，1936．

坏，所藏图书秘籍，以焚毁殆尽而告终。①

兰台是东汉政府在宫内藏书的重要处所。西汉时以御史中丞掌管图书，东汉则以兰台令史掌管图书。东汉桓帝时期，司掌图书秘籍的政府官员终于形成定制。据马端临《文献通考》：“后汉图书在东观，桓帝延熹二年（159），始置秘书监一人，掌典图书、古今文字，考合同异。”又《初学记》按：“秘书监，后汉桓帝置也，掌图书秘记，故曰秘书。”②后世各代政府图书机构多受东汉这一设置影响，将司掌图书管理的官员称为秘书监、秘书郎、秘书丞、秘书令，相沿不辍。

纵观两汉政府藏书400余年的历史，朝廷屡施征书之策，为充盈政府藏书发挥了积极作用，且征书的措施在实践过程中逐渐完善、强化，形成制度，对后世政府的藏书建设也产生了深远影响。另东汉末年，桓帝设置秘书监，专司掌典图书及古今文字，考核异同。专职藏书管理机构的设立水到渠成，历经商、周、秦、西汉千余年的政府藏书，终于有了专门的归宿和专一的管理人员。从此，秘书监（省）掌管国家藏书成为定制，沿袭了近1500年，直至明亡。

二、魏晋南北朝图书馆事业

魏晋南北朝时期是中国历史上社会动荡的时代，先是魏、蜀、吴三国鼎立，继而西晋短暂统一。随后中国形成了南北对峙的局面，北方先有十六国割据，后有北魏、东魏、西魏、北齐、北周的政权嬗变，南方则有东晋、宋、齐、梁、陈五个政权的兴替更迭。连绵历时300余年，原本统一的封建国家长期处于分裂割据的状态，战争连绵不断，国家政局动荡不定，无疑给藏书事业带来极其不利的影响，我国古代藏书史上的几次大的“书厄”，均发生在这一时期。这一时期书籍已进入纸写本形态，传抄书籍较前代更为容易，得书、藏书更为方便，因此，魏晋南北朝的藏书事业在总体上是有一定程度缓慢发展的。

① 东汉政府藏书的发展过程，大致可以分为三个阶段：自光武帝至章帝为第一阶段，以搜集图书为主；自和帝至灵帝为第二阶段，以整理图书为主；自少帝至董卓之乱为第三阶段，以停滞发展直至惨遭破坏为主。

② 徐坚，等．初学记[M]．北京：中华书局，1962：294．

（一）魏晋藏书活动

以政府藏书来论，这一时期政府藏书的数量比汉代大大增加，如西晋直接继承了魏的政府藏书，晋武帝司马炎还多次征访图书，不断扩充政府藏书数量。据《隋书·经籍志》记载，西晋国家藏书分成甲、乙、丙、丁四部，总计 29945 卷。南北朝时，与北方战乱不已相比，南朝相对安定，各统治者也较重视文事，各朝代的政府多注重收集图书，如南朝宋藏书在后废帝元徽元年（473）有 15704 卷，南朝齐在齐武帝永明年间（483—493）藏书增加到了 18010 卷，梁武帝下诏向民间收书，后期秘府藏书达到了 10 万多卷。

魏晋南北朝的国家藏书管理机构较前代也更完备，如秘书监制度已趋于成熟。曹操建秘书、中、外三阁为国家藏书处；设立了主管图书的官员秘书令（监），下设秘书丞、秘书郎、校书郎等官职。西晋国家藏书处设有秘阁、兰台、崇文院，后又建石渠阁，晋惠帝恢复了秘书监，下设秘书丞、秘书郎、著作郎、佐著作郎等。晋武帝时，设秘书郎四人，分别负责经、史、子、集四部图书。南朝宋、齐、梁、陈四朝设有秘阁典藏图书，由秘书省主持管理，官员设置也与前朝相仿。随着政府藏书数量的增多和图书形态的变化，不少朝代对政府藏书进行了系统整理，编制出一大批有影响、有价值的国家书目和目录学专著，如《魏中经簿》《中经新簿》《元嘉八年秘阁四部目录》《晋元帝四部书目》《秘阁四部目录》等。

与汉代相比，魏晋南北朝时期的图书馆校书和编目活动愈加普遍。国家曾组织过 10 余次校理图书，虽然都不如刘向、刘歆父子整理图书的规模宏大，但范围之广，目录之多，收录图书之众，参加人员之广泛，却又远胜于汉代。这一时期图书馆事业最显著的成就在于目录编制，包括编目工作和目录学理论形成。政府、私家藏书，凡达到一定规模的，都编制有目录，既有政府藏书目录、私家藏书目录，也有综合性目录和专门性目录等。编目成了图书馆的主要工作。在分类体系上，既有发展《七略》而撰成的《七志》《七录》，也有新创的四部、五部诸法。编目工作的普及，目录种类及体系的异彩纷呈，孕育了目录学理论的突破和发展。

魏时，校理图书工作由秘书郎郑默负责，他将国家实有藏书与东汉秘书监的藏书目录相校，删定旧文，除去浮秽，形成了国家政府藏书目录——《魏中经簿》，可惜此书已遗失。

西晋代魏，《魏中经簿》著录的全部图书完好无损地成了西晋政府藏书。晋武帝司马炎命著名学者荀勖主持图书校理工作，与中书令张华一起，以《魏中经簿》为基础，依刘向《别录》，编成图书馆目录14卷，另佛经目录两卷，名为《新簿》(或称为《中经新簿》)。荀勖《新簿》把政府藏书分成甲、乙、丙、丁四类，分别统领经、子、史、集类图书，这是中国古籍目录最早的四部分类法，也是对西晋政府藏书的一次总结。它的创新之处有三：第一，完善了四部分类法；第二，佛教典籍首次在目录书中占有一席之地；第三，“盛以缥囊，书以缃素”，即重视图书的装帧。

东晋初，著作郎李充重新典校秘书，编成《晋元帝四部书目》。该目录仍本荀勖的四分法思想，但将经、子、史、集顺序调整为经、史、子、集，此法从东晋起一直为后世所沿用，成为我国古代图书编目的主要分类法。

（二）南北朝藏书活动

南朝各政权也开展了一系列政府藏书整理工作，以编制目录为成果，南朝图书目录之多，体裁之异，目录学家之众，均超过魏晋。

南朝宋时期，文帝元嘉三年（426），秘书监谢灵运、秘书丞殷淳等人奉命“整理秘阁书，补足阙文”，编制《元嘉八年秘阁四部目录》，收书14582卷，另收佛经438卷。后废帝元徽元年，目录学家、秘书丞王俭“上表求校坟籍”获允，撰《宋元徽元年四部书目》，收书15084卷，与元嘉目录收书相仿。

南朝齐武帝永明年间，秘书丞王亮、秘书监谢朏等典校秘阁图书，编撰了《齐永明元年秘阁四部目录》，收书18010卷，比南朝宋元徽目录增加近3000卷。

梁武帝天监年间也发起过几次校书活动，产生了一批有特色的国家目录，如《梁天监四年四部书目》《梁天监六年四部书目录》和《梁东宫四部目录》等。

南朝最后一个政权陈的政府藏书除在秘阁外，还分别安置于寿安殿、德教殿和承香殿，以这些藏书为内容，编制了《陈秘阁图书法书目录》一卷，《陈天嘉六年寿安殿四部目录》四卷，《陈德教殿四部目录》四卷，《陈承香殿五经史记目录》二卷，等等。

魏晋南北朝时期还出现了个人编制的图书目录，最著名的是南朝宋王俭的《七志》和南朝梁阮孝绪的《七录》。《七志》改革刘歆《七略》六分法为七分法，即将各类图谱集中在一起形成第七类图谱。《七志》和《七录》开创了我国个人编目活动的先例。

随着佛经译著大量问世，魏晋南北朝还编制有佛经和道藏的专业书目，如：东晋孝武帝宁康二年（374），高僧道安编制中国第一部通录古今的佛经分类总录《综理众经目录》；南朝宋文帝元嘉十四年（437），道士陆修静编制道藏的第一个总目录《灵宝经目》。

在私家藏书方面，魏晋南北朝无论是藏书家的人数和藏书数量均较汉代有所增加。如有确切文献记载的藏书家计有 100 余位，是两汉时期的四至五倍。另外，随着佛教的输入与广泛传播，魏晋南北朝佛教典籍的收藏和整理也成为藏书的一大时尚。

魏晋南北朝图书馆事业有所发展的主要原因有：一是历朝统治者大都比较重视对图书的搜求和典藏。二是社会生产和文化发展的进步，如纸的生产技术改革及使用的普及，使得图书的数量和品种急剧增加。三是南北地区各民族文化的碰撞与交流，使这一时期的文化呈现大融合的新景象。

第三节　古代图书馆的发展

一、隋唐时期的图书馆事业

隋唐时期，中国实现了秦汉以来的第二个中央集权的统一局面。历时 300 余年，社会安定，政治开明，物产富庶，交通便利，国力比以往任何时期更为强盛，以讲学、修史、文学等为代表的文化事业一度空前发展。这些对隋唐图书馆事业产生了强大的推动力。同时，雕版印刷术的发明也为图书馆事业的发展提供了技术保障。隋唐两代统治者均推行重书政策，广开献书之路，对图书管理者给予较高的社会地位，大力经营政府藏书，至唐朝形成了一整套完备的政府藏书机构，这些机构有的一直承袭到宋，甚至存留到明清。隋唐时期，我国图书馆事业进入了一个崭新的历史阶段。

（一）隋的藏书搜集与整理

隋朝仅享国 38 年，是古代统一政权时间较短的王朝，然而在图书馆事业上尤具令人刮目的独到之处。隋初的国家藏书仅 15000 多卷，开皇三年（583），隋秘书监牛弘针对国家图书馆藏书状况，向隋文帝杨坚上表，请求开献书之路，提出了从民间广泛征集遗逸之书，迅速充实国家藏书的重要措施。经隋文帝批准，规定献书一卷，赏绢一匹，校写定本后，书即归还原主，于是民间藏书纷纷涌出。政府还大兴抄书之风，《隋书·经籍志》序云，开皇九年（589）以后，文帝“召天下工书之士，……于秘书内补续残缺，为正副二本，藏于宫中，其余以实秘书内、外之阁，凡三万余卷”。炀帝即位，他对图书也极为重视，秘阁藏书每一种都下令写 50 个复本，分为上、中、下三品，并将大量图书储藏在东都洛阳的宫内观文殿东西厢，东厢藏经、史两部，西厢藏子、集两部，此外，还在宫内收藏道经与佛经。上述管理方式，犹如现代图书馆的按类分库管理，很有实用价值。

隋通过多种渠道征集来的藏书，多纸墨不精，因此有必要进行藏书整理工作。开皇九年，隋在接收南朝陈的政府藏书后，即开始图书整理编次，使藏书形成体系，文字得以核正。今据史料，隋在不同时期数次大规模整理藏书，编制了多种国家藏书目录，如牛弘《开皇四年四部目录》四卷、《开皇八年四部目录》四卷、王劭《隋开皇二十年书目》四卷、《隋大业正御书目录》九卷。这四部藏书目录是藏书整理的成果，前两部是秘阁藏书目录，后两部是宫廷藏书目录，其中《隋大业正御书目录》收录的是原西京嘉则殿藏书。

隋炀帝命秘书监柳顾言等校雠整理，除去重复、杂乱的部分，得正御本图书 37000 余卷，藏于东都修文殿。正御本“装剪华净，宝轴锦褾”，于观文殿前修建 14 间精致的馆舍珍藏这些图书，不允许随便使用。这在图书馆管理方法上是一种创举，被视为典藏图书实行保存本制度的开始。正因为隋代藏书整理工作产生了如此丰富的馆藏书目，唐代官修隋史时，其《经籍志》方有所本，《隋书·经籍志》共记载图书“凡四部经传三千一百二十七部，三万六千七百八卷”。通过《隋书·经籍志》，我们能了解到隋代国家图书馆基本藏书的总况。

古代图书馆事业，就客观效果来说，起到了使民族文化得以积累与传播的作用，续传统以不绝，承先人启后世。从隋统治者的文化政策看，统治者是从重道弘教、经邦立政的实用原则出发去推进政府藏书事业发展的。图书的功能、藏书事业的作用，都被阐发到前所未有的认识高度。如果没有隋代政府对藏书的良好经营，以及卓越的整理编目工作，先秦两汉以来之学术文化就无从接续，以至于有可能发生断裂，大唐一代的藏书盛举也难得出现。①

（二）唐代的藏书成就

唐代历史近 300 年（618—907），在文化上承前启后，其书籍数量进一步增加，内容也更为广泛，遍涉文、史、哲、经济、法律、地理、科技、宗教等各个领域，《宋史·艺文志序》称：“历代之书籍，莫厄于秦，莫富于隋唐。”

唐初搜集图书的方式与隋相类似，接收前朝遗书，广征社会遗逸。据《新

① 傅璇琮，谢灼华．中国藏书通史[M]．宁波：宁波出版社，2001：185-186.

唐书·艺文志序》记载，唐高祖武德初年收取隋代政府藏书共计 8 万余卷，到唐太宗贞观之年，弘文殿所掌之国家藏书即达到 20 余万卷。为了扩充政府藏书，唐中宗、睿宗、玄宗均诏“令京官有学行者分行天下，搜检图籍”(《唐会要·经籍》)。迄开元十九年（731），东都洛阳宫之集贤殿书院竟有藏书 89000 卷。[①]这 89000 卷藏书皆为御书正本，校刊精良，抄写工整，其品种质量远超唐初弘文馆所藏。从唐朝立国之初至唐玄宗时，历经数代不懈地收聚图书，唐朝的政府藏书达到顶峰。至唐末战乱累年，东西两京皇城遭到严重破坏，宫室焚荡，长安、洛阳近 300 年形成的政府藏书之中心地位日益瓦解，大量藏书开始散落民间。

封建王朝管理图书的专门机构，开始于东汉桓帝延熹年间（158—167）设立的秘书监，自此以来，秘书监或秘书省既是最主要的政府藏书之所，也是主管图书的政府机构，发挥着国家图书馆的作用。虽然于秘书省之外，皇宫内还有藏书，甚至比秘书省藏书更有特色，但宫廷藏书并非各朝都有的制度。[②]

隋唐秘书监（省）除职掌图书馆外，还撰写著作。如隋秘书省置监、丞各一人，郎四人掌国之典籍图书；著作郎一人，佐郎八人掌国史、集注起居。唐修史工作由史馆负责，秘书监（省）其余职责不变。隋唐秘书省既是政府机构，又是实实在在的图书馆，政事和专业相结合，不仅收集、校理、编目图书，又撰写著作，其业务内容和所设机构不似现在的图书馆那样单一。隋秘书省除监、丞、郎等各管理官员外，配置工作人员数量多的官职是校书郎和校书郎员、楷书郎员。由此可知，当时图书馆的主要业务是管理、图书校订与编制目录、抄写图书三个方面。

唐代的图书馆业务和机构以集贤院最为完备，较隋代有新的变化。其主要职位设置如知院事、副知院事（院最高领导），判院（院内务总管，图书校理负责人），学士、直学士（含校理，主管图书校订编目、著述等高水平业务工作），图书括访（主管图书收集），知书官（管理四库图书的典藏、出纳和目录管理。集贤院设甲、乙、丙、丁四个库，分藏经、史、子、集四部图书，“四

① 《唐会要》卷三十五《经籍》：“十九年冬，集贤院四库书，总八万九千卷。经库一万三千七百五十二卷，史库二万六千八百二十卷，子库二万一千五百四十八卷，集库一万七千九百六十卷。其中杂有梁、陈、齐、周及隋代古书，贞观、永徽、麟德、乾封、总章、咸亨年奉诏缮写。”

② 《旧唐书·职官志》：“自汉延熹至隋，皆秘书掌图籍。而禁中之书，时或有焉。”

库”名称由此而来）。唐代集贤院的岗位可概括为管理、业务和其他三个方面。管理岗位与现代图书馆所设的馆长、部门主任类似。图书编著、校订和编目岗位和现代图书馆所设的研究部、编目部相似。图书的搜求由图书括访异书使负责，职位类似现代图书馆的采访人员。知书官即现代图书馆的典藏工作者，由于唐代集贤院图书只供皇帝阅览，流通量极小，未设专门流通服务机构，该工作内容包含于典藏。古代图书馆发展到唐代，其业务工作范围已基本确定，机构设置也已较完备、科学。

另外，为了表明藏书的归属，唐代政府藏书机构已开始使用藏书印，如秘书省藏书钤“秘阁印”、集贤殿书院钤“集贤印”等，藏书印的使用在唐代图书馆形成制度，在图书保存方法上已与现代图书馆无异。唐代图书馆在馆藏目录编制方面，虽不如隋代数十年间有五六部之多，但其目录质量却远在其上，其中较有成就的当推唐中期编制的《群书四录》和《古今书录》。《群书四录》共200卷，反映的是秘书省的藏书情况，著录馆藏图书2000部共40000卷。该目录最大的成就是继承了汉代刘向校书的编目传统，为所收录图书撰写提要，并仿《汉书·艺文志》《隋书·经籍志》之史志目录有大、小序的体例，撰述总序及类序。馆藏目录有序，由《群书四录》所创。《群书四录》问世后，毋煚认为此目录在著录范围、体例等方面尚有缺陷，于是以《群书四录》为基础，参照集贤院的藏书情况，经过20年的努力，重新编撰了一部新的馆藏书目《古今书录》。《古今书录》收书更加完备，内容更加全面，分类更加准确，并对缺目篇题进行了补充完善。《古今书录》从产生起，直到宋代国家图书馆藏书目录《崇文总目》编成，一直起着标准目录的作用。

隋唐时期的私家藏书一直以长安、洛阳两地为中心，政府藏书机构官员、皇室宗亲及诸王、诸州刺史等是其主体。私家藏书的致用方式各异，有借以读书入仕的，有借以保持家风不坠的，也有藏书以自娱、读书而明志的。一些著名私人藏书家有藏书数万卷，收藏内容极为丰富，藏书规模及质量逾于往朝历代。

隋唐的佛寺、道观藏书也达到了前所未有的规模，佛、道两教写经数量倍增，文献体系已臻完备，隋唐政府藏书机构中多设佛、道专藏，与普通图书相别，规模较大的寺院和道观也往往设经本收藏处所。

随着唐代书院的开设，书院藏书也开始兴起，为日后书院藏书事业的发展及其特色的形成、制度的成熟打下了坚实的基础。

二、五代时期的图书馆事业

五代十国时期，战乱累年，前后短短 72 年，中原地区相继出现五个朝代，南方先后建立十个国家。唐时期长安与洛阳形成的国家藏书中心地位日益被削弱。由于江南地区战争比北方少，社会比较安定，国家藏书中心由北方向南方转移，五代各朝多依唐制，设立集贤院等收藏政府藏书。后唐建立后，比较重视政府藏书建设，开展征集图书工作，设有专门访书职官制度，如明宗天成年间，由政府派遣“都官郎中庾传美充三川搜访图籍使”，在蜀地访求图书。

据史料记载，在南方十国政权之中，国家藏书较为突出的有南唐、西蜀和吴越。南唐是五代十国时的南方大国，经济较为富裕，文化也相对繁荣。三代帝王李昪、李璟、李煜都重视文化事业，三馆等政府藏书 10 万余卷，“其书多雠校精审，编帙完具，与诸国本不类”[①]，故史称“江南藏书之盛，为天下冠”。西蜀是可与南唐并称的另一个文化中心。前蜀王建曾造新宫收藏政府藏书，并选名儒管理，后又派官员购书充实馆藏。后蜀毋昭裔执政，大力办学，雕刻书籍。自唐以来，西川一直是刻书中心，因此西蜀的政府藏书也相当可观。占据两浙地区的吴越钱镠，史载其后代皆好坟典经籍，吴越的政府庋藏也帙满书积。《宋会要辑稿·职官一八·崇文院》记载，北宋太平兴国三年（978）“两浙钱俶归朝，遣使收其书籍送馆阁，用雕木为架，以青绫帕幕之，简册之府，翕然一变矣”。

总体而论，处于衰落状态的五代十国政府藏书，藏书的数量、质量以及有关藏书的管理机制均远不如盛唐时期，因为政府藏书管理制度松弛不振，大量政府藏书失落民间，加之许多文人雅士因社会动乱而隐居不仕，故造就了许多私人藏书家。古代藏书事业，历来是介于官私之间，呈官私互动、互补状态。纵使政府藏书不存，仍可借以私家藏书平衡，使得古代藏书薪火相传。

① 马令. 南唐书：卷二十三［M］. 清嘉庆墨海金壶本.

第八章

古代图书馆的兴盛与繁荣

第一节　古代图书馆的兴盛

中国古代图书馆的兴盛，肇始于唐代，是自汉魏以来图书馆理论和方法的积累与唐代盛世发达的经济文化相结合的产物。宋元时期图书馆事业进入空前发展阶段，除所有促使隋唐时期图书馆兴盛的因素基本保持下来之外，又增加了一个十分重要和有利的条件，那就是雕版印刷图书的蓬勃兴盛和活字印刷术的发明。在宋元，我国古代以政府、私家、书院、寺观为代表的四大藏书系统全面确立，在藏书品种、数量、内容，藏书利用、方式方法以及思想理论等方面，宋元都远超以往。以书籍生产方式为例，有抄写本、雕版印刷本和活字印刷本。活字印刷本藏书在宋以前尚未出现，收藏雕版印刷图书，只有到了宋代才成为一种普遍现象。宋元刻本，历来为藏书家们所珍视。宋代国家图书馆专设了印板书库，收藏各地的雕版印刷图书。

宋代无论是以馆阁为中心的中央政府藏书，还是各路府州县的地方政府藏书，均出现了前所未有的局面。至于私家藏书，宋元时期士大夫阶层十分重视读书与藏书，形成了非常浓厚的积贮、收藏图书的社会风气。私家藏书极其活跃，私人藏书楼更是遍布各地。据学者研究，两宋藏书在万卷以上、事迹可考或约略可考的藏书家近 400 人。[①]元代不足 100 年，但有明确记载、生平事迹可考和藏书数千卷以上的藏书家有 127 人。宋代书院藏书方兴未艾，已自成系统。书院之名虽始现于唐代，但仅是宫廷藏书之所，自宋才成为具有独特风格的教育机构。据统计，两宋书院有近 400 所，几乎每个书院或多或少都有一定规模的藏书，形成了书院极为可观的藏书量。宋元时期的寺观藏书也是成绩斐然，宋代屡次雕印的大型丛书《汉文大藏经》《道藏》卷帙在 5000 卷以上，其刻板多藏于寺观，为寺观翻刻和收藏典籍提供了契机。

① 傅璇琮，谢灼华．中国藏书通史 [M]．宁波：宁波出版社，2001：350．

一、宋元政府藏书的搜集

（一）两宋藏书

北宋建立之初，中央政府藏书仅13000余卷。《宋会要辑稿·崇儒四》记载，“三馆书才数柜，计万三千卷”。至太平兴国三年（978）新建崇文院，三馆所藏图书正副本已增至8万卷。不到20年，国家藏书增加了6至7倍。北宋自太祖至仁宗朝，实行令三馆、秘书省等图书管理机构官员主动访求、征集收购图书和朝野臣民进献图书予以奖励的措施，对于进献图书者，或给予科举出身，或直接授予官职，或赐以钱财。许多私人藏书家踊跃献书，极大地充实了中央政府三馆和皇家藏书。《宋会要辑稿》《续资治通鉴长编》及《文献通考》等均有对北宋几次大规模献书活动的记载，其中向中央政府献书500卷以上的藏书家的献书共计23000余卷，有确切记载的向中央政府主动献书的藏书家有60多人次，所献图书40000余卷。[①]

“靖康之变”使北宋皇室和中央政府机构藏书几乎损失殆尽，南宋建立后即要求官员访求图书与臣民献书，此为恢复国家馆藏的主要措施。据史料，仅宋高宗绍兴年间，见于记载的较大规模献书活动即有30余人次。南宋秘书郎莫光于淳熙十三年（1186）九月二十五日奏疏曰：“绍兴之初，已下借书及分校之令，至（绍兴）十三年，诏求遗书，十六年又定献书推赏之格，图籍于是备矣。”又《宋会要辑稿·崇儒四》：“凡搢绅家世所藏善本，监司郡守搜访得之，往往锓版以为官书……听本省以《中兴馆阁书目》点对，如有未收之书，即移文本处取索，庶广秘府之储。”南宋不但中央政府借书抄书，广求遗书，而且各地监司郡守亦积极搜访民间遗书，刻为官书。凡《中兴馆阁书目》未收者，即出具文书取索，“广秘府之储”。南宋的这种经常性、主动征集图书的方法，使政府藏书量快速增长，据学者研究估算，当时主动征集到的图书有40000余卷之多。南宋国家图书馆藏书也骤增到了9819部，119972卷。[②]

（二）元代藏书

元世祖忽必烈于至元十三年（1276）灭南宋，接收了南宋的国家藏书。二

---

① 傅璇琮，谢灼华．中国藏书通史[M]．宁波：宁波出版社，2001：316-317．

② 焦树安．中国藏书史话[M]．北京：商务印书馆，1997：84．

月，元丞相伯颜入临安，派郎中孟祺没收秘书省等处图书。十月，两浙宣抚使焦友直将临安经籍由海道运往大都（今北京）。至正三年（1343），元顺帝因修撰宋、辽、金三史文献不足，而下诏在江南求购遗书，四五年间收书30多万卷。元代政府藏书的规模虽比不上宋代，但也十分可观，只是政府不善于管理，又没有组织校勘整理，如《秘书监志》所言，“自至元迄今，库无定所，题目简秩，宁无紊乱”，因秘书监没有详细书目，故藏书详情也就无从知晓。

二、宋元私家藏书的兴盛

因雕版印刷、活字印刷的兴盛，图书印制较易，图书数量大增，宋代成为我国私家藏书的兴盛时期，涌现出了诸多私人藏书家。藏书家作为宋代私家藏书活动中的代表，人数比前代增加了数倍，宋代私家藏书已较为普及，亦出现了为数不少的藏书数万卷，藏书量甚至超过国家三馆藏书的大藏书家。①

宋代私家藏书明显呈现出阶段性与区域性的特点。在北宋时是以开封为中心的中原地区为盛，南方的江西、浙江、四川和福建的私家藏书发展落后于北方。北宋灭亡后，大批中原士大夫随宋室南渡，宋代私家藏书的中心几乎完全南移到长江以南，以临安为中心的浙江地区藏书家人数超过了其他地区。两宋时期，南方籍（包括南渡来的北方人）的藏书家数量也明显多于北方。

宋代私人藏书家在藏书过程中，重视抄录，以扩大藏书内容；重视校勘，校书究日，丹黄不辍，使所藏典籍的错误、缺失得以纠正或补足，质量不断提高。这种抄、校、藏一体的做法，成为我国私家藏书的优良传统。宋代藏书家还对家藏图书开展系统整理和研究，进行创造性的编目活动，由此形成研究雕版图书的版本之学。据现存文献记载，对家藏图书编制目录始于唐代。宋代编有家藏图书目录的有近40家，所编目录中包括开私家藏书提要目录先河的晁公武的《郡斋读书志》、陈振孙的《直斋书录解题》以及首家著录版本的私人藏书目录尤袤的《遂初堂书目》。

元代私人藏书家也各有特色，既反映了元代文化发展的特点，也为明清私家藏书的发展奠定了基础。元代藏书家主要分布地在江南，尤其是现在的浙江、江苏地区，藏书家多出身官宦和世儒之家，除汉族藏书家赵孟頫、倪瓒

① 北宋叶梦得（1077—1148）和贺铸（1052—1125）皆以藏书多而闻名，魏了翁（1178—1237）也自谓“家故有书，某又得秘书之副而传录焉，与寻访于公私所板行者，凡得十万卷”。

外，还有近20位以契丹族耶律楚材（1190—1244）为杰出代表的少数民族藏书家，其中以蒙古族人为多，至少有10人。

三、宋元书院藏书的繁荣

（一）书院的发展

书院自诞生之日起，就和图书馆事业紧密联系在一起。书院之名发轫于唐玄宗开元年间宫廷中的丽正殿书院和集贤书院，其职责主要是藏书与修史，性质属国家图书馆。至宋元，书院才发展成为文化教育基地。书院具有了学校的性质，却依然保留了藏书功能。书院藏书的多寡，既是衡量书院兴衰荣败的主要标志。据统计，宋代共有书院719所，其中北宋只有几十所，南宋发展到数百所。元代书院亦大兴，新建和复兴的书院就有406所之多。宋代有著名的四大书院，即江西庐山的白鹿洞书院、湖南长沙的岳麓书院、河南商丘的睢阳书院（也称应天府书院）、河南登封的嵩阳书院。宋代书院的主要活动都是围绕书籍而展开，老师讲书，学生读书，学者著书，书院刻书以书院藏书为依托，书院的建筑形制一般由供祀祠堂、讲堂和藏书楼（一般称尊经阁）三大主体部分组成，反映出书院藏书的特点。

（二）书院的藏书与利用

宋元书院图书馆的文献利用，比政府图书馆和私人图书馆体系更为有效。首先，从藏书来源看，使用图书的目的性很明确。书院募集的私人赠书也是为了教学和研究。从藏书管理和利用看，书院中的制度更为规范。一般书院图书馆都有专门的藏书处所，规模较大的书院还建有馆舍，设置机构，配备人员，订立制度，等等。如白鹿洞书院图书馆设有管理图书的“管干”，学生借阅图书写一票，留在“管干”处，以便查考，还书时销票。为不误他人借阅，图书馆规定归还期限，如有损失，则令赔偿。

（三）书院刻书

宋元书院还是当时刊印图书的一支重要社会力量。据叶德辉《书林清话》统计，元代儒学共刊印31种书籍计1600卷，著名的刻本如南宋绍定年间（1228—1233）婺州丽泽书院重刻的《切韵指掌图》2卷、淳熙年间（1174—

1189）泳泽书院刻朱子《四书集注》19卷，元大德年间（1297—1307）广信书院刻《稼轩长短句》12卷、泰定年间（1324—1328）西湖书院刻《文献通考》等。我们今天仍能辑录出32所元代书院的192种刻书，可见其出版繁荣之势。①元改宋太学而成的西湖书院，接受宋太学全部书版，“经史子集无虑二十余万”，除了教学之外，西湖书院的主要任务就是“收拾宋学旧籍”，从事图书校勘、刊补即出版工作。元代书院藏书的管理制度比政府藏书更为完善，除订立一定的借阅制度外，还编制了至少四部书院藏书目录，它们是《杜洲书院书板书籍目录》《共山书院藏书目录》《西湖书院重整书目》和《西湖书院书目》。值得注意的一点是相比元代，宋代书院藏书虽更为兴盛，却未有一部书院藏书目录，直至元代才出现上述四部目录，这表明元代书院藏书已步入正规化和制度化阶段，这也是书院藏书建设日益成熟的一种重要标志。

四、宋元寺观藏书的表现

宋代寺观藏书与其他藏书类型相比，具有两个明显特点：一是专业性，寺观藏书以佛道典籍为主；二是持久性，寺院宫观往往建在远离尘嚣的地方，更少受到人为破坏，故很多寺院中所藏前代经卷至宋代仍能完好地保存下来。有宋一代，佛风丕显，对佛教多采取宽容政策，甚至还大力扶持佛教，以维护政权稳固。开宝四年（971），宋太祖在四川益都雕印大藏经，历时10余年，至太平兴国八年（983）完成，共约5000卷，130000版。这是我国历史上第一次雕印汉文大藏经，世称《开宝藏》。自神宗元丰三年（1080）至徽宗崇宁二年（1103）又完成了另一部《崇宁万寿大藏》的雕印，共6434卷。此后，两宋至元还陆续雕刻了《毗卢藏》《园觉藏》《资福藏》《碛砂藏》等佛教典籍，篇幅均在5000卷以上。宋代《大藏经》的多次雕印，成为各地寺院藏书的主要来源和特色，这是前代寺院藏书无论从数量上，还是从规模上都不可比拟的。寺院作为佛门圣地，是信徒们进行宗教活动的主要场所，但由于寺院独特而幽雅安静的环境，往往也成为文人儒士等读书的好处所，他们愿意将自己的书籍寄存在寺院里，唐代就有白居易把自己的诗文集藏于苏州南禅院的千佛堂和庐山东林寺的例证。寺院藏书除主藏佛典外，还间有文人私藏，为寺院藏书增添了

① 陈谷嘉，邓洪波. 中国书院制度研究[M]. 杭州：浙江教育出版社，1997：236-260.

一抹色彩。北宋最著名的寺院文人书藏当属李常的白石庵“李氏山房”。李常字公择，南康建昌（今江西永修）人，他少时在庐山五老峰下白石庵读书，中进士后，就把自己所读的书存放在白石庵。在外地为官，每得异本，也往往送至该寺收藏，拥有藏书共计 9000 余卷，供山中读书人自由阅读，打破了封建社会私人藏书那种保守的自我封闭的普遍现象。李常的藏书之所被人称为“李氏山房”，在我国古代藏书史上也被誉为具有近代公共图书馆性质的藏书楼。李常好友、文学家苏轼专门撰文《李氏山房藏书记》，赞美李常化私为公的慷慨精神，称李氏山房藏书“将以遗来者，供其无穷之求，而各足其才分之所当得。是以不藏于家，而藏于其所故居之僧舍，此仁者之心也”①。

元代佛教一直也很活跃，佛教在全国处于最高宗教地位。据元宣政院统计，至元二十八年（1291），元代全国寺院计有 24000 余所，僧尼登记数凡 21 万余人，寺院数量甚至超过了同期的学校数量。元代佛教事业的发达，客观上为寺院藏书的兴盛奠定了基础。元代佛经刻印事业同样繁荣，据统计，元代共刻印十几种大藏经，不仅有汉文大藏经，还有蒙古文、藏文、西夏文等少数民族文字大藏经，卷帙达到 5000 至 6000 卷，分装成 500 至 600 函。元代形成了宋以后的第二次佛经刻印高潮，这些刻印的大藏经主要分藏于各地寺院。

宋代也大力提倡道教，继李唐之后，道教至宋代又形成了一个鼎盛时期。宋代开展的几次大规模收集、整理、刊刻《道藏》工作，都掀起了宫观藏书的高潮。如张君房等编修的《大宋天宫宝藏》曾写录了 7 部，分送至各大宫观典藏，卷帙数量 3 万多卷。福建是宋代全国闻名的雕版印刷中心，我国首部刊印的《政和万寿道藏》即诞生于此，并收藏在福州闽县（治今福建福州）的天宁万寿观，因福建地处偏僻，之后虽历经战乱，《政和万寿道藏》所幸未遭损失，被保存下来，成为重修《道藏》的底本。元代道观也十分重视道教书籍的收藏，在当时的道观藏品中，亦以《道藏》收藏最为突出。元世祖至元十二年（1275）雕造的道教典籍《玄都宝藏》，凡 7800 余卷，曾陆续印制了 100 多部，分别送给全国各地的著名道观收藏。

---

① 苏轼．李氏山房藏书记[M]// 苏轼文集．北京：中华书局，1986：359.

第二节　古代图书馆的繁荣发展

明代，我国古代图书馆事业发展开始步入全面繁荣时期，其藏书的成就也有不凡的表现。就政府藏书而言，明初诸帝皆重视图书典籍收藏，多次下诏征访民间遗书，使以文渊阁、皇史宬为中心的宫廷藏书不仅集宋元政府藏书之大成，而且又有新的增益和发展。同时，明中央各部院、国子监、地方政府机构、府州县学也拥有数量可观的藏书，而分布于全国各地的藩府藏书，不仅规模较巨，且多精本、善本。可以说，明代的政府藏书规模宏大，蔚为巨观。

明代 276 年的历史中，私人藏书也是名家辈出，清叶昌炽《藏书纪事诗》载录的明代私人藏书家达 427 人，其中不少是当之无愧的藏书巨擘，如宁波范钦、山阴祁承㸁、常熟毛晋等，藏书皆超过 5 万卷。明代私家藏书在图书馆藏书理论、藏书保护、目录编制等方面均有重大建树，在推进明代学术文化的繁荣方面贡献至巨，对后世的图书馆事业产生了积极而深远的影响。明代书院和佛寺道观藏书也有较大的发展。

一、明代宫廷藏书的历史地位

明代政府藏书系统，大致可分为两类：其一，宫廷藏书；其二，中央政府机构如翰林院、国子监、行人司等藏书。明代宫廷藏书在古代图书馆事业中具有重要的历史地位。明初建都于南京，永乐十九年（1421）迁都北京，但两地均有宫廷藏书，见于记载的有文渊阁、大本堂、华盖殿、东阁、皇史宬、司礼监、通集库等。明代宫廷藏书全盛时期藏书多达 2 万余部，超 100 万卷，至弘治、正德年间逐渐趋向衰微。

（一）宫廷藏书体系的建立

明代宫廷藏书体系的建立，与明初太祖、成祖重视图书典籍收藏有很大关系。洪武元年（1368），朱元璋兴师北伐中原，在攻破元大都后，即命徐达“收图籍致之南京，复诏求四方遗书，设秘书监丞，寻改翰林典籍以掌之”[①]。这批由宋、辽、金、元四朝遗留下来的秘阁藏书，全部运到南京，奠定了明代文渊阁藏书的基础，使明代宫廷藏书有了较高的起点。为了管理藏书，明宫廷还建立了一些制度。洪武三年（1370），设独立的藏书机构秘书监以掌管图籍；洪武十三年（1380），撤秘书监，将藏书划归翰林院管理。

为充实宫廷藏书和政治上的需要，朱元璋还大力提倡内府刻书，发展出版事业，以增加图籍，对充实宫廷藏书起了积极的作用。永乐十八年（1420）北京皇宫建成，明成祖朱棣“诏修撰陈循取文渊阁书一部至百部，各择其一，得百柜，运致北京”[②]，“初贮在左顺门北廊，至正统六年（1441）而移入文渊阁中”[③]。仁宗、宣宗之时，政治清明，社会相对安定，明代的宫廷藏书进入极盛阶段，宣德八年（1433），宫廷所藏超过了以往的任何朝代，“秘阁贮书约二万余部，近百万卷，刻本十三，抄本十七”[④]。明代宫廷藏书处所中，值得一提的是闻名中外的皇史宬。皇史宬建于明嘉靖十三年（1534），所收藏的典籍主要是历朝宝训、实录和各种重要图籍。嘉靖四十一年（1562），明世宗命人将孤本《永乐大典》摹写了一套副本，穆宗隆庆元年（1567）誊录完毕，正本贮于文渊阁，副本就藏于皇史宬，这足以看出皇史宬在宫廷藏书中的重要地位。

（二）宫廷藏书的整理与利用

明代宫廷藏书的基础是宋、辽、金、元内府藏书，以后各朝又广泛搜罗，续有增加，故其规模、数量之巨，前所未有。因此，全面系统地整理这些宫廷藏书十分必要。明代在宫廷藏书的整理以及利用方面，作出了一定的成绩。永乐初年编纂的大型类书《永乐大典》，首开宫廷藏书整理与利用的先河，它是

① 张廷玉，等．明史[M]．北京：中华书局，1974：2343．

② 张廷玉，等．明史[M]．北京：中华书局，1974：2343．

③ 沈德符．访求遗书[M]//万历野获编．北京：中华书局，1959：4．

④ 张廷玉，等．明史[M]．北京：中华书局，1974：2343．

我国古代藏书史和图书馆事业方面的一个重大事件。

永乐元年（1403）七月，明成祖朱棣命解缙等人主纂类书，要求将自“书契以来”，凡涉及经、史、子、集百家的文献，以及天文、地志、阴阳、医卜、僧道、技艺等各流别著述，皆应汇辑，成为一部巨书，“毋厌浩繁”。次年十一月初步编成，成祖赐名为《文献大成》。不久，成祖因嫌该书过于简略，下令姚广孝等人重修。永乐五年（1407），全书告成，凡22877卷，11095册，约3.7亿字，成祖新赐名《永乐大典》。该书系广采宫廷所藏各类七八千种图书而成，除传统的经、史、子、集四部外，还包括许多农业、手工业、科学、医药、经济等方面的书籍和平话小说、戏文、杂剧等民间文学作品。《永乐大典》的编纂，主要利用的是宫廷内府藏书，是对丰富的宫廷藏书进行全面、系统的研究整理的结果，许多“元以前佚文秘典，世所不传者，转赖其全部全篇收入”[①]。

（三）明代政府藏书目录《文渊阁书目》

编制宫廷藏书目录，也是对宫廷藏书进行整理的一项重要活动。明代内府藏书目录不少，现今可考者有《文渊阁书目》《内阁藏书目录》《秘阁书目》《明内府经厂本书目》《文华殿书目》等。《文渊阁书目》成书于明正统六年（1441），由大学士杨士奇等人奉敕编成，是明代第一部官修的国家藏书目录。该书目著录图书约7300种，达42600册，分类与传统的四部分类法不同，无解题、小序，不录作者、卷数，而只在书名下注明册数，或注明“阙”“残缺”“完整”等字样，编制方法简略。其编排方法也较为独特，按《千字文》的前二十字“天地玄黄、宇宙洪荒、日月盈昃、辰宿列张、寒来暑往”分类编号，分50橱贮藏。《文渊阁书目》当是根据当时阁中的图书登记簿编成，未加工为书目，《四库全书总目》认为“不能考订撰次，勒为成书”，但“惟藉此编之存，尚得略见一代秘书之名数，则亦考古所不废也”。这样的评价也是很高的。

从弘治元年至崇祯末年的100余年间（1488—1644），明代藏书事业发生了较大的变化，私家藏书勃兴，许多著名藏书家涌现，然宫廷藏书则逐渐衰落，甚至书籍散失严重。万历三十三年（1605），大理寺左丞孙能传、中书舍

① 永瑢，等．四库全书总目：卷一三七[M]．清乾隆武英殿刻本．

人张萱等奉命清理文渊阁藏书，编成《内阁藏书书目》8卷。该书目所载图书与《文渊阁书目》相较，视前所录，十无二三，所增益者仅为新近时代的文集、地志，其他图书价值并不高。由此可反映明代宫廷藏书由盛而衰的历史变化。明清易代，大量宫廷藏书毁于兵燹，藏于文渊阁的《永乐大典》正本在明末下落不明，皇史宬副本也多有残缺。是以有人评论，明代的宫廷藏书搜集最多，散毁也最严重。

二、明代私家藏书的勃兴

明代进入了中国封建社会的成熟期，文化教育事业受到了全社会的普遍重视，雕版印刷与活字印刷相当普及，图书的编纂与出版事业十分兴旺，这些为明代私家藏书的勃兴创造了条件。考察藏书发展历史，唐宋时期私家藏书的兴盛奠定了后世私家藏书的坚实基础，使我国古代私家藏书事业在经历了元末动乱之后，能够迅速恢复元气，并以更加迅猛的势头发展，明代迎来了我国古代私家藏书发展的黄金时代。

明代私家藏书的特点是规模大、数量多、种类全。在藏书质量、价值等方面大大超过了同时代的政府藏书，在图书收藏、整理、保护、书目编制等方面均呈现独特的时代风貌，在藏书理论上也卓有建树。明成化至隆庆年间（1465—1572），私家藏书持续发展，渐趋鼎盛。究其原因，政府藏书缺乏固定的管理机构盛极而衰，加之闭锁深宫，流传不广，人们转而重视私家藏书。这一时期，藏书大户群雄并起，藏书规模日益扩大，私家藏书总量与政府藏书相比越来越具有压倒性优势。明代私家藏书的地域分布以苏、浙两省为中心，南方的江西、福建，北方的山东、河南、直隶（今河北）等省皆出现了数量不等的藏书名家，如江苏的赵琦美、钱谦益、毛晋，浙江的祁承㸁、范钦，福建的陈第、徐𤊹等。明代私人藏书家普遍重视在整理自己的藏书基础上编制私藏目录。据统计，明代有明确文献著录或记及私人家藏书目、藏书题跋者共计167种，其中确有刻印或抄本流传存世者48种，约占全部藏书目录的三分之一。[①]

明代私家藏书目录编制内容有繁有简，编制体例各有侧重，在学术价值上也有很大的不同。大部分私家藏书目录沿袭了前代的四部分类法，但如晁瑮的《晁氏宝文堂书目》子部特设“子杂”“乐府”两类，高儒的《百川书志》史部

① 范凤书．中国私家藏书史[M]．修订版．郑州：大象出版社，2013：261．

创设“野史”“外史”“小史”等，在二级类目上有所创新。明代私家藏书目录多数著录较为简略，仅记录书名及册数。总体而论，明代私家藏书目录的数量超过历代，但其编制质量未能达到宋代私家书目《郡斋读书志》和《直斋书录解题》的水平，这两部书目著录较为详细，不仅考订著者事迹，还介绍内容大意，阐述著述宗旨，考辨真伪，体现了“辨章学术，考镜源流”的古典目录学的基本要旨。

明代私人藏书家在致力于藏书实践，大力推动图书馆事业发展的同时，也十分重视藏书理论建设。不少私人藏书家对自己的藏书活动进行系统的归纳和总结，提出了一些关于购书、鉴别、藏书的观点，使明代在图书馆藏书理论研究方面有了重大突破。

明代私家藏书实践经验极为丰富，由此奠定了明代图书馆藏书的理论基础，高濂、祁承㸁等一批明代私人藏书家都着手对明代及以前的藏书活动进行系统的归纳总结。高濂在《遵生八笺》中提出藏书要“兼收并蓄”，聚书应“远近访求，自经书子史、百家九流、诗文传记、稗野杂著、二氏经典，靡不兼收”等主张。祁承㸁对藏书理论建设贡献更大，他不仅对明代藏书的实践经验进行了系统总结，还将其提高到理论的高度，进行深刻阐发。其观点主要集中在他的《澹生堂藏书约》著述中。该书分“读书训”“聚书训”和“藏书训略”三部分，较为全面地阐述了他有关藏书建设的观点。如他提出“购书”有三术，即“眼界欲宽”“精神欲注”“心思欲巧”。所谓“眼界欲宽”，是说购书时要开阔视野，不能仅局限于某一类；所谓“精神欲注”，是说要养成嗜书习惯，购书时要集中精力；所谓“心思欲巧”，是说购书时要多动脑筋，多想办法。他还提出“鉴书”有“五法”，即“审轻重”“辨真伪”“核名实”“权缓急”“别品类”。“审轻重”，指藏书要重视书籍的质量；“辨真伪”，即辨别书籍之真伪；“核名实”，即厘清图书的实际内容；“权缓急”，即应根据图书的实用价值的大小给予其不同程度的重视；“别品类”，则指在拥有充分的文献资源基础上，应该注重合理的分类，反映了祁氏对分类编目的见解。

三、明代书院藏书的发展特点

明代书院的发展历程颇为艰辛，前期不受重视，后期则屡遭禁毁，但书院凭依自身丰富的文化内涵，不断满足社会各阶层人士的文化需求，发挥了积极的作用。据有关资料统计，明代书院总数达到 1962 所，其中新建 1707 所，修复前代书院255所，在数量上超过了以往任何一个朝代。[①]上述书院多建于明嘉靖、万历年间，在地域分布上以江西数量为最多，广东、福建、浙江次之。[②]然而明代书院的藏书事业的发展，与明代书院这样的盛势是不相符的。明代书院藏书规模均不大，究其原因：一是明代的统治者推崇科举制度，书院受其影响，藏书面相对狭窄，主要收藏应对考试的通用教材；其次，书院深受明代理学家王守仁、湛若水二人的"心学"影响，重悟性而轻积累，钟情于书院讲学、会讲，书院学生也终日空谈心性而不读书，致使书院不追求藏书，收藏量也越来越少。总体而论，明代书院藏书还是取得了一些成绩。

明代书院大都重视藏书楼（图书馆）建设。书院普遍建有尊经阁和藏书楼。如嘉靖六年（1527）所建的江西泰和静斋书院，"鼎建绿野堂三间，堂左右为夹室，后为重屋，庋书其上，匾曰万卷楼"[③]。长沙岳麓书院为宋元旧院，在弘治年间重修时，即"增公田，储经书"，重建尊经阁。又杭州虎林书院为万历三十六年（1608）所建，内有明贤堂、凝道堂、友仁堂、孝廉博士馆，最后面则为藏书楼。明代书院在图书购置方面广辟来源，形成了自己的图书购置模式。其藏书来源包括朝廷赐书、募集捐赠、田租购置、书院刻书。其中田租购置，指书院一般都有一定数量的学田，书院靠用租银维持日常运转，余则用来购书。这种购置方法，随着明代书院藏书的发展而逐渐定型，成为约定俗成的书院图书购置原则。

书院藏书的读者对象主要是院内生员和当地的一些读书人，院藏图书的目的主要不是"藏"，而是方便读者使用，故书院藏书管理方法自然与一般藏书楼有别，明代书院藏书管理最成熟的标志是出现了正规的图书管理条例。如庐山白鹿洞书院，正德年间已建立了山长清点藏书、装造目录、登记存失、钤印备查和设置库子管理图书等制度；蔡宗兖《申明洞禁榜》和《邵锐依拟白鹿洞禁约》等文献均有多条涉及院藏图书管理的内容。同时，白鹿洞书院还建立了新旧山长交盘制度、图书借阅制度、书目分类制度和图书整修制度等。其图书整修制度尤具特色，制度明确，"修整书籍，每五年一大修，三年一小修"。这种修整图书、保证书籍完好的管理制度，既不见于宋代书院，在清代也无此规

① 白新良．中国古代书院发展史[M]．天津：天津大学出版社，1995：107．

② 徐凌志．中国历代藏书史[M]．南昌：江西人民出版社，2004：308．

③ 任继愈．中国藏书楼[M]．沈阳：辽宁人民出版社，2001：1160．

章，明代书院藏书的特色与贡献于此可见一斑。图书分类、编目是图书馆工作不可缺少的一项重要内容。书院藏书的编目起于元代，但元代藏书目录存于今者甚少。明代则不同，从明代书院志中，我们可辑录出《岳麓书院书籍目录》《白鹿洞书院书籍志》《白鹿洞书院藏书目录》和《东林书院书籍目录》等十部院藏图书目录。

四、明代寺院刻藏与庋藏

明代官刻与佛寺刊刻《大藏经》颇为盛行。官刻《大藏经》常颁行于天下名山大刹，佛寺刊刻《大藏经》亦可至规定地点“请藏”，故明代寺庙藏经颇普遍、丰富。如太原崇善寺，明洪武十四年（1831）朱元璋第三子朱棡为纪念其母，大事扩建该寺旧址，修建殿堂楼阁、亭台廊庑近千间，寺内就藏有宋、元、明各代《大藏经》。明代佛寺收藏的官刻《大藏经》主要有《大明三藏圣教南藏》《大明三藏圣教北藏》《番藏》诸种，收藏的佛寺刻《大藏经》包括《武林藏》《径山藏》等。同时，明代朝廷也曾多次刊印道教书籍，并将这些刊印的道教书籍颁赐给天下的道观。明代弆藏《道藏》《续道藏》于有名的南北道观，北方有北京的白云观，南方则有苏州玄妙观、南京朝天宫和杭州火德庙。

第三节 古代图书馆的鼎盛发展

清代是我国古代图书馆事业史上的一个重要里程碑。清朝统治200多年间，政府藏书、私家藏书、书院藏书和寺观藏书得到空前的发展，是中国封建时代藏书的全盛时期。由于文献的传承和藏书制度的变革，清代藏书又对近现代中国图书馆事业产生了重大的影响。

清代中央政府藏书系统大致可分三个类型：一是宫廷藏书楼，即建于皇宫、行宫等处的藏书楼，如紫禁城之文渊阁、圆明园之文源阁、沈阳故宫之文溯阁和承德之文津阁，以及乾清宫昭仁殿之天禄琳琅，等等；二是政府设立的藏书楼，如南方之文宗阁、文汇阁和文澜阁；三是中央机构设立的藏书处，如翰林院、国子监的藏书处所等。清王朝为了巩固统治，维护封建秩序，大规模地向全国征书、编纂丛书和刻印书籍，极大地充实了中央政府藏书。如清初内阁收藏图籍，乾隆初年昭仁殿庋藏历代遗留善本，翰林院保存《永乐大典》。尤其是乾隆中期纂修《四库全书》“寓禁于征”，由清政府组织力量，对存世典籍进行全面审查、删改而后建立北方宫廷“四阁”和江南“三阁”入藏，修书时搜集大量的底本文献，使得清中央政府藏书系统得以完善。政府藏书有比较充裕的经费支撑，有固定的管理人员，或得到颁赐、赠送、调拨和收集，其藏书质量相对来说是比较高的，一定程度上是封建社会文化、教育的重要基地。如同明代，清代政府藏书的主要方式是宫廷藏书。

清代私家藏书分布于大江南北，遍及各大都市，以至山村水乡，达到了我国古代私家藏书的顶峰。据统计，“确有一定藏书故实”的历代藏书家计4715人，其中清代藏书家有1970人，占全国历代总量的42%，[①]其绝对数字超越以

① 范凤书．中国私家藏书概述[G]// 虞浩旭．天一阁论丛．宁波：宁波出版社，1996：259-282．

往任何一代。清代私家藏书因藏书家各自兴趣爱好、治学重点和读书目的不同，被研究学者分成著述家藏书、收藏家藏书和出版家藏书等不同种类。清代私家藏书以江南之江苏、浙江等地为最，北方则以山东、直隶为富。

书院藏书也是清代藏书的一个重要组成部分。清乾嘉时期，伴随书院复兴，书院藏书也有长足发展，被视为与师长、膏火同样重要的办学条件。清代佛教和道教虽受到朝廷的支持，活动非常丰富，但清代的寺院藏书作用未得到充分发挥。

以清代丰富频繁的藏书活动（收书、鉴别、抄录和编目）和文化交流（相互切磋、共同校勘、交换藏本等）为基础，清代藏书家以提高其藏书质量为目的，撰有部分关于藏书管理方面的著述，其中以孙从添的《藏书纪要》最为详尽而实用。另外也出现了叙述藏书家历史故实的《藏书纪事诗》《武林藏书录》《吴兴藏书录》等传记性著作，这些研究成果均对我国古代图书馆事业有重要贡献。

清代图书馆事业的发展处于承前启后的关键阶段。清代藏书的全面繁荣，既是对中国古代藏书发展的总结，也是促进古代藏书向近现代图书馆转型发展的先导。

一、宫廷藏书的贡献

（一）宫廷藏书体系

宫廷藏书是清代政府藏书的龙头，它基本由四部分组成：

①综合性藏书楼，以“北四阁”为代表，即故宫文渊阁、圆明园文源阁、承德避暑山庄文津阁和沈阳文溯阁。“北四阁”的建筑样式均仿自宁波范氏天一阁，收藏的图书主要是《四库全书》和《古今图书集成》。

②内廷善本书库，即昭仁殿天禄琳琅，在乾清宫东，原为清圣祖康熙在位时之“日夕寝兴之温室”，乾隆时为专藏宫廷善本书籍之所。昭仁殿藏书楼初建于乾隆九年（1744），据中华书局1996年影印本《天禄琳琅书目》记载，昭仁殿计收有“宋版70种部，金版1种，影宋抄本208种，元版81种，明版251种”。又嘉庆二年（1797）彭元瑞等仿《天禄琳琅书目》体例撰《天禄琳琅书目后编》，共著录宋、辽、金、元、明版善本图书663部。

③出版机构藏书处，即武英殿。它是宫廷中专司图书刻印的机构，主要负

责内府敕修书籍的校勘、刻印和装潢，刊印的图书多为当代皇朝典章制度。由于刊刻、校勘的需要，武英殿也贮藏了不少图书及刻书的书版，如纂修《四库全书》时，除将用于缮录底本的3000余种书籍放在翰林院收藏外，其余近万种存目之书及未入存目之书全部送到武英殿收藏。清抄本《武英殿东庑凝道殿存贮书目》曾著录图书9100部之多，便是有力的佐证。

④宫内专门藏书室。为方便皇帝读书，在宫内和各地行宫还设立了专门的藏书室庋藏图书，但规模相对较小，比较著名的有故宫养心殿的“宛委别藏”和御花园的乾隆皇帝御书房“摛藻堂”和圆明园的“味腴书屋”。

（二）文渊阁藏书管理

自有国家藏书以来，每个朝代均设有专门的机构负责藏书的管理工作。清代政府藏书步入古代图书馆事业的巅峰期，深知国家藏书重要性的乾隆皇帝认为，“明初罢秘书之官，并其职入翰林院。凡书籍之职于内阁者，其篇目既不及前代，而杨士奇等所辑书目亦多舛漏，典守之事又仅委之典籍一官，不能稽核，正德以后遂多为人盗窃，以及蠹侵鼠啮，残缺不完”，应该设立一个专门的机构，委派专门的人员管理图书典籍，使国家藏书不致沦落到如明代后期般可悲的结局。因此，设立内廷文渊阁职官制度，订立图书管理规程。这些举措充分体现了乾隆皇帝的藏书建设思想。

文渊阁于乾隆四十一年（1776）建成，四十七年（1782）入藏首部《四库全书》。文渊阁建于内廷，配置了管理人员等，有完善的图书整理和阅览规则，其实际上承担着以前秘书省图书馆的工作职能。

1. 阁职的职员配置

文渊阁“定职定编”，据《文渊阁阁职》记载，总编制41人，其中：2名领阁事主管大局，由大学士或协办大学士、掌院学士兼任；提举阁事1名，负责文渊阁事务的管理，是常务领导；6名直阁事是文渊阁具体事务的负责者，由内阁学士、满詹事、少詹事、侍读、侍讲学士等官员兼任；16个校理属于工作人员序列，负责图书的注册点验，由侍读、侍讲、洗马、修撰、编修等官员充任；8名检阅专门负责图书的上架整理任务；4名内务府司员和4名笔帖式，则负责诸如图书收发、开阁闭阁、大扫除等一切烦琐之事。[①]

① 徐凌志．中国历代藏书史[M]．南昌：江西人民出版社，2004：347．

2. 阁书的借阅管理

文渊阁图书主要为皇帝的御览提供服务，同时还可以有条件地借阅，允许翰林、大臣们查阅，带有开放阅读的色彩。为避免人为或客观原因而造成的藏书损毁，还制定了相关的管理制度。其中图书借阅制度规定：如翰林院及大臣官员欲观看阁书，须向领阁事请求，获得允准后，“赴署请阅”。也可以持笔札就署抄录，但不许私自携带出阁，司籍之员要随时存记档册，点明卷帙。“如所抄之本，文字偶有疑误，须行参校者，亦令其识明某卷、某页、某篇，汇书一单，告之领阁事，酌派校理一员，同诣阁中，请书检对，仍须敬谨翻展，不得少致污触。”[①]汉桓帝延熹二年（159）始置秘书监，以后历朝均设，作为收藏、整理、编目整个朝廷文化典籍的机构，曾在我国古代历史上产生过积极作用。宋代的馆阁制度是专为皇室藏书而建立的，与秘书监有相互补充的作用，但明初取消了秘书监制度，导致皇家藏书管理混乱，典籍失散。清乾隆年间建立文渊阁制度，实际是承继宋代馆阁制度的传统。不过，清代文渊阁制度也存在明显缺点，那就是官员不稳定，多临时性兼职，分别由内阁、翰林院、内务府等机构派员。

另外，文渊阁藏书的整理也有相应的制度，如图书的曝晒，规定“阁中书籍，按时检曝”，“每岁五六月内，由提举阁事大臣会同领阁事大臣定期奏请曝书，令直阁、校理官员咸集，公同启阁翻晾”。

二、私家藏书大观

在清代260余年的历史中，就私家藏书的数量及质量而言，在我国古代都是独占鳌头，无出其右者。清代私家藏书种类多样，分布于大江南北，在学术研究、文化发展和普及知识、提高社会文明水平诸方面发挥了积极的作用。清代私家藏书走的是渐进发展之路。经过政府的大力扶持和相关文化政策的促进，从清初的萧条、凋零，至乾嘉时期走上中兴，并逐渐步入发展的巅峰。

（一）清代私家藏书发展的社会因素

首先是科举之带动。读书人要读书，就必须藏书，备有门类较广、品种多

① 中国第一历史档案馆. 纂修四库全书档案[A]. 上海：上海古籍出版社，1997：527.

样的文献，作为写作、著述的材料，以期在著书立言、增加文化积累和博取功名富贵上取得成就。这就决定了封建统治集团中的王公贵戚，讲求图籍之富；就是一介穷儒，也要积累图籍。据吴晗《江浙藏书家史略》记载，江苏、浙江藏书家为进士的有20位之多，著名的如王昶、阮元、孙星衍、全祖望、袁枚等人。因博学鸿词科或其他功名成为藏书家的人，更是不计其数。

其次是学术之追求。做学问需要图书资料，清代学术无论是经学、史学，还是校勘、辑佚等古籍文献整理与研究的学问，唯有积累丰富的资料才能进行。因此，不论是明末清初的著述家，还是康乾之后的著述家，都不遗余力地搜罗典籍，以形成自己的资料库，建设自己的藏书系统。张之洞《书目答问》所列江苏、浙江两省校勘学家均为藏书家，史学家和金石学家都对图书文献有很强的依赖性。

最后是书业之支持。元明以来，江南数省图书出版业兴盛，如元明福建刊刻的“闽本”大量进入了江浙两省的杭州、苏州藏书家手中，为藏书家提供源源不断的藏本。

（二）清代私家藏书活动的特点

清代私家藏书事业的发展，具有以下鲜明的特点。

1．藏书家数量之多前所未见

清初特殊的政治环境，迫使一部分汉族士大夫将满腔抱负寄寓于考据、校勘和辑佚之学，因这类学术研究要求有大量的、版本各异的图书来保证其研究工作的顺利进行，因此，这些学问家都成了藏书家，如卢文弨、翁方纲、顾广圻、孙星衍、俞樾等。清代私家藏书蔚成风尚，藏书家众多。

2．藏书家地域分布之广也前所未见

由于历史和人文的原因，江浙两地为藏书家的渊薮之地，全国藏书家人数最多的10个县市几乎全麇集于此。此外，清代安徽、江西、福建等藏书文化也渐趋发达。尤其是清代藏书文化的“南风北渐”现象已十分明显：从乾隆征书编纂《四库全书》活动各地进呈图书的情况看，全国进书百种以上的省份为9个，其中北方地区占有4个，分别是山东、直隶、河南和山西；一批颇有影响的藏书大家在北方出现，如享誉晚晴的“南瞿北杨”中的山东海源阁主人杨以增（1787—1855）及其后人。清代藏书家的地域分布已不再偏重一隅，这是藏书事业良性发展的必然结果。

3. 藏以致用的藏书原则渐成风尚

清代皇家藏书楼“南三阁”的珍藏开放给寻常士子阅读，影响了一大批清代藏书家摒弃珍秘深藏的保守观念，将自己的藏书或借抄，或交换，或直接向社会开放。如浙江藏书家孙衣言（1814—1894）订立《玉海楼藏书规约》，向乡里士人开放玉海楼藏书。名扬天下的瞿氏铁琴铜剑楼也公开所藏，延请天下读书人浏览、校勘、转抄。

4. 藏书阶层发生较大变化

随着乾嘉学术风气的浓厚，藏书队伍急剧扩大。特别是在鸦片战争以后，中国逐步沦为半殖民地半封建社会，农村自然经济逐渐解体，地主阶层的藏书家多数因家道中落而藏书萎缩，一批因商致富的商人则趁机跻身藏书家之列，或以牟利，或以传世，商人成为藏书大家的不乏其人。上海人郁松年经营沙船业致富后，搜罗精刊名抄无数；广东买办商人伍崇曜也不惜重金搜罗古籍，延请名士精心校订，每书后必加题跋，其远爱楼藏书之富，雄冠粤中。

5. 藏书家流派出现，收藏风格各异

清代私家藏书发达，深受社会条件影响。清建立后，江南经济的发展，文化教育的复兴，印刷术的普遍应用，以及藏书家的经济充裕，为藏书补充提供了充足的条件，使得藏书风气得以延续，藏书数量不断增加。这些均是与藏书家的追求、兴趣和文化意识以及藏书管理的水平等内在因素密切联系在一起的，甚至起着关键性的作用。清代藏书家之间在收藏志趣、收藏内容上有很大区别，形成不同流派，如以专门收藏宋元旧刻和抄本、稿本的虞山藏书流派，重视收藏当地史料、地方志和登科录、政书、实录及诗文集的浙东藏书流派。

一般将清代私人藏书家分为两类：一是综合性藏书家，即收藏经、史、子、集各类书籍，为日常读书、治学所用；二是专门性藏书家，即收藏某一时代、某一类别、某一种出版形式的书籍，如宋元旧刻、明清精刊精印、名人手抄精校之书，或者专门收藏史料、小说杂著、戏曲、地方史料等。无论哪类藏书家都需要多年积累，四方求索，通过十几年甚至几十年的努力才能建立自己的藏书系统，逐步形成自己的藏书特色。清代藏书家具有的这种保存文献、收藏典籍的持久性，追求专藏、搜寻珍秘的长期性，以及抄校典籍，增益藏书的经常性的风格、风尚，为读书治学、编纂刻印图书，推动清代文化学术发展和普及文化知识，扩大文化交流、积累文化财富等作出了重要的贡献。

晚清社会变迁，时局不宁，私家藏书也逐渐衰落。同治年间（1862—1874）经过数次战争、农民起义的冲击，江苏、浙江等省私家藏书损失尤为严重，晚清私家藏书几乎集中于四大家。

晚清私家藏书活动的变动也较大，最重要的特征是藏书家散向上海、广州等沿海地区，图书流散于城市，甚至流散于海外；藏书家都市化行为也更加明显，或把藏书寄存于图书馆和公共机关，藏书家的社会影响逐步缩小。

三、书院藏书的发展

清代书院藏书事业也得到了极大的发展，形成前所未有的宏大局面。清朝前期（1644—1735），书院藏书摆脱了明代以来的低迷状态，走上了振兴之路。雍正时期实施扶植书院并规范其行为的方针，促进了书院的健康发展。在政府的大力扶持下，各地兴起了创办书院之风，无论通都大邑，还是穷乡僻壤，都有书院的影子。据统计，整个清代，先后设立的书院有 1900 余所。

清代书院大致分成四种类型：一是以讲求理学为主的书院，二是以博习经史辞章为主的书院，三是以考课为主的书院，四是近代人士举办的以学习西洋科学为主的书院。[①] 这四类书院均具有一定规模的藏书。清代书院藏书的来源较为广泛，大致有以下四种途径。

（1）皇帝御赐

这类书数量不多，内容一般是御纂、钦定或官刻的正经正史书籍。

（2）地方政府拨款购置

清政府为达到控制书院的目的，鼓励地方政府拨公款给各地书院购书，这成为清代书院藏书活动的一个标志。政府拨款购置图书是书院藏书的主要来源。相当稳定的政府拨款，是书院藏书能稳步增长的重要保障。

（3）书院自置

并不是每个书院都能享受到皇帝御赐和地方政府拨款，而私人捐赠的图书针对性不强或与旧藏重复。为满足书院教学和学术研究的需要，书院必须拿出一部分经费，设法购置一些必备的书籍。书院自置藏书的另一途径是自己刻印，但品种较少。

---

① 徐凌志．中国历代藏书史[M]．南昌：江西人民出版社，2004：389．

（4）社会捐置，包括捐资与捐书

捐资者将资金捐献给书院购书，捐书者包括书院的创建人和当地的社会名士等。如岳麓书院的山长丁善庆，在咸丰年间向书院捐置《御制日讲四书解义》等图书近千卷。在他的影响下，各地士绅纷纷响应，踊跃捐书，使得受损的岳麓书院藏书迅速得到了恢复并有所发展。

同治以降，尤其是光绪年间，我国社会发生了急剧的变化。为与社会变化相适应，晚清书院的藏书开始了近代化的进程。晚清书院藏书事业凸显出四个方面的变革。

首先，藏品由传统的经史百家之书，变为传统典籍与反映洋务、新学、时务、西学的书本并存。如上海格致书院藏书除收藏经、史、子、集类图书外，还增设东西学书目类，而且新增书籍的收藏数量要多于其他类别，这是藏书内容的变化。在形式上，藏书中除线装等以传统技法装订的书籍外，还有以金属类订书针装订的“洋装”书籍，并有引进的“铅版”书，这些新的装订形式的书籍与木刻、石印之书并存。书院藏书从内容到形式的变化，是书院藏书近代化的重要标志。

其次，所藏著作的作者发生变化。除中国学人及传统的汉字文化圈内的日本、朝鲜、越南人所撰书籍以外，还出现了很多西方学者撰作的书籍。如：上海龙门书院收藏的日文书籍有 25 种；河南大梁书院收藏了西人算学类著作 17 部，占学术类图书的 19.5%，甚至该书院还收藏中国人所编撰的外语教科书。

再次，文献类型丰富。除图书外，杂志和报纸也成为书院的重要收藏。厦门博闻书院专购《万国公报》《申报》《京报》等各处新报供师生阅览，使读者范围扩大。一般书院所藏图书，以本院师生为读者对象，南京惜阴书院则向江苏“本籍士子无书者”开放，类似今天的公共图书馆，对读者对象未作任何限制，人人皆可阅看。

最后，书院藏书楼开设专供读者阅览的场所。上海格致书院藏书楼，楼上藏书，楼下藏报章；设有阅览室，读者填写借书联单即可入内阅看、摘抄。[①]

四、寺观藏书的活跃

佛教和道教藏书，是我国古代藏书的有机组成部分。清代佛教和道教受到

① 傅璇琮，谢灼华. 中国藏书通史［M］. 宁波：宁波出版社，2001：973-974.

朝廷的支持，活动相当兴盛，因而其藏书也十分丰富。清代皇帝大多信佛，在皇帝的带动下，刊刻佛教经典著作在清代比较流行，如康熙刻藏文《大藏经》、雍正刻汉文《大藏经》，俗称《清龙藏》，成为汉文《大藏经》的标准本，此藏于乾隆三年（1738）告竣，共 724 函，合计 7169 卷，敕印 100 部，颁赐给各地寺院收藏。此外，康熙和乾隆还曾刊刻过满文、蒙古文《大藏经》并颁行，使得清代各地寺院迅速形成以《大藏经》为核心的藏书体系，如山西五台山藏经、浙江杭州“灵隐书藏”和江苏镇江“焦山书藏”。

清代承明代道教藏书之遗绪，刻于明代正统年间的《道藏》，清代北京白云观等 46 所主要道观均有弆藏。清人还重视对道观藏书的收集与整理。如：山西恒山九天宫道士刘一云，曾于乾隆十一年（1746）到白云观抄补明末散失的《道藏》，并修建藏经楼以贮之；康熙年间，彭定求将《道藏》中的 200 余种道书选编成《道藏辑要》，共 200 余册；嘉庆年间，蒋元庭编纂《道藏辑要目录》，收录道书 279 种，计 268 册；光绪三十二年（1906），成都二仙庵又刻印《重刊道藏辑要》，贺龙骧撰《重刊道藏辑要子目初编》，收录道书 287 种 531 卷。这些都为清代道观藏书的丰富打下了基础。[①]

① 徐凌志．中国历代藏书史[M]．南昌：江西人民出版社，2004：401．

第九章
从古代藏书楼到近代图书馆

第一节　藏书楼时代的终结与近代图书馆的产生

一、藏书楼的衰落

一般认为，中国图书馆事业划分为古代、近代和现代三个发展阶段。古代图书馆发展阶段指夏商至清末的“藏书楼时代”，其主要表现为搜集、保存、传递文化遗产（即纵向传递）以及最初步的教育职能。[①] 晚清时期，我国古代图书馆事业经历了近半个世纪的从古代藏书楼向近代图书馆的转变过程。清末至民国初极为复杂的社会政治、经济和文化背景，导致这一时期图书馆事业的发展内容丰富但异常曲折。

藏书楼时代是中国图书馆事业发展的一个重要时期，古代藏书楼既泛指古代官方机构、民间团体和私人收藏图书文献典籍的建筑物，也指藏书主人、学者和读书人研读、收录、考订和校雠图书的具体场所。藏书楼历史悠久，政府、私家、书院和寺观四种藏书类型互为借鉴，互为映衬，互为补充。

晚清时期，社会动荡，战乱频繁，受战火洗劫，很多有影响的藏书楼不复存在。这一时期，藏书楼遭受的重大书厄有太平天国运动时期《四库全书》江南三阁被破坏，鸦片战争中英军对宁波天一阁善本的窃掠，1860 年英法联军对圆明园、文渊阁《四库全书》的焚烧，1900 年庚子国变中《永乐大典》被焚毁，等等。善本大多集中到像清末四大藏书家这样的少数知名藏书家手中，是这个时期的藏书特点。但因家道中落、“子孙不能守”等原因，他们也未能避免藏

---

① 王红．从古代藏书楼到现代图书馆：社会历史变迁视野下的图书馆事业发展[J]．西南民族大学学报（人文社会科学版），2010（2）：271-273.

书散佚的结局。例如海源阁遭受了几次藏书重大损失，所藏宋元秘籍和金石书画被掠走一空，许多藏书被当作烧柴焚毁，十万卷旧藏仅存五六卷。皕宋楼藏书因“子孙不能守”，光绪末年全部藏书作价十万银元售于日本静嘉堂文库，引起当时国内文化界的巨大震动。丁氏八千卷楼也因经商失败，于光绪三十三年（1907）将藏书尽售与清政府的江南图书馆（今南京图书馆的前身）。铁琴铜剑楼虽传承四代，在江南两次战乱中，十万多卷藏书仅剩下十分之三四。清末四大藏书家藏书的曲折历史，是这一时期藏书楼走向衰落的真实写照。

二、图书馆术语确立

（一）早期的“书馆”称呼

“图书馆”一词的引入，有赖于“西学东渐”的传播。传教士艾儒略是继利玛窦之后，向中国介绍世界地理知识的重要人物。他在《职方外纪》中介绍西方图书馆状况时，用的是“书院”一词。中国近代开眼看世界的第一人林则徐，在 19 世纪 30 年代末也开始向国人介绍西方社会、文化等方面的情况，其著作中涉及了许多西方图书馆的内容。其所撰《四洲志》介绍西方图书馆的文字达 11400 多字，介绍“育奈士迭国（美国）”的文字中有 20 余处提到图书馆，但他用“书馆”一词表述。之所以没有用艾儒略“书院”名称，或许是林则徐认为“书院”在中国已是一个含义十分明确的词语，专指“讲学肄业之所”。

“书馆”一词与“图书馆”很接近，且在 19 世纪 40 年代已成为与西方图书馆对应的主流术语。如 1842 年魏源以林则徐《四洲志》为基础，广泛搜集各种中外文献和著述撰写了《海国图志》，书中介绍西方图书馆时就沿用林氏“书馆”的称谓。在介绍英国图书馆时，文字记载为“兰顿建大书馆一所，博物馆一所。渥斯贺建大书馆一所，内贮古书十二万五千卷。在感弥利赤建书馆一所”[①]，仅用“书馆”和“大书馆”来区分图书馆规模。

① 魏源．海国图志[M]．长沙：岳麓书社，1998：1383.

（二）图书馆术语普及

一般认为，“图书馆”一词是1896年孙家鼐经《时务报》从日本引入的。实际上，19世纪末在报刊上出现“图书馆”前，清朝官员日记中已有“图书馆”一词的记载。清末外交官傅云龙在其海外考察著作《游历日本图经余记》中所录1887年12月2日和1888年3月25日的日记都使用了“图书馆”一词；后来他到加拿大和巴西游历参观藏书处时，仍在日记中称藏书处为“图书馆”，如“又游图书馆，是其公家藏书处。圜楼环列，立十二年矣，藏书十二万册”（1888年9月22日的日记），“访巴西沿革……归路过图书馆，又过王家医院”。[①]

1896年9月27日发行的《时务报》刊登了《古巴岛述略》一文，文中提到“图书馆”，被公认为是最早提到汉语“图书馆”一词的报刊。其后《时务报》不断刊登含有“图书馆”词汇的文章。特别是1899年6月8日刊行的《清议报》刊载了一篇题为《论图书馆为开进文化一大机关》的译文，该译文据日文翻译，有相当篇幅，结构完整，论证条理清晰，文中第一次出现了“公共图书馆”一词，是首篇介绍日本图书馆学的论文。[②]但上述几例个案，对20世纪初“图书馆”一词的普遍使用，尤其是被官方正式使用，其影响还是有限的。

（三）“图书馆”一词广泛传播

清末新政时期“图书馆”一词在中国的传播曾盛极一时，《教育世界》《大陆报》和《学部馆报》等竞相刊发相关文章。1901年5月创刊于上海的《教育世界》，为我国最早的教育刊物。从1901年6月起，该刊陆续刊登介绍日本、美国、德国、法国等国家图书馆事业及呼吁在中国创立图书馆的相关文章（1903年11月《拟设简便图书馆说》、1906年8月罗振玉《京师创设图书馆私议》等）。1904年湖南图书馆兼教育博物馆成立，是国内第一个以“图书馆”命名的省级公共图书馆。1897年张元济等倡议筹设北京通艺学堂图书馆，

① 顾烨青．再议近代中国汉语“图书馆”一词的出现与官方确立[J]．图书馆杂志，2018（7）：10-11．

② 平保兴．晚清日本图书馆学译介研究[J]．国家图书馆学刊，2013（6）：76-79．

这是我国有文字可据，最早使用“图书馆”三字和最早实行对外开放的实体图书馆。

（四）“图书馆”一词在中国图书馆界被广泛应用

“图书馆”一词在中国图书馆界被广泛应用，取代藏书楼并逐步成为一个规范词语，经历了三个阶段。第一阶段，大致从 1896 年至 1902 年，为初步开始应用阶段。第二阶段，从 1903 年至 1905 年，为知识界开始对图书馆的介绍和研究阶段，该阶段官方文件中已出现了“图书馆”一词，起到了导向、规范的作用。例如，1904 年 1 月清政府颁发的《奏定学堂章程》中提到“大学堂当附属图书馆一所”；当年京师大学堂藏书楼更名为图书馆，成为第一个采用“图书馆”名称的官方机构。这一时期是以“图书馆”代替“藏书楼”的关键时期，由政府主导，确立了图书馆机构的管理体制，从而使近代图书馆发展与西方国家接轨。第三阶段，即 1906 年以后，是深入、普及的发展阶段。1906 年清政府调整图书馆、博物馆、天文台和气象台等机构，图书馆与政府机构有了隶属关系，使图书馆整体性的规范管理成为可能。1906 年清政府宣布预备立宪之后，各地总督、巡抚、都统、提学司等纷纷奏设图书馆，1909 年学部奏筹建京师图书馆。有关“藏书楼”之称谓已成“余音”，而新建的藏书处所，其实体名称基本上采用“图书馆”一词。

第二节　近代图书馆形成

一、近代图书馆产生过程

中国近代图书馆产生过程是西方图书馆思想、观念传入中国后，图书馆取代古代藏书楼的过程，贯穿于晚清时期的鸦片战争、洋务运动、戊戌变法和清末新政四个阶段。从鸦片战争至洋务运动是近代图书馆产生的酝酿和积累时期，主要表现为宣传和介绍西方图书馆思想。戊戌变法前后是效仿西方图书馆创办新式藏书楼（图书馆）时期。维新派人士从专注宣传转为尝试开创近代图书馆的实践活动，创办了一大批学会、学堂藏书楼。清末新政后，公共图书馆理念更为深入人心，新图书馆运动以反对封建藏书楼，建立面向大众开放的新式图书馆为核心内容，在近代图书馆建设起步的关键时期，起到了宣传、普及近代图书馆知识，宣扬新的图书馆观念，培训新型图书馆人才的作用。[①]这一时期，近代图书馆开始起步。

王保华认为，近代图书馆产生过程中，中国人对西方图书馆的考察经历了四个发展阶段，即：鸦片战争时期，中国人对西方图书馆的考察是无意识和被动的；洋务运动时期，考察变得有意识和主动；戊戌变法后，梁启超对西方图书馆的宣传介绍已经从对图书馆事业的一般性描述上升到介绍其图书馆学术思想层面；清末新政时期“五大臣出洋”，更是将考察西方图书馆得到的经验直接转化为清政府颁行图书馆政策及奏设公共图书馆的实践。[②]

① 郭平．北京与近代“新图书馆运动”[J]．山东图书馆学刊，2016（6）：45-50.

② 王保华．中国近代图书馆发展之我见[J]．科技情报开发与经济，2006（15）：43-44.

二、藏书观变革及藏书实践

古代藏书楼衰落首先引发藏书观念的变革。长期“以藏为主、为藏而藏”为主导的古代藏书活动，藏书只是少数人的行为，藏书只为少数人服务。清末郑观应、王韬等对此藏书弊端给予了严厉抨击。郑观应指出：“海内藏书之家不胜屈，然子孙未必能读，戚友无由借观，或鼠啮蠹蚀，厄于水火，则私而不公也。”① 王韬也认为：“私家之书积自一人，而其子孙或不能守，每叹聚之艰而散之易。惟能卒于公，则日见其多，而无虞其散矣。”

“私而不公、藏而不用”的传统藏书观，给清末藏书楼带来了极大的生存危机，是加速藏书楼衰落的重要原因。为此，维新派代表人物开始积极推介西方国家的藏书理念和技术，并以此为基础，描绘构建新式藏书楼的蓝图。他们提倡新式藏书楼（或称近代图书馆）的核心是突出信息传播交流和社会教育两大功能，解决好学之士苦于无力购书又难于向人借书的问题，这种“自我开放、藏而大公”的模式，是藏书理念的一次重大突破和创新。

李端棻在上奏皇帝《推广学校折》中，建议朝廷在学校中普遍设置“藏书楼”，认为西方诸国“都会之地皆有藏书，其尤富者至千万卷，许人入观。成学之众，亦由于此”②。该奏折体现出李端棻对西方国家公共藏书思想的认识、领会和借鉴。

各地陆续成立学堂、学会，纷纷兴办新式藏书楼（或近代图书馆）。据统计，截止到1898年，各地建立的学会约87个，大多设有藏书楼。如长沙时务学堂等设有藏书楼，南洋公学设有图书院。1895年康有为、梁启超在北京、上海创立了宣讲“中国自强之学”的强学会，并用各省督抚、英美公使及北京书商的捐款购书，成立强学书局图书馆。③ 这些学堂、学会藏书楼（图书馆）体现了公共藏书思想的“四个创新”：①新的藏书理念，“广考镜而备研求”。②新的藏书范围，除传统旧学书籍外，还普遍搜藏西学书籍。③新的管理制度和管理技术。④新的服务对象，服务于本学堂学会人员及社会公众。1897年，张元济等一批有志于新学的年轻京官创办通艺学堂，学堂附设图书馆，并制定图

① 郑观应．藏书[M]// 郑观应．盛世危言．北京：华夏出版社，2002：134-140．

② 李端棻．推广学校折[M]// 李希泌，张椒华．中国古代藏书与近代图书馆史料（春秋至五四前后）．北京：中华书局，1982：97．

③ 王酉梅．中国图书馆发展史[M]．长春：吉林教育出版社，1991：226．

书馆章程，凡12条，计475字，章程将整个通艺学堂图书馆的活动情况、采购重点、管理制度等概括无遗。通艺学堂图书馆是我国较早对外开放的图书馆之一。

这时期的新式藏书楼（图书馆）值得一提的，还有西方人在中国创办的教会性质藏书楼（图书馆）。例如：1847年耶稣会传教士在上海建立的“徐家汇藏书楼”，藏书20余万册（西文图书8万册，中文图书12万册）。1871年英国牧师伟烈亚力创办“亚洲文会北中国支会图书馆”，该图书馆系统地收藏了有关东南亚和中国的政治、经济、历史、地理、语言、艺术、宗教等各方面的图书资料。又如：北京四个教会藏书楼中唯一保存下来的北平西什库天主教堂（简称北堂）图书馆，因其收藏有许多中世纪的稀世珍本而闻名于世。北堂图书馆收藏有明末清初西方传教士与中国教友独译或合译的名著原本，还藏有1494年欧洲刊印的古籍，以及我国的宋刻明刊、旧抄本和方志等。据1931年1月馆藏图书统计，北堂图书馆有西文图书5000册以上（约3000册为教会书，2000册为科学书），中文图书约8万册。成立于1849年的上海工部局图书馆，是外国人以租界地的中国人税款为主要经费创办的，服务对象初期主要是西侨。1851年改称“上海图书馆”，接受工部局资助，“保持对于公众每天免费开放几小时”。后名称易为“上海工部局公众图书馆”。

回顾清末新政时期兴建近代图书馆的历史，可以看出新建图书馆（藏书楼）的宗旨有二：一为保存国粹，二为开通民智。欲保存国粹，就要珍藏中国典籍文献；要开通民智，就须介绍西学，翻译西书，引入大批西方书籍，并向广大民众开放。晚清国人对西方公共藏书制度和公共图书馆思想的认识由浅入深，由片面到全面渐进式的发展，是一种从主动到自觉的行为，它同改革中国的社会进步思潮紧密相连。近代西方图书馆思想的精义终为中国图书馆界所理解。清末新政时期建立的图书馆很好地结合了古代藏书楼文化与西方图书馆思想，在客观上促进了近代图书馆事业的发展。

三、传统藏书楼有限开放

同光之交，内忧外患交织，公私藏书损毁无数，图书秘藏之风更盛。在这种形势下，一些以经邦济世为己任的官宦、士绅有限度地开放了自己的书藏，这是传统封闭型藏书楼开始向近代开放式藏书楼转变的积极信号。

浙江绍兴古越藏书楼是第一个“仿照东西各国图书馆章程”而创办、面向社会开放的私人藏书楼，创办人为浙江绍兴人徐树兰（1837—1902）。他借鉴西方公共图书馆制度，出资8600余银两，于绍兴城西的古贡院购地一亩六分，建藏书楼，并用银23560余两采购图书，800余两购置桌椅等器物。古越藏书楼建成后并未立即开放，光绪三十年（1904）其子徐显民承继父愿，将古越藏书楼向全郡人士开放阅览。[①]古越藏书楼的藏书范围很广，既有徐树兰捐赠的家藏经史子集等旧籍，也有使用著作，所有近年新版译书及未译之书一律入藏，兼收各种图画等，还收藏各种学报、日报，以资学者考求；购藏物理化学器械，动物、植物、矿物样本，以为读书之助。古越藏书楼藏书总量7万多卷，冯一梅编撰《古越藏书楼书目》就有35卷之多，分6册刊行。

古越藏书楼的办馆指导思想一是存古，二是开新，体现其兼容并收的藏书内容、公开的借阅方式、先进的编目方法和科学的管理制度。徐树兰本人对这两条宗旨的释义是：“学问必求贯通，何以谓之贯通，博求古今中外是也。……现在士夫之弊，渐趋于尚今蔑古。其实不谈古籍，无从考政治学术之沿革；不得今籍，无以启借鉴变通之途径。故本楼特阐明此旨，务归平等，而杜偏驳之弊。”[②]徐树兰具有远见卓识，在当时“今人之书、西人之书”尚不太多的年月，就提出了古今中外并重的藏书思想。纵观古越藏书楼的藏书范围，与后起的官办省级公共图书馆相比，其藏书特色更为显著，藏书思想更见高明。

四、省级公共图书馆筹建

庚子国变使清政府付出了惨重的代价，在穷途末路之中，慈禧太后不得不于庚子十二月十日（1901年1月29日）在西安宣布“变通政治”，实行“新政”。清末新政在客观上对推动学习西方图书馆制度与创办近代图书馆具有积极的意义。由于清政府的倡导，西方图书馆观念在清末新政时期得到了更加广泛的传播，掀起了一场省级公共图书馆建设的热潮。

1906年清政府宣布预备立宪，1908年宣布是年至1916年共9年为预备

① 徐孝宓．湖北省图书馆[M]// 文化部图书馆事业管理局科教处，北京图书馆研究部．全国公共图书馆概括（内部资料）．1982：92-93．

② 徐孝宓．湖北省图书馆[M]// 文化部图书馆事业管理局科教处，北京图书馆研究部．全国公共图书馆概括（内部资料）．1982：92-93．

立宪时期。清政府计划在预备立宪的前三年内完成京师图书馆（今国家图书馆）和各省公共图书馆的设立工作。正是在政府倡导、地方官吏积极实施下，至辛亥革命前，京师图书馆及各大行省公共图书馆建设取得了卓越成就。筹建于1911年前，并已开放的图书馆具体情况如下：1903年浙江图书馆开始筹建，1909年增韫奏准浙江藏书楼改名为浙江图书馆；1904年梁焕奎等人集资合办湖南图书馆兼教育博物馆，湖南图书馆作为我国第一个省级公共图书馆，于1906年9月在长沙正式开放；1904年湖北图书馆开办，1908年有藏书4万册；1907年，端方购丁氏八千卷楼藏书，建立江南图书馆。其他省份大致集中在1909—1911年陆续建立了省级图书馆。

1903年，全国各类学堂已达769所，在校学生31428人。[①] 光绪二十七年（1901）八月，清政府通谕各省设大学堂、中学堂和小学堂，开始建立新的教育制度。光绪二十八年（1902）七月清政府颁布《钦定学堂章程》，提出了中国新的系统完备的学制；光绪二十九年十一月（1904年1月）颁布《奏定学堂章程》，该章程对大、中、小学堂图书馆的行政、业务和职员等有了具体的规定。如《高等学堂章程》规定：各种学堂应设图书室，设掌书官，掌一切图书仪器等项，均听命于教务长。《奏定学堂章程》是为清政府设立新式学堂图书馆“官制”之始。清政府通过新式教育行政机构的设置和职能分工，第一次明确了从中央到各省学堂的图书馆管理机构和管理官员，既有利于推动图书馆的发展，又具有政府提倡设立图书馆的积极意义。

在全国设立省级公立图书馆和设立新式学堂的“官制”举措，表明清政府积极倡导发展图书馆的姿态和意向。自鸦片战争后，尤其是戊戌变法以后，宣传西方图书馆观念、设立新式图书馆已经从民间的呼吁上升到官方的提倡，从地方士绅的个人行为上升到了国家行为。这场包括省级公共图书馆的创办、公共图书馆管理体制和制度的建立、公共图书馆观念的广泛传播、西方图书馆学术的翻译介绍等内容的公共图书馆运动，为民国时期的“新图书馆运动”奠定了基础。[②]

① 王晓秋，尚小明．戊戌维新与清末新政：晚清改革史研究[M]．北京：北京大学出版社，1998：176-177．

② 谢灼华．中国图书和图书馆史[M]．第3版．武汉：武汉大学出版社，2011：265-274．

第三节　晚清图书馆的发展

一、晚清图书馆发展原因

（一）“西学东渐”下西方公共图书馆理念的渗透与冲击

在近代化的进程中，“西学东渐”使许多人学习到西方的科学技术，近代公共图书馆理念也得到广泛传播。“西学东渐”是催生近代图书馆事业产生并发展的重要原因之一。

（二）晚清开明官吏和有识之士的提倡和支持，推动了近代图书馆的产生

早期的林则徐、魏源，之后的郑观应、王韬，均可称为推动近代图书馆事业发展的奠基人；而其后的刘坤一、王文韶、康有为、梁启超又将前人的公共图书馆思想进行了延伸和扩充，为近代图书馆的产生和发展提供了理论指导。

（三）戊戌变法和清末新政对近代图书馆产生和发展起到了重要的推动作用

戊戌变法提出了“教育救国”和“文化救国”，将创办新式图书馆作为教育改革和文化改良的重要内容并付诸实施，为近代创办公共图书馆的实践探索奠定基础。清末新政则又为近代图书馆进一步发展创造了新契机，使近代图书馆事业真正走在快速发展的轨道上。

二、晚清图书馆发展概况

自清政府开埠通商直至清灭亡的60多年间，近代图书馆事业呈现出一个急速上升的发展态势，出现了类型各异的图书馆。①

（一）学校图书馆

学校图书馆多开办于晚清西式学堂之中，读者多以学校师生为主，虽然不是面向全体公众开放的“真正意义”上的现代图书馆，但无疑已是新式图书馆中的典型代表。例如于1895年成立的天津“北洋西学学堂藏书楼”和在清末新政时期开办的“京师大学堂藏书楼”，两者均由政府设立，虽仍称“藏书楼”，但却具备与现代图书馆一般无二的管理制度、贮藏手段和传播文化的条件等必备要素。还有众多教会学堂设立的西式藏书楼，也属于学校图书馆性质。另外在外国人士绅阶层开办的学校中，此类型图书馆也不乏少数。

（二）专门图书馆

专门图书馆指受专业学科限制而服务于特定读者的图书馆，多为政府工作人员或特定行业工作人员而设立。1905年袁世凯在天津设立的工艺总局附设的藏书室，是近代中国较早的专门图书馆之一。1906年成立的邮传部附属图书馆也是一知名的专门图书馆，其藏书大多和邮电、船政等邮政业务密切相关，读者为邮传部工作人员。1910年民政部奏请成立的图志部，专门搜集图籍方志，以备续修《大清一统志》。清末资政院秘书厅为了政务需要而附设图书室，收藏相关书籍。

（三）城市公共图书馆

城市公共图书馆也称省立公共图书馆。据不完全统计，自1901到1911年10年间，全国共建立城市公共图书馆20多所。这类图书馆面向社会公众开放，克服了学校图书馆仅向学校师生群体开放的局限性、专门图书馆仅向特定群体开放的狭隘性。城市公共图书馆的影响主要体现在三方面：在改变传统藏书楼

① 白中阳．论晚清图书馆事业的成长与蜕变[J]．河南科技学院学报，2018（7）：55-61．

模式方面，完成了从古代藏书楼到近代图书馆的嬗变；在图书馆事业影响方面，为建立近代图书馆体系奠定了基础；在传播近代文化价值方面，促进了中西方文化交流，让社会大众能够走进图书馆享受知识文化的“大餐”，接受西方先进思想文化的精神“洗礼”，“开民心”“启民智”，促进近代图书馆事业的繁荣发展。

第四节　民国时期图书馆的发展

一、图书馆发展概述

民国初期，政府确定由教育部主管全国图书馆事业，颁布了《图书馆规程》和《通俗图书馆规程》两部图书馆法规，民国时期图书馆事业框架基本形成。据《第一次中国教育年鉴》资料统计，民国十九年（1930）全国已有普通图书馆 903 所，专门图书馆 58 所、民众图书馆 575 所，社教机关附设图书馆 331 所，专业团体附设图书馆 107 所，书报处（内含巡行文库）259 所，学校图书馆 654 所，私人藏书楼 8 所，各类型图书馆总计 2935 所。

又据 1934 年 12 月中华图书馆协会编《全国图书馆及民众教育馆调查表》统计，全国有各类型图书馆 2818 所，其中大中小学校图书馆 497 所，专门图书馆 377 所（分属于专门学校、政府机关和文化团体）。据张树华、张久珍编著《20 世纪以来中国的图书馆事业》介绍，1920—1936 年北京、天津、上海、杭州、广州五城市共建立了中学图书馆 99 所，小学图书馆 9 所。其中公立中学图书馆 22 所，私立中学图书馆 77 所，公立小学图书馆 6 所，私立小学图书馆 3 所。1935 年 10 月出版的《全国图书馆调查录》显示，当时全国 27 个省市共有私立图书馆 515 所，约占全国图书馆总数的五分之一，规模最大的是商务印书馆创办的东方图书馆。

1937 年以后，民国图书馆事业快速衰落。图书馆设施遭到战火焚毁，大量文献典籍被劫掠。“七七事变”之后，天津南开大学、上海暨南大学等高校图书馆毁于日军炮火。1935 年湖南大学图书馆藏书已达 8 万册，1938 年日军在该校上空投下约 50 枚炸弹，20 分钟内学校被炸成废墟，全部藏书亦化为灰烬。据资料记载，抗战全面爆发一年来全国图书馆损失了 2166 所。南京 53 所图书馆中的43所共损失藏书171万册，平均每馆损失约4万册。至1942年，全国图书馆数量锐减到1135所。图书馆事业受到重创。1945年抗战胜利后，民国政府虽企图进行有限的图书馆恢复，但图书馆整体事业已经千疮百孔。1947年全国共有图书馆2702所，仅约为1936年的一半。其中专门图书馆遭受战乱损毁最严重，数量大减，从1936年2542所减少至1947年76所。

二、图书馆法规

民国时期图书馆立法活动频繁，形成了相对完备的图书馆法规体系。自1915年起，陆续颁布的图书馆法规有15部[①]，如下：

①民国四年（1915）《图书馆规程》（11条）；

②民国四年《通俗图书馆规程》（11条）；

③民国十六年（1927）《图书馆条例》（15条）；

④民国十六年《新出图书呈缴条例》（4条）；

⑤民国十九年（1930）《新出图书呈缴规程》（4条）；

⑥民国十九年《图书馆规程》（14条）；

⑦民国十九年《私立图书馆立案办法》（3条）；

⑧民国二十八年（1939）《修正图书馆规程》（33条）；

⑨民国二十八年《图书馆工作大纲》（4章18条）；

⑩民国二十八年《图书馆辅导各地社会教育机关图书教育办法大纲》（15条）；

⑪民国三十年（1941）《各级学校及各机关团体设置图书馆室供应民众阅览办法》（9条）；

⑫民国三十年《县、市立图书馆设置巡回文库办法》（16条）；

⑬民国三十三年（1944）《图书馆工作实施办法》（11条）；

⑭民国三十三年《普及全国图书教育办法》（15条）；

⑮民国三十六年（1947）《图书馆规则》（34条）。

上述法规之间具有一定的相关性。①民国四年的《通俗图书馆规程》若干条款是根据同年的《图书馆规程》的第3、第4、第5、第7、第8条的相关规

① 夏梦杰．民国时期图书馆法规研究[D]．哈尔滨：黑龙江大学，2014．

定而订立，二者在内容上具有相通之处。两部法规开启了民国图书馆立法工作之先河。②民国十九年的《图书馆规程》是根据《图书馆条例》而制定，删去《图书馆条例》中的第 9、第 11 条，增加第 10 条，其余内容相同。③《图书馆工作大纲》是根据《修订图书馆规程》第 8、第 9 条相关规定而制定，作为《修正图书馆规程》的配套规则，其内容主要是对规程原则规定的解释和细化。④《图书馆工作实施办法》是根据《修订图书馆规程》第 8、第 9 条以及第 23 条的有关内容制定，主要内容同《图书馆工作大纲》保持一致。⑤《图书馆规则》比《修订图书馆规程》增加一条即第 19 条，内容涉及省市立图书馆设置会计员等规定。

在相关图书馆法规指导下，图书馆建设不断发展，形成了公立图书馆、私立图书馆、通俗图书馆、巡回文库等组成的较完备的图书馆体系，树立了服务均等、图书馆社会教育功能等理念，建立了图书馆人、财、物等方面的行政管理制度。民国图书馆事业在战事频仍的年代里艰难前行，依然取得了一定的发展成绩，与民国时期颁行的各种图书馆法规密不可分。

三、图书馆学教育与研究

（一）图书馆学教育

我国图书馆学教育开展较晚。教育形式包括学校正规教育、短期培训班和图书馆知识普及教育等。目前已知在中国最早开设图书馆课程的是美国图书馆专家克乃文（Harry Clemens）。他于 1913 年主持金陵大学图书馆工作时，在该校文科开设图书馆课程。[①] 而图书馆学专业正规教育则始于 1920 年，以美国人韦棣华（Mary Elizabeth Wood）及沈祖荣、胡庆生等在湖北武昌创办文华图书科为标志。1925 年，上海国民大学在教育科内设立图书馆学系，为我国开设的第二个图书馆学专业，聘请杜定友为主任，所设课程与文华图书科大致相同。1927 年金陵大学也成立了图书馆学系，系主任由李小缘担任，授课人员还有万国鼎、刘国钧等，自编图书馆学专业教材。该校首先将图书馆学课程列为全校学生选修课。1947 年北京大学也开始在文学院附设图书馆专修科，王重民

① 张锦郎，黄渊泉．中国近六十年来图书馆事业大事记 [M]．台北：台湾商务印书馆，1974：9–10.

任科主任。校内各院系学生均可加修图书馆学课程，加修满32学分，成绩总平均70分以上者，加发图书馆科毕业文凭。除专门设置专业系科外，一些大学亦开设图书馆课程供学生选修，如东南大学、中山大学、厦门大学、河南大学以及一些师范学院等。

民国时期，图书馆学专业中等教育和初级教育亦有所发展。1922年7月中华教育改进社在山东济南举行年会，提议组织图书馆教育研究委员会，并建议政府当局在师范学校增设图书管理科。1924年江苏第二师范学院在高年级开设了图书馆学课，每周2学时，由杜定友教授上课。学生毕业后多服务于学校图书馆。

图书馆学专业教育虽有一定发展，但总体上受到的重视不够，毕业生很少。据《第二次中国教育年鉴》统计，1927年至1947年文华图书馆学专科学校历届毕业生人数，本科生94人，专科生65人，讲习班49人，21年时间仅培养各级专业人才208人，平均每年不足10人。在教学内容、课程设置等方面，也未能形成适应中国图书馆事业发展需要的具有中国特色的图书馆学教学体系，在一定程度上影响了我国图书馆事业的发展。

受历史条件限制，民国图书馆学正规教育远远不能满足当时图书馆事业的发展需要，图书馆界有识之士便以多种形式开展图书馆业务人员在职培训活动。当时的在职培训具有几个特点：①属短期培训，时间均在半年之内，一般安排在暑期；②形式多样，包括定期研究，举办讲习会（班）、训练班，函授，等等；③对学员除教授图书馆学知识外，重视实习和参观；④一般由各省市具体负责本省市图书馆在职人员的培训。据资料记载，1920—1949年全国各地举办的图书馆学讲习会（班）等共计30余次。杜定友、刘国钧、李小缘等图书馆学专家不辞辛劳，赴全国各地授课培训图书馆业务人员，接受培训的人员达到1000人。①

图书馆事业发展涉及人员、图书、设备、方法等要素，其中人员是最重要、最活跃的要素。民国时期，采取正规培养和业务讲习培养两种方式，培养了一批图书馆专业人才，为民国图书馆事业的发展奠定了人才基础。

① 谢灼华．中国图书和图书馆史[M]．第3版．武汉：武汉大学，2011：354-361．

（二）图书馆学研究

民国时期，我国图书馆学研究开始起步并有所发展。1917年我国最早图书馆学研究论文《图书馆学序论》发表，这是我国第一次提出“图书馆学”这一名词的论文。1923年，杨昭悊的《图书馆学》一书问世，它开我国图书馆学通论之先河。1925年4月25日，以研究图书馆学术、发展图书馆事业并谋图书馆之协助为宗旨的中华图书馆协会在上海成立。1929年1月图书馆学专业期刊《武昌文华图书科季刊》创刊。

民国时期，图书馆学研究取得了一些成果。据统计，1919年至1927年发表图书馆学论文582篇，其中仅1926年就有160篇论文发表。1911年至1925年，出版图书馆学专著约20种，包括杜定友的《图书分类学》《图书目录学》《汉文排字法》《著者号码编制法》和洪有丰的《图书馆组织与管理》等。《图书馆组织与管理》是第一本总结中国图书馆工作经验及教授心得写成的专著。1935年发表图书馆学论著达到了民国时期的最高峰，共计发表671件，其中概论图书馆学45件、目录学17件、书籍史26部件、采访16件、分类70件、典藏流通41件、参考35件、图书馆史32件。[①]另据统计，民国时期图书馆学期刊至少有164种。

民国图书馆学研究成果集中在图书分类、编目和检字法等领域。在分类方面，自杜威“十进分类法”引入我国，图书馆学研究者便结合中国国情对其进行了大胆改革。其中以沈祖荣、胡庆生编《仿杜威十进分类法》为代表。图书分类学研究进展很快，各种分类法专著纷纷问世。例如1922年杜定友编《世界图书分类法》，详加增订后于1925年以《图书分类法》为名出版。该书详细论述了有关分类法的历史、原理等。1927年刘国钧编制的《中国图书分类法》和王云五按照东方图书馆所藏图书编制的《中外图书馆统一分类法》等分类法著作，突破我国传统四部分类的体制，适应了民国时期出版物和图书馆工作需要，无疑是一大进步。在图书编目方面，出版了刘国钧的《中国图书编目法》和金敏甫的《图书编目学》等。其中《图书编目学》既有理论又有方法，是一部很有价值的编目学专著。

这时期比较著名的图书馆学家沈祖荣、刘国钧、李小缘在图书馆学研究对象方面进行了深入探讨，提出了“要素说”。最早提出“要素说”的是刘国钧。

① 吴仲强．中国近现代图书馆学史论[J]．图书馆论坛，1992（3）：12-15.

1921 年他在《儿童图书馆和儿童文学》中指出："一个完善的儿童图书馆必定要有三种要素：合法的设备、适宜的管理员和正当的书籍。三样之中，尤以书籍最为重要。" 1934 年刘国钧的《图书馆学要旨》进一步明确了图书馆学的研究对象就是图书馆成立的要素。他说："图书馆成立的要素，若加以分析，可以说是有四种：（一）图书，（二）人员，（三）设备，（四）方法。"①

① 林霞．中国近代图书馆学的形成：二、三十年代中国图书馆学研究［J］．图书情报论坛，2005（1）：9-12．

第五节　民国时期各类型图书馆

一、公共图书馆

清朝灭亡前，全国18个行省中，除江西、四川、新疆3个行省外，其他15个行省都设立了省级公共图书馆。中华民国成立后，省立公共图书馆继续得到发展。据中华图书馆协会统计，1925年全国有502所图书馆，其中公共图书馆259所，占51.6%。

1912年至1919年通俗教育时期，通俗图书馆及巡行文库也有了长足的发展。通俗图书馆以教育性、通俗性为主要特点，重视各类读者的阅览，并举办各种社会教育活动，它受传统影响小，受民国普及教育的影响大，在地方被视为一类教育机构，与民国教育宗旨相吻合。巡行文库也是一种文化机构，各县设通俗文库总部一所，采集通俗易懂之书输送至区乡各支部，再由支部转送各村落阅览所，限定日期阅毕，由各处送总部收存。设立巡行文库，使图书馆事业更加接近普通民众，体现了近代图书馆的精神。由于通俗图书馆和巡行文库形式灵活多样，面向普通民众，发展较快。

1917年，沈祖荣留美归国，与中国基督教青年会全国协会干事余日章一道，携带有关美国图书馆的各种影片、模型和统计表等，前往湖北、湖南等地广泛宣传美国图书馆学理论、方法和技术，抨击传统藏书楼，要求图书馆变成社会教育机构，掀起了一场创建美国式图书馆的启蒙运动——“新图书馆运动”。运动以反对封建藏书楼，建立面向大众的开放的美国式图书馆为核心内容，自1917年兴起，持续发展了10年左右。“新图书馆运动”在我国近代图书馆建设起步的关键时刻，起到了宣传、普及近代图书馆知识，宣扬新图书馆观念，培养新图书馆人才的作用，奠定了近代图书馆和图书馆学的发展基础。

其影响主要表现在以下方面：

（1）初步建立了近代图书馆体系

在“新图书馆运动”推动下，各图书馆类型逐步齐全，数量也有较大增长，尽管分布还很不平衡，但已初步建立起我国近代图书馆事业体系。

（2）实现了图书馆读者对象普遍化

“新图书馆运动”以“教育救国”为思想基础，要求图书馆向普通民众开放，图书馆的服务对象不再是特殊群体，而是包括不同阶层、不同性别年龄的广大读者。

（3）促使图书馆藏书渐趋合理化

“新图书馆运动”强调图书馆藏书以适合读者的需要为宗旨，受其影响，传统的“厚古薄今、存中排外”的藏书思想逐步改变，出现了古今并存、中西并重的局面。

（4）促进了图书馆管理科学化

“新图书馆运动”极力宣传欧美先进的图书馆技术和方法，由此往后，卡片目录、开架制、馆际互借以及新式分类法逐步为我国图书馆界所接受，从而大幅度提高了图书馆的业务工作水平。[①]

二、学校图书馆

中华民国成立后，各类教育事业稳步发展，学校数量逐年增加。据《第一次中国教育年鉴》统计，民国元年（1912），全国公私立大学仅有 4 所，到民国二十年（1931）已增至 103 所。随着民国政府教育改革的推进，逐步形成了以大学、中学、小学三级教育为基础的学校图书馆系统。据统计，1927 年全国大学、中学、小学图书馆已分别有 70 所、92 所、9 所。中小学图书馆的藏书质量普遍不高，但有几所中学的图书馆不逊于大学图书馆，如上海南洋中学图书馆，藏书达 4 万册，其中仅收藏的地方志就有 1400 多部，居全国各类型图书馆和私家方志藏书的前列。

1927 年至 1937 年，在“新图书馆运动”影响下，社会人士对图书馆的认识进一步提高，图书馆事业发展较快，学校图书馆发展尤为迅速。以大学图书

① 来新夏，等．中国图书事业史[M]．上海：上海人民出版社，2009：401．

馆为例，1929 年 8 月 14 日，教育部颁布《大学规程》，其第三章“经费及设备”明确规定：“大学或独立学院须有相当校地、校舍、运动场、图书馆、实验室、实习室及图书、仪器、标本、模型等设备。”这是大学图书馆发展的法规依据。这期间各大学图书馆经费较为充足，馆舍较为适用，馆员数量较多，藏书也比较丰富。据教育部《民国二十二年全国高等教育概况》统计，当时全国国立、公立、私立大学院校共有 109 所，藏书 449.36 万册，平均每校 4 万多册。其中 23 所国立大学图书馆的藏书总量达到了 156.45 万册，平均每校约 6.8 万册。

三、私立图书馆

据统计资料，1935 年全国 27 个省市“有固定名称及组织，并有相当人员之管理者”的私立图书馆 515 所，约占全国图书馆总数的五分之一。其中上海地区私立图书馆就达到 114 所，占上海图书馆总数的 77%。尽管私立图书馆规模与数量不及公立图书馆，但它们是民国时期图书馆事业重要的组成部分。1915 年，教育部颁发的《图书馆规程》（11 条）及《通俗图书馆规程》（11 条）明确规定公立和私立的各学校、公共团体或私人可以设立图书馆或通俗图书馆，为私立图书馆设立提供了法律依据。

民国私立图书馆可归纳为四类。一是私人出资创办，一般规模不大，且数量也不多。如 1912 年实业家张謇建立的南通图书馆和 1933 年实业家叶鸿英创办的上海鸿英图书馆等。二是同人出资创办，指在同一单位、同一系统中，目标和兴趣相同者共同发起创办。如存在时间较长的上海通信图书馆、北京北海松坡图书馆等。三是社团创办。最早的社团图书馆是 1906 年创建的武进商会图书馆，1933 年改为县立图书馆。其他许多社会团体也陆续创办了图书馆，如 1922 年上海商会创办上海商会图书馆，1933 年上海佛学界创办上海佛学图书馆，1933 年进步职业青年文化团体“蚁社”成立蚂蚁图书馆，等等。四是实业界创办，以出版和报业界为主。如 1904 年商务印书馆编译所建立的涵芬楼及后来设立的东方图书馆，1910 年广东广雅书局建立的藏书楼，等等。

私立图书馆中，规模最大的是东方图书馆。馆舍为五层，是在涵芬楼基础上扩建而成。1924 年 4 月主体建筑落成，1926 年 5 月正式开放，允许馆外阅览。1930 年的阅览人数达到了近 4 万人次，借阅图书 4 万多册。1931 年底东方图书馆藏书已超 50 万册，其中善本 3745 部 35083 册，方志 2641 部 25682

册，还收藏有15世纪以前的西洋古籍和大量完整的中外杂志等。所收藏的地方志规模仅次于国立北平图书馆和故宫博物院图书馆，居全国各类图书馆的第三位，藏书总规模远超省立公共图书馆和大学图书馆。东方图书馆从仅供编译所职员参考利用的涵芬楼成功转型为面向社会公众的私立图书馆，备受广大读者赞誉，阅览者众多，其中不乏名人学者前来查阅资料。东方图书馆制定有图书借阅规则，计10条，内容涉及借阅对象、借阅方法、借阅时间、图书编目、图书分类和损坏赔偿制度等。东方图书馆还开展多元化读者服务工作，开办暑期图书馆培训班，利用其馆舍楼前的空场建筑平房开设儿童图书馆，免费向儿童开放。不幸的是，东方图书馆在1932年“一•二八”事变中遭到日军飞机轰炸，馆舍焚毁一空，各种书刊损失惨重。虽经多方努力恢复，至1935年才收集中文图书儿万册，重建馆舍的计划因抗日战争全面爆发而被搁置。

四、儿童图书馆

从清末到民国初，作为国民教育、平民教育的重要组成部分，社会对儿童教育的重视程度越来越高。杜威“儿童中心论”等教育新思想引发了民国时期图书馆学家及教育家对儿童图书馆的研究与宣传。伴随着儿童读物的大量出版和公共图书馆体系的逐步完善，近代儿童图书馆事业逐渐萌芽。

1917年兴起“新图书馆运动”，图书馆界对服务对象的研究日益深入。儿童图书馆作为以儿童读者为服务对象的重要社会教育设施，也得到了广泛关注。各社会团体组织纷纷通过一系列促进儿童图书馆发展的议案。如：1922年7月中华教育改进社第一次年会，图书馆教育组通过了“各市区小学校应就近联合于校内创设巡回儿童图书馆，以补充教育”的议案；1925年8月该社第四次年会通过了“请公立图书馆和通俗图书馆增设儿童部”的议案，1929年1月中华图书馆协会第一次年会通过了“请教育部通令各大学区、各省教育厅训令各小学设立儿童图书馆，遇必要时联合数校共同组织”的议案，1933年8月该协会第二次年会又通过了“通函各县市应设立儿童图书馆并规定各图书馆附设儿童阅览室”的提案。

在中国教育改进社和中华图书馆协会等组织的积极推动下，民国儿童图书馆事业日渐兴起并发展。据统计资料，1930年全国28个省市有独立建制的儿童图书馆8所，附设在成人图书馆和民众教育馆的儿童阅览室74所，学校儿童图书馆100所，其他类型儿童图书馆2所，总计有儿童图书馆（包括附设的儿童阅览室）184所，初步形成了一个由独立建制儿童图书馆、公立图书馆（包括通俗图书馆）和民众教育馆附设的儿童阅览室、公私立小学创立的儿童图书馆所组成的民国儿童图书馆体系。[①]

中国近代最早的儿童图书馆为天津社会教育办事处儿童图书馆，由著名社会教育家林墨青（1862—1933）创办，1917年10月12日建立并正式对外开放。[②]该馆规定，凡年龄在8岁以上、12岁以下并能自己书写姓名的男女儿童，皆可入馆阅览。

天津教育办事处儿童图书馆成立后，因具有官办的性质，经费有所保障，故发展较快。根据1923年《大公报》统计数据，1923年10至12月其图书阅览人数共计682人，阅览书籍共计2681部。由此可知，儿童图书馆每月的阅览量已达200—300人，每月阅读书籍量800—900册，这样的成绩在当时已非常可观。[③]

五、专门图书馆

专门图书馆是20世纪初逐渐发展起来的新的图书馆类型，其设置多依赖机关团体，重视搜集与传递专门信息资源。晚清受国外教育思潮的影响，专业教育思想萌生。民国初以海军、交通等领域的专门学校建立为先导，各地兴起筹办专门学校热潮。1913年法政、交通、工业、农业、医学等专门学校课程由国民政府制定并颁布执行。一批具有先进思想的知识分子和图书馆学家有感于西方图书馆事业在社会发展和教育中的地位与作用，发出了兴办各类型图书馆的倡议，也把专门图书馆建设的任务纳入其中，成立了一些著名的专门图书馆机构。专门图书馆主要集中在北平（今北京）、上海、南京三大城市，分为研究机构图书馆、行政机关图书馆、工商金融机构图书馆等。据统计，截止到1930年，专门图书馆有58所。其中办馆业绩和影响较大者有农商部地质调查所图书馆、上海明复图书馆和故宫博物院图书馆等。

① 王秀玉．《天津市市立通俗图书馆月刊》研究[D]．福州：福建师范大学，2018：43-44．

② 天津市文化局文化史志编委会．天津文化简志稿[M]．天津：天津文化局，1988：22．

③ 谢敬．林墨青和近代中国最早的儿童图书馆[J]．河南科技学院学报，2018（11）：59-62．

1913 年，著名科学家丁文江与章鸿钊等人创办了农商部地质研究所，同时附设专门收藏地质学等方面书籍的图书室。1916 年，丁文江、章鸿钊、翁文灏等人又组建农商部地质调查所，鉴于原地质研究所图书室馆舍严重不足，从 1920 年起开始筹划建设新馆，1921 年 9 月新馆“地质调查所图书馆”正式落成，1922 年 7 月举行开馆典礼。1934 年地质调查所图书馆收藏各类丛书和类书共计 41984 册，地方志等 5000 卷，地图 30000 幅，地质矿产图 1500 幅。服务对象除地质调查所同人外，尚有地理、矿冶学者。

上海明复图书馆为纪念中国科学社的重要发起人胡明复（1891—1927）博士而建立。由中国科学社创办，1930 年建成，1931 年元旦举行开馆典礼，蔡元培先生致辞。据记载，1943 年上海明复图书馆藏书达到 5.5 万册，以西文书籍为主，中文书籍近 1 万册。特别是西文连续性刊物收藏丰富，主要为数理、工程、化学、机械、纺织等类别。该馆每年订购欧美杂志约 140 种，还有与各国进行交换的 40 余种杂志，其藏书具有鲜明的专业性。

故宫博物院图书馆是在清室善后委员会下设的图书筹备会基础上设立的。以清代皇室藏书为馆藏特色。1925 年 10 月成立，最初以故宫寿安宫为馆址，藏书分库保存，包括善本、殿本，分经、史、子、集、方志、满文、佛经和观海堂藏书等各种书库。藏书总量 23857 种，370308 册。该馆的创建，结束了宫廷藏书过去秘不示人的状况。尽管故宫博物院图书馆管理机构几经变更，但作为近代以收藏清代皇室藏书为主的专门图书馆，其业务活动具有相当的专业性，在故宫藏书的整理、编目、出版、展览等方面做了大量的工作，成就突出。

民国时期的专门图书馆丰富了近代图书馆类型，既是中国图书馆事业日益成熟的标志，也是图书馆服务于学术文化，走向纵深发展的历史缩影。

第十章
古代图书馆藏书管理机制

第一节　政府藏书的征书机制

我国古代图书馆事业历史悠久，绵延不绝，形成了政府、私家、书院和寺观四大藏书体系，各呈特色，各具风采，其中政府藏书在文献搜集、庋藏、整理等方面日趋完善，形成了一套规范、科学的图书馆藏书管理机制。

在古代藏书活动中，下诏征书是统治阶级经常采用的一种图书搜集手段，即政府通过制定一系列征集图书的政策、措施，将分散在民间的私人藏书收归中央政府，从而达到快速补充、完善国家藏书的目的。政府征书对古代图书的聚集和传承起到一定的积极作用。政府征书过程中，往往也会出现藏书家的献书行为。

一、政府征书历史溯源

政府藏书可溯源到夏商时期，但我国古代藏书史上第一次大规模政府征书是在汉武帝时期。秦朝政府宫廷藏书因战争遭到了毁灭性的破坏，西汉初期，政府所藏图书的数量和品种都很匮乏，“天下唯有《易》卜，未有它书”①。汉惠帝四年（前 191），朝廷作出“除挟书律”的重大决策，正式废除了秦始皇所规定的私人不得藏书的禁令，讲学、著述与藏书开始在民间兴起。

汉武帝时，图书数量虽有增加，但长期缺乏整理，图书受损十分严重，亟须维护；而诸子之学虽经秦代焚书，在民间仍有流传，诸子著作也散传于各地。汉武帝要实行思想文化的大一统，必然需要掌握全国的图书文献存亡状况，如能将全国图书收归中央政府，既能充实国家藏书，也有利于书籍的校勘和整理，还可禁止一些图书流传。为此，元朔五年（前 124）汉武帝下诏，命令丞

① 班固．汉书 [M]．颜师古，注．北京：中华书局，1962：1968.

相公孙弘广开献书之路，大合天下之书。这一征书的措施得到了河间献王刘德的积极响应，他将秦始皇时期冒险私藏的先秦著作《乐记》《礼》《古礼》及《毛诗故训传》等献出。汉成帝河平三年（前 26）又命礼宾官员陈农为使，到各地征集图书，这是西汉第二次政府下令征书。同时，汉成帝又令将搜集到的图书加以整理，校雠定本。征书工作为文化的发展作出了很大贡献。

鉴于征书能获得如此好的效果，汉武帝之后的历代帝王大多乐于沿用这种补充国家藏书的方式。自汉武帝“开献书之路”开始，到清朝乾隆皇帝为纂修《四库全书》而在全国大规模地征书，我国古代约有 57 名帝王直接过问并参与征书、藏书事宜，从人员选派、经费来源到整理编目等，常常是由皇帝亲自颁发敕令，作为一种国家政府行为而实施的。[①]

二、政府征书活动的特点

1. 政府征书往往在朝代交替的过渡期实施

新政权建立后，开国皇帝常将国家藏书建设列为当务之急。隋开国之初，秘书监牛弘向隋文帝上奏《请开献书之路表》说：“昔陆贾奏汉祖云‘天下不可马上治之’，故知经邦立政，在于典谟矣。为国之本，莫此攸先。”[②] 古代帝王的改朝换代多伴随着大量图书被战争破坏，政府藏书由于放置集中且处于政治中心，很容易受到毁灭性的破坏。新朝代建立，总会面临政府藏书匮乏的问题，统治者为充实政府藏书，从民间征书是唯一的选择。纵观藏书史，政府藏书总是“随各朝代初兴而聚，随其灭亡而散，先聚后散，散后再聚，代代往复，周而复始”。宋代政府征书就进行得相当频繁，宋代皇帝曾先后十多次下诏征书，太宗和真宗两位皇帝就各下发了至少四道征书诏令。

2. 政府征书多有奖励措施

为使征书取得满意的效果，政府在征书时会出台奖励措施，根据所献图书多寡，“小则偿以金帛，大则授之以官”。如宋太宗的奖励措施中规定，若所献之书被采用，“及三百卷以上者，与一子出身。不及三百卷者，据卷帙多少优给金帛”。为使献书人消除失去藏书的顾虑，隋朝还对征集到的图书规定了“每书一卷，赏绢一匹，校写既定，本即归主”。清代乾隆皇帝为纂修《四库全

① 肖东发，袁逸．略论中国古代官府藏书与私家藏书 [J]．图书情报知识，1999（1）：2-6．

② 魏徵，令狐德棻．隋书 [M]．北京：中华书局，1973：1300．

书》而大规模征书时，不仅御赐献书百种以上者书籍，还在征到的精品图书上御笔题字，并在誊写后优先发还。

经过政府征书，国家藏书的积累成效显著。东汉初征书，仅四五年时间国家藏书就从无到有，迅速积累到2000余车。清乾隆年间征书，全国总计呈送书籍12237种。

3. 政府征书明确征集范围

一般来说，只要是国家藏书所欠缺的品种和数量均属应征集的对象，但也有政府征书活动对征书范围有明确要求。如宋代太平兴国六年（981），宋太宗一月之内连发两道诏书：一次是为专门访求医书，为国家编撰大型医方术《太平圣惠方》做准备；另一次是为专门搜访魏晋时期著名书法家钟繇的墨迹。清代顺治皇帝为修《明史》而求书，多次下诏征集有关明代天启、崇祯史事的档册和典籍，规定“凡收藏有明崇祯十七年朝报及召对纪载可备采择者，务期广为搜罗，速行汇送翰林院”①。康熙、乾隆时期为编纂、续修《大清一统志》，多次敕谕全国各省、府、州、县等各级机构定期将纂修方志和赋役之书进呈。

三、清纂修《四库全书》征书成就

清乾隆后期，为纂修《四库全书》而进行了空前绝后的大规模征书活动，这次征书奠定了清宫廷藏书的体制与规模。乾隆继位以后，曾仿照前代做过多次征书举动，乾隆六年（1741）农历正月初四日的征书谕旨云：“从古右文之治，务访遗编。目今内府藏书，已称大备。但近世以来，著述日繁，如元明诸贤，以及国朝儒学，研究六经，阐明性理，潜心正学，醇粹无疵者，当不乏人，虽业在名山，而未登天府。著直省督抚学政留心采访，不拘刻本钞本，随时进呈，以广石渠天禄之储。”②乾隆十五年（1750）又提出征书的旨意，但效果不甚明显。如果不把征书作为一项基本政策，绝不可能引起朝野的高度重视。乾隆三十七（1772）年正月初四日，再次发布征书诏，指出“今内府藏书，插架不为不富。然古今来著作之手，无虑数千百家，或逸在名山，未登柱史，正宜及时采集，汇送京师，以彰千古同文之盛。其令直省督抚会同学政等

① 清实录·世祖章皇帝实录[M]. 北京：中华书局，1985：977.

② 清实录·高宗纯皇帝实录[M]. 北京：中华书局，1985：941.

通敕所属，加意购访”。[①] 清朝此次征书令，对征书的方式作了详细的规定：“在坊肆者，或量为给价；家藏者，或官为装印。其有未经镌刊，只系钞本存留者，不妨缮录副本，仍将原书给还。”[②] 除沿用康熙朝的借用抄录之法外，乾隆还以国家购书的方式来征集图书。

另外，为确保征书取得预期效果，清政府还推出了一系列征书的配套措施：其一，设立专门的征书机构和负责人员。规定“在内部院，委满汉官员详查。在外委该地方能干官员详查”。[③] 一些省份还设立书局这一专门的征书机构，聘请专人负责购访、校刊遗书。其二，制定图书搜辑目录。征书之前，根据已有线索制定图书目录，以便按图索骥：一是依据史书所载访书，二是依据地方志所著访书，三是依据藏书家书目访书。其三，开辟多种辑书途径。利用书商收购图书，鼓励官员献书，指明藏书家献书。其四，设置完备的征书处理程序。对所征获的图书，从登记、校勘、刊抄到最后的发还，都有具体的规定。“各省搜辑之书，卷帙必多，若不加之鉴别，悉行呈送，烦复皆所不免。著该督抚等先将各书叙列目录，注系某朝某人所著，书中要指何在，简明开载，具折奏闻。候汇齐后，令廷臣检覆，有堪备览者，再开单行知进取。”[④] 征集—鉴别—列目—摘要—检覆—进呈，形成了一套完整规范的征书程序。其五，实施奖励措施，鼓励藏书家献书。

清政府对藏书家献书较多者的奖励：一是题咏，皇帝亲自为其藏书题词，凡进书“百种以上者，并命择其中精醇之本，进呈乙览，朕几余亲为评咏，题识简端”。[⑤] 二是奖书，根据献书数量奖励珍贵的内府印书。进书 500 种以上，赏《古今图书集成》一部；进书 100 种以上，赏内府初印的《佩文韵府》一部。三是留名，献书多的藏书家可附载于《四库全书总目》中各书提要之末。

对征集到的图书，乾隆帝作了如下安排：①分派各馆修书翰林等官从《永乐大典》中辑书；②为统一管理，派军机大臣为总裁官，选定官吏后，责令及

① 永瑢，等．四库全书总目（全二册）[M]．北京：中华书局，1965：16-20.

② 永瑢，等．四库全书简明目录[M]．上海：上海科学技术文献出版社，2016：638.

③ 任继愈．中国藏书楼（壹、贰、叁）[M]．沈阳：辽宁人民出版社，2001：1167.

④ 乾隆朝上谕档·乾隆三十七年，乾隆三十七年正月初四日，内阁奉上谕.

⑤ 素尔讷，等．钦定学政全书校注[M]．霍有明，郭海文，校注．武汉：武汉大学出版社，2009：16.

时查校；③把辑出的书与《古今图书集成》互为校核，发现其中流传甚少，尚可裒辑成编者，报送目录，由乾隆裁定。

《四库全书》征书活动规模空前，范围广泛，措施得力，取得了我国古代政府征书历史上的鲜见成效。征书构建起庞大的清朝宫廷藏书体系。据黄爱平统计，《四库全书》的征书活动，全国总计呈送书籍达13501种（内270种重本）[1]，然汪启淑《水曹清暇录》卷五云“乾隆三十七年，开四库馆，征访天下遗书”，共采访得书13781种。乾隆五十一年（1786）二月二十六日刘墉奏折称“收过各省采进及各家进呈各种书籍”，共计13501种，内重本272种。各家统计结果虽不一，但数量超万种则是无疑的。《天禄琳琅书目》《天禄琳琅书目续编》及《四库全书总目》较集中地反映了清代这一时期政府征书之盛。《天禄琳琅书目》著录的是清宫所藏宋、元、明版及明影宋抄本书，计1088部，是清宫廷藏书的精华。《四库全书总目》著录的是收录到《四库全书》中的3400余种书和未收录仅保存目录的6000余种书。收录到《四库全书》中的书以抄本形式贮于清代七阁，底本藏翰林院，存目之本藏武英殿。

更为重要的是清乾隆时期，借纂修《四库全书》而开展的征书活动，建文渊阁制，逐步建立起庞大的政府藏书体系和完整的图书管理制度，推动了古代图书馆事业的发展。

① 黄爱平．四库全书纂修研究[M]．北京：中国人民大学出版社，1989：35-36．

第二节　政府藏书的庋藏机制

古代藏书能世代相传，启牖后学，主要靠对其作妥善保管，因此庋藏典籍机制很重要。纵观历代藏书情况，或指定专门场地，或建造藏书楼用以贮藏典籍。如汉时的兰台、东观，唐代的集贤书院，宋代的昭文馆、崇文院，明朝的文渊阁、皇史宬等都是当时颇负盛名的庋藏典籍之所。清乾隆更是重视《四库全书》的妥善庋藏，多次颁发圣谕，亲自指导，不仅指令按天一阁规制建造七阁，钦定七阁之名，还确定了七阁管理办法、书籍装潢及入库等庋藏管理机制。

一、历代政府藏书管理机构沿革

秦至隋唐五代，政府藏书大都采取分散收藏、多头管理的模式，宋、明、清三代则分别实行主要由秘书省、翰林院、文渊阁统一管理政府藏书的机制。

1. 西汉以前史官管理政府藏书时期

夏商周三代，学在官府，统治者设置史官记录其言行，以作为日后处理事务时的参考和依据。历代积累的史料由史官管理，排列有序的殷墟刻辞甲骨就是史官管理的国家档案文献。三代政府藏书和档案均由史官管理。周室藏书处有宗庙、大史府、盟府等，内设一定数量的管理人员。秦代政府藏书由御史大夫负总责，由御史或称侍御史的官员具体承担。汉初沿秦之制，置御史中丞，居殿中兰台，职掌兰台图籍秘书。所谓“殿中”，也称“禁中”“中秘”或“秘府”，简称为“中”或“内”。刘歆称“内则有延阁、广内、秘室之府”，这是西汉三个藏书处所，由御史中丞负责，其职掌约与后世秘书省相同。

2. 东汉至隋代秘书监和秘书省管理政府藏书时期

东汉以后，史官管理政府藏书的制度发生了较大的变化。桓帝以前，东观是东汉政府藏书的主要处所，任命校书郎、郎中专门负责整理东观藏书，然仅有校书职责，而不掌管藏书，故东观藏书无专人职掌。此状况非长久之计，桓帝延熹二年（159），“始置秘书监一人，掌典图书古今文字，考合同异，属太常”。[①]秘书监职掌政府藏书的制度自此建立，并为后世所承袭。东汉史官管理政府藏书的机制已出现衰微的征兆，东汉政府藏书管理机构建置发生重要转折。桓帝至隋，政府藏书由秘书监、秘书省管理已成为主流，但史官管理政府藏书之制尚存，仍有余续。秘书监（省）管理政府藏书机制，对以前的史官和后世的馆职政府藏书管理起着承前启后的作用。

3．唐五代秘书省和馆职分掌政府藏书时期

秘书省至隋已形成较大规模，馆职地位亦逐渐确立。唐代，秘书省所掌仅限本署藏书，其他弘文馆、史馆、崇文馆等各馆不但也有丰富藏书，而且各设官职管理。馆职机制至此形成，与秘书省分置。秘书省和馆职分掌政府藏书，此制至五代相沿不改。唐代之设馆职，也是势所必然。秘书省既设于外府，而禁中藏书数量众多，并为皇室专属，地位很高。唐承袭隋制也开设专职管理禁中藏书的各馆，自此，秘书省和馆职成为政府藏书管理的两大系统。唐代这种机制对后世也产生了深远的影响。

4．宋代秘书省管理政府藏书时期

宋代初期由馆职管理政府藏书，元丰改制后，明确秘书省为管理政府藏书的主要机构。北宋中期前，政府藏书最主要的机构是三馆和秘阁。三馆指昭文馆、史馆、集贤馆，太平兴国三年（978）诏“其三馆新修书院宜为崇文院”[②]，将改建后的三馆总称崇文院。崇文院三馆共计六个书库，其中院的东廊为昭文书库，南廊为集贤书库，西廊为史馆书库，史馆书库内又分经、史、子、集四个书库。端拱元年（988），又在崇文院中堂建秘阁，秘阁也为重要的政府藏书机构。史馆所藏图书最多、最全。宋初，不管是征收来的南方各地图书，还是各地进献或收购来的图书，或大臣撰著的图书，都先送史馆收藏。据《宋会要辑稿·崇儒》，自太平兴国五年至神宗元丰三年（980—1080）三馆、秘阁并入秘书省前，各地献书共60次，对所献书籍收藏处置有明确记录的20次（其余40次未载收藏于何处），其中命收藏于史馆的有10次，命收藏于秘阁者6次，

① 马端临．文献通考[M]．北京：中华书局，1986：510-512.

② 徐松．宋会要辑稿[M]．上海：上海古籍出版社，2014：3498.

其余 4 次笼统称收藏于崇文院、馆阁。北宋初设秘书省，“隶京百司”，虽置监、少监丞、郎、校书、正字等职官，但“凡经籍图书，悉归秘阁”，秘书省秘书所掌仅“祭祀、祝版而已”，实在名不符实。

宋神宗元丰三年八月，下诏肇新官制。元丰五年（1082）废除馆职，三馆与秘阁并入秘书省，任命秘书郎全面负责集贤院、史馆、昭文馆和秘阁的图书文献。宋以前的秘书省不得干预禁中藏书管理，经过元丰改制，秘书省得以统一管理包括禁中藏书在内的全部政府藏书。这一机制对明清的政府藏书管理产生了一定的影响。

5. 明清翰林院和文渊阁阁职管理政府藏书时期

明洪武三年（1370）设独立的机构——秘书监以掌管图籍。洪武十三年（1380），因胡惟庸案罢中书省，更定六部官秩，秘书监也遭裁撤，政府将藏书管理的职掌划归翰林院，从此无独立的政府藏书管理机构。翰林院掌管藏书的官员仅有两人，官阶为从八品，地位不高，且翰林院对政府藏书管理亦未有实质性的措施。这一机制明显对政府藏书管理是极为不利的。鉴于这一弊端，清代进行了重大改革，既不复设置秘书省，亦不复设置众多的各馆馆职。乾隆四十一年（1776），为了庋藏即将完工的《四库全书》，于文华殿后建文渊阁，并创置文渊阁阁职制度，全部政府藏书由文渊阁阁职统一管理。

二、宋代秘阁与特藏机制

秘阁是我国古代宫内禁中藏书的地方。“秘阁”一词由来已久，早在曹魏时期就有了对秘阁的记载，晋、南朝宋至隋唐均设有秘阁藏书。宋代国家藏书管理机制的特色就是确立了以馆阁为核心的国家藏书制度，它是通过崇文院中新建秘阁来实施的。三馆迁入崇文院后，最重要的举措是新建秘阁，秘阁承担宫廷藏书的重任，宫廷藏书与政府藏书有了明确的分野。

（一）秘阁的藏书体系

北宋端拱元年，朝廷令在崇文院内中堂新建秘阁，并精选三馆中堪称真本或者善本的书籍万余卷、有名的前贤字画等归属秘阁珍藏和管理，“凡史馆先贮天文、占候、谶纬、方术书五千一十二卷，图画百四十轴，尽付秘阁”[①]。秘阁设有与三馆大致相同的馆职。淳化元年（990），诏定秩次居三馆之后，与三馆并称为“馆阁”。秘阁虽仅是崇文院的一个书库，但设置秘阁的目的使它具有很重要的价值。

秘阁建立后，朝廷将史馆藏书一分为二，普通书仍留在史馆，秘阁却“藏奇书，总群经之博要，资乙夜之观览”[②]。秘阁是珍秘之籍的藏书处所，所藏的是具有宝贵价值的历史文献和群书中的精华，为不使这些典籍流散，要缩小读者范围，专供皇帝博览，按此用途，秘阁就是宋代国家藏书的特藏书库。秘阁所藏大致有五类：

①真本，即经过认真校勘的错谬较少、内容完善的图书，也就是今天所说的精本。

②前人的古画墨迹，均被称为阁本，受世人所重视。宋人方勺曰：“前世法书名画，有传之秘阁者，谓之阁本。流俗看画，但云阁本，则翕然称美。”[③]

③禁书，其中包括天文、占候、谶纬、方术书。

④古本书，时间久远，流传不易，确属珍贵的，如至道三年（997）裴愈出使江南，收得古书60余卷，藏于秘阁。

⑤宋代著名人物的著作和手迹，其中包括皇帝本人的睿藻、宸翰，如淳化二年（991）太宗御书千字文等手迹均藏于秘阁。

初期的秘阁藏书量并不大，主要的藏书来自三馆，仅有12000余卷，到了仁宗时已经达到36200卷。总之，宋代国家藏书的收藏中心已从史馆逐步向秘阁转移。到南宋朝，秘阁藏书已成为国家藏书的主干部分，史馆、昭文馆和集贤殿书库已被全部取消，代之而起的是印板书库、续搜访书库和经史子集书库等各种书库。

（二）北宋时期的秘阁

秘阁初建时，仅以崇文院的中堂作为临时的阁址。由于层宇未立，秘阁显得分外狭迫，所藏秘籍只能挪到崇文院偏厅内安放。到淳化三年（992）五月

---

① 徐松．宋会要辑稿[M]．北京：中华书局，1957：2778．

② 王应麟．玉海[M]．上海：上海书店，1987：3006．

③ 方勺．泊宅编[M]．北京：中华书局，1983：86．

又正式诏修秘阁，八月阁成。阁成之日，朝廷举行了一系列隆重的庆祝活动。随着秘阁藏书日益丰富，到景德四年（1007）五月，宋真宗亲临秘阁周览图籍之时，秘阁中的藏书之数甚巨，于是又诏分内藏西库之地，扩建秘阁。然而在真宗时，秘阁建筑却遭受了一场重大火灾。大中祥符八年（1015），紧邻崇文院的荣王宫失火，火势凶猛，延燔三馆秘阁，不仅藏书焚毁殆尽，馆舍也损毁严重。为权宜之计，接收翰林学士陈彭年的奏请，把崇文院分为内、外二院。内院以秘阁为基础，重修原来秘阁旧屋，主要贮放太宗圣容、御书额、御书籍、天文、禁书、图画；外院在左右掖门外修盖馆舍，把三馆的书库及史馆日历库迁于此地，并作为校勘、抄写、雕印书籍的工作场所。徽宗时期秘阁馆舍最为壮丽，他即位第二年，又一次重修秘阁，于崇宁元年（1102）建成。重修的秘阁建筑栋宇辉煌，气势不凡，分上下二层，上层主要安置宋代诸帝御集、御书以及前人的古画墨迹，下层主要储藏 28012 部珍贵书籍。秘阁与其他三馆合称“四馆”。

（三）南宋时期的秘阁

靖康之变后，宋高宗被迫南渡，定都临安。绍兴十三年（1143）十二月，高宗命两浙转运司新建秘书省，翌年六月毕工。新落成的秘书省占地面积为东西 38 步，南北 200 步，是一座规模宏大的建筑群，各种殿舍楼阁共 124 间，秘阁也置于其中。秘阁书库在右文殿后，共有 5 间，高 4 丈，分东西二向。阁上下周回设朱漆隔子，挂以黄罗帘幕，绕以栏杆，阁上有木雕朱漆殿一座，藏圣政、会要、日历、御制札近 2000 册（轴）。每间房内又立 8 个绿色书橱，藏经、史、子、集书籍共计 13506 卷，39058 册。另有印板书库 3 间，藏诸州印板书凡 6098 卷，续搜访书库藏书 23145 卷。经、史、子、集书库各 5 间，共藏书 23583 卷。御前书库藏书 2502 卷。国史库 2 间，专藏官修日历、时政记、起居注等。印书作 2 间，藏《太平广记》《乐府》等书版 634 块。又有图画库 1 间，古器 3 间，碑石库 2 间，藏有各种珍贵文物。[①] 南宋秘阁这些珍藏在《文献通考 · 经籍考 · 总叙》和《麟台故事》卷四，以及孝宗淳熙四年（1177）编纂的《中兴馆阁录》、宁宗嘉定三年（1210）修订的《中兴馆阁录续录》中皆有记载。南宋秘阁藏书的规模、数量虽不及北宋，但在典籍收藏的品质方面，

---

① 徐凌志. 中国历代藏书史[M]. 南昌：江西人民出版社，2004：156-157.

尤其是书画收藏却一点不逊色于北宋。无怪南宋著名史学家李焘认为，“六龙驻跸临安逾四十年，三省、枢密院制度尚稽复旧，惟三馆、秘阁岿然杰出，非百司比”。[①]

三、《四库全书》的庋藏体系

清乾隆时期纂修的《四库全书》是我国古代文献史上最浩大的一项文化工程。从乾隆三十七年（1772）正月谕令各地征集图书开始，翌年二月开四库全书馆，至乾隆四十六年（1781）第一部修竣，庋藏于紫禁城文渊阁，耗时10年。《四库全书》开启了两个系统工程的建设：一个是文献征集—甄选—学术考辨—分类—著录—缮写的编纂系统工程，另一个则是设立机构—网罗人才—立规建章—构造藏阁—归架入藏的庋藏系统工程。其编纂、庋藏对传播与保护我国传统文化遗产发挥了巨大作用。

《四库全书》开馆不久，乾隆皇帝就考虑庋藏问题，他认为“凡事预则立，书之成，虽尚需时日，而贮书之所，则不可不宿构”，[②]决定为《四库全书》建造专门的庋藏之所，确立有效的庋藏机制。

（1）用统一规制建造七阁

乾隆皇帝获悉宁波天一阁纯用砖甃，不畏火烛，自明代相传至清代完好无损，其建造、格式、布局的确精妙，适合存贮书籍，遂下令仿照天一阁的建筑形制，建造内廷文津、文源、文渊、文溯四阁藏书楼，用以庋藏四部《四库全书》。又令在镇江、扬州、杭州分别建文宗阁、文汇阁、文澜阁，各藏一部《四库全书》。

（2）钦定七阁之名

乾隆皇帝亲自为七阁命名，名称均颇有深意。尤其是内廷四阁名字更是别具含义，除位于宫中的文渊阁源于明朝旧称，文源、文津、文溯的名字都是乾隆皇帝御赐。内廷四阁名字都有“文”，都从“水”。因何冠之以“文”，乾隆解释道：“文之时义大矣哉！以经世，以载道，以立言，以牖民，自开辟以至

① 马端临．文献通考[M]．北京：中华书局，1986：769.

② 李希泌，张椒华．中国古代藏书与近代图书馆史料（春秋至五四前后）[M]．北京：中华书局，1982：15.

于今，所谓天之未丧斯文也。"[①] 何以从水，也是跟随天一阁命名取"天一生水"之意，"若渊，若源，若津，若溯，皆从水以立义者，盖去范氏天一阁之为"[②]。乾隆还认为经、史、子、集与水的关系也密不可分，"经者文之源也，史者文之流也，子者文之支也，集者文之派也"[③]。"派""支""流"者，都是从源头分开，也寓意了集、子、史皆自经而出。

（3）规定阁中机制

七阁建立后，每个阁中都要建立排架、安置、点验、曝晒等工作机制，乾隆对阁内管理机构、管理人员、工作职责等都作了严格规定。谕令仿宋朝建立阁中机制，设文渊阁领阁事掌握全阁事务，直阁事协助办理，校理负责管理注册点验、曝晒书籍等事务。除规定各级官职的人员构成外，还谕令设立提举阁事职位，统筹管理，各司其职。在阁中机制下，每个级别的官职安排多少编制人员，每个编制人员的工作包括曝晒书籍、插架归函等内容，均有具体规定。

（4）决策全书装帧

《四库全书》纂修完毕后，面临的问题是如何对它进行装帧，封面怎样设计，采用哪种函套、书匣，等等，乾隆对这些问题也都有所指导和决策。按照皇帝旨意，《四库全书》的书册封面设计用分色装潢法，装订形式则采用包背装，将经、史、子、集四部对应春、夏、秋、冬四个季节，对应四种不同的颜色。最终《四库全书》的装帧方案如下：经部书籍封面采用绿色（春季），史部采用红色（夏季），子部采用白色（秋季），集部采用灰黑色（冬季）。分色装潢不仅使书籍便于识别，同时也方便读者查阅。包背装是将书页背对背正折，版心向外，将书页的两边粘贴在书脊上，再用纸捻装订，最后用书衣将书册整体包裹。如此装帧，不仅经久耐用，且外形美观大方。《四库全书》还使用函套，采用楠木制作，将书籍装入楠木函套，防虫蛀、防潮湿，有利于书籍的长期保存。

---

① 中国第一历史档案馆．纂修四库全书档案[M]．上海：上海古籍出版社，1997：2722．

② 中国第一历史档案馆．纂修四库全书档案[M]．上海：上海古籍出版社，1997：2723．

③ 同①

第三节　政府藏书的校理机制

一、历代政府藏书的典籍校理

（一）两汉魏晋南北朝的政府藏书校理活动

在我国古代藏书史上，典籍校理工作是政府藏书的重要内容，且校理又往往与编书、修史相互结合。

西汉初，就有政府藏书按门类系统校理工作。据《汉书·艺文志》记载，“汉兴，张良、韩信序次兵法”，西汉政府所藏兵书“凡百八十二家，删取要用，定著三十五家”。武帝时因军事需要，又派遣“军政杨仆捃摭遗逸，纪奏兵录”，编制出了我国第一部专科性目录。成帝、哀帝时期，刘向、刘歆父子的校理群书工作更是一次大规模的图书校理活动，在文献学史上具有划时代的意义，开创了古典目录学和校雠学的先河，从理论和实践方面奠定了我国古代图书馆事业的基础。

东汉有组织、系统地大规模校理藏书，是从明帝执政时期（57—75）开始的，朝廷命傅毅为兰台令史，与班固、贾逵共典校书。灵帝熹平四年（175），蔡邕“校书东观”[①]，见经籍文字多谬，又俗儒穿凿，恐误后学，便奏求正定“五经”。这次校理图书的直接结果是熹平石经的出现，即经蔡邕等正定的“五经”文字，用隶书一体写成，立于太学门外，成为天下人习经的范本。

魏晋南北朝时期，秘书监由职官发展成秘书省官署，典书、校书为秘书监主要职责，形成制度。《三国志·魏书·王肃传》注引《魏略》云：“至太和中，尝以公事移兰台。兰台自以台也，而秘书署耳。”秘书监为该机构的最高行政

① 范晔．后汉书[M]．李贤，等，注．北京：中华书局，1965：1990．

长官，下设秘书丞，秘书丞下有秘书郎四人，掌中外三阁经书，复校残缺，正定脱误。另有校书郎若干人，无定员，典校秘书。

（二）隋唐的政府藏书校理活动

隋代，秘书省在牛弘的领导下，进行了较为全面的藏书校理工作，其成就乃是编制出一系列的政府馆藏目录，如《开皇四年四部目录》四卷、《开皇八年四部书目录》四卷、《隋开皇二十年书目》四卷、《香厨四部目录》四卷、《隋大业正御书目录》九卷等。馆藏目录是了解藏书的第一手资料，正是因为隋代藏书校理工作产生了这些书目成果，唐代修隋史，其“经籍志”才有所本。

校书工作在西汉时仅是一件工作、一项任务，只要官员学有专长即可，对任职者本身的官位高低、任职时间并无限制，如刘向以光禄大夫、任宏以步兵校尉、尹咸以太史令、李柱国以侍医以及刘歆以侍中奉车尉等官位，皆奉诏从事校理图书工作，故《唐六典》云西汉校书时谓“斯皆有其任而未置其官”①。东汉时，始有“校书郎”名号。“校书”代表职务，说明要负责的事务；“郎”是官职，系泛称。

唐代的秘书省、弘文馆、崇文馆、集贤殿以及司经局，五馆皆有校书郎之职。秘书省校书郎的官品最高，为正九品上；太子崇文馆校书郎的官品最低，为从九品下。校书郎所属官署及品级虽不相同，工作性质大致一样。唐代校书郎主要工作职责包括编著校理典籍、收集整理图书、外出搜访图书和参与纂修史书等。

（三）宋明清的政府藏书校理活动

宋代继承并发展了唐、五代的馆阁制度，逐步形成了一整套以藏书事业为中心，以各馆阁为职务，上下有序、颇具特色的馆阁管理机制。馆阁的各级官员负责收集缮写逸书，编修撰写著作，校勘整理群籍。馆阁不仅是藏书之府，也是著述之庭、校理之地。宋代除设置集贤殿修撰、史馆修撰、直龙图阁、直

---

① 张九龄，等．唐六典卷十·秘书省[M]//景印文渊阁四库全书：史部第595册．台北：台湾商务印书馆，1982：102-108．

昭文馆、直史馆、直集贤院、直秘阁等中高层馆职，主要执掌各馆阁经、史、子、集四库的图籍和领导图书修写校雠之事外，还设置集贤、秘阁校理，各馆检讨、编校等低层馆职。馆职的升迁极为严格，要经过一定时间的磨勘考核才得以按次升迁，一般是任编校二年升为校勘，校勘四年后升为校理。唐代的图书整理仅集中在唐太宗贞观、玄宗开元和文宗太和年间几次，而北宋校理图书的活动，自 960 年至 1127 年灭亡，历时 160 余年经久不绝，为古籍整理事业史上所罕见，且宋代的校理群书活动与刻书事业直接联系，其意义也远超隋唐两代。

明代皇帝虽重视图书的收集，并于建国之初就创立了国家图书馆——文渊阁的宫廷藏书体系，但由于洪武十三年（1380）后，罢秘书监，将其掌内府书籍的职能改隶翰林院，取消了独立的国家藏书机构，削弱了政府藏书的管理力量，故给明代典藏校理工作带来了极大的不利。如《文渊阁书目》是明代第一部国家藏书目录，成书于明正统六年（1441），距明朝建立仅 73 年，收录图书 7200 余部，该目录编制方法过于潦草、简略，甚至所录之书注明有“阙”“残缺”等字样，从一个侧面反映明代典籍校理工作的不足。

清代国家藏书管理机构特设文渊阁，其职能似前代的秘书省，其阁职有 16 名校理，属于工作人员，负责图书的注册点验，由侍读、侍讲、洗马、修撰、编修等官员充任。又设 8 名检阅，专门负责图书的上架整理任务；4 名内务府司员和 4 名笔帖士，负责诸如图书收发、开阁闭阁、大扫除等一切繁杂之事。校理和检阅等官员类似今天的图书馆书库整理和管理人员。清代校理群书活动则主要体现在《四库全书》纂修方面。

二、刘向的藏书校理实践与思想

（一）刘向的校理群书实践

西汉河平三年（前 26），成帝诏命“光禄大夫刘向校中秘书，谒者陈农使，使求遗书于天下”。这是我国历史上第一次大规模的政府群书校理活动。刘向去世后，汉哀帝又命他的儿子刘歆来完成这项事业。刘向不仅领校秘书，还亲校经传、诸子和诗赋三类，又条其篇目，撮其旨意，别集众录。刘歆子承父业，以其父《别录》为基础，撰成我国首部分类目录《七略》。在校书实践中，刘向创立了一套校理群书的程式方法，经清代学者孙德谦考论，归纳为校书二十三例。① 其主要内容如下：

1. 搜集众本

刘向利用奉命校书的有利条件，广泛搜求征集官私各家不同传本，此系勘正衍脱、讹误的“校雠”之必需，这是校书的第一步。

2. 校重订讹

这是刘向校书的中心任务，也是至为繁复的一步。有些典籍原篇在辗转流传过程中，会出现文字芜杂错讹、篇章次第间或散乱、原本篇次不甚合理等问题，这些问题都需要细加审校和厘定。刘向校重的工作力度相当大，校重是从宏观上讲，但微观上表现的是订讹。订讹又大致可分为订正错字、校补脱文、辨别异义三种情形。刘向从丰富的众本内选定篇目，多加删改，去其重复，统一篇章次序，令其有条不紊。对内容相同、篇目重复、单书名不同者，先删除重复篇目，再统一书名，或另起新名编校。

3. 条目定名

条目即“条其篇目”，是对所校图书的篇章结构进行审度或调整。《汉书·艺文志》云：“每一书已，向辄条其篇目。”定名就是重新厘定书名。古人著书，初无定名，是为通例。刘向在校书时对书名作重新审定。如《别录》云：“所校雠中《易传》《淮南九师道训》，除复重，定著十二篇。淮南王聘善为《易》者九人，从之采获，故中书署曰《九师书》。”②

4. 撰奏录略

刘向应诏校书，故每校毕一书，都要“撮其指意，录而奏之”。他撰写叙录形成较固定格式，内容主要包括：介绍该书校理结果，交代新书校定的篇数、版本来源及删重订讹情况；介绍该书的思想内容、作者学术倾向，作品评价；等等。

---

① 孙德谦．刘向校雠学纂微．

② 严可均．别录[M]//严可均．全上古三代秦汉三国六朝文．北京：中华书局，1985：336．

（二）刘向的校理思想总结

刘向及其儿子刘歆在长期的校书实践中，形成了丰富而成熟的校理思想。

1. 倡导“依经立义”的校书理念

汉武帝时“罢黜百家，独尊儒术”，儒家思想一统天下，居主流地位。刘向奉汉成帝之诏领校群书，受这种思想影响，形成了“依经立义”的校书理念，这在刘向撰写的叙录中有所表现。如《晏子叙录》云：“其书六篇，皆忠谏其君，文章可观，义理可法，皆合六经之义。”《管子叙录》云：“凡《管子》书，务富国安民，道约言要，可以晓合经义。”刘向对所校群籍的评价多以“经义”为价值标准，“依经立义”的思想倾向非常明显。

“依经立义”的校书理念也同样表现在刘歆《七略》的编撰方面。在《七略》的编撰结构上，以六艺略为首，次诸子略，而诸子略中又将儒家置于第一位，并最早对儒家作出明确的阐释：“儒家者流，……游文于六经之中，留意于仁义之际，祖述尧舜，宪章文武，宗师仲尼，以重其言，于道最为高。”①

2. 兼收并蓄，包容会通的立场

刘向、刘歆把校书当作全面整理古代典籍的一项文化活动，在贯彻儒学“依经立义”思想的同时，并不排斥诸子学说。对诸子学派采取兼收并蓄的态度，这种包容百家的校书思想表现在两个方面：一是对儒家之外的诸子之书的采选上；二是在《别录》《七略》的撰写上，揭示出“六艺”与“诸子”的相互联系，提出“诸子皆出于王官”的观点。经过刘向、刘歆整理的诸子著作甚多，《七略》著录的诸子学派典籍号称“十家九流”，凡 189 家，4324 篇，使后人得见周秦诸子学说之面貌。

3. 弘扬“辨章学术，考镜源流”

这是清代著名文献学家章学诚对目录学价值的评价，也是刘向、刘歆校书的重要思想。

在校书实践中，主要表现在四个方面：一是考究版本异同，二是考索师承关系、思想源流和学派归属，三是辨明某一学派内部的思想分歧，四是辨别不同学派之间的差异和联系。

① 班固．汉书[M]．颜师古，注．北京：中华书局，1962：1728．

4. “以类相从”的校书分类思想

刘向父子提出了“以类相从”的图书分类思想。《七略》将天下之书分成六略，38 种，596 家，这种分类有着明确的“略”“种或属”“家”“书”的层级特征，代表了当时图书分类的最高学术水平。

刘向、刘歆父子的校书活动以及编纂的《别录》《七略》在我国古典文献学、目录学等方面贡献很大，对后世产生了极其深远的影响。他们首创的一系列校理群书的方法，为后世学者们不断传扬而光大。

三、清纂修《四库全书》的群书校理活动

乾隆三十八年（1773），四库馆成立，正式开始纂修《四库全书》。据张升《四库全书馆研究》一书介绍，四库馆分为翰林院和武英殿两大系统：翰林院即办理四库全书处，负责纂办图书；武英殿负责缮写校正图书。《清朝文献通考》曰：“命开四库全书馆于翰林院，遴选儒臣详审编核。又设局于武英殿，专司缮录之事。”①

负责校理工作的四库馆臣各有分工。如在翰林院系统中：总纂官负责《四库全书》相关书籍的校办、《四库全书总目》提要的修订与编辑；纂修官负责对校阅图书进行文字、内容上的校正、增删，提出刊、抄、存或不存的处理意见，撰写提要稿。在武英殿系统中：总校官是《四库全书》校书的总负责人；复校官主要负责对分校官所校对之书的复查，校正原书（底本）的错误；分校官负责既校原本，也校缮写本。分校官又含篆隶分校官和绘图分校官，因为篆隶、绘图图书的校对处理需要专业人士，所以将其从分校官中细分出来。②

校理《四库全书》工作内容包括：

1. 校正文字

如发现原书（底本）文字有误，由纂修官签记出来。如江苏藏书家马裕进呈的《鹖冠子》，书中讹误甚多，因其为应抄之书，经总裁审阅，发回纂修官细加校勘。

---

① 陈晓华，张群．兰台经纬：《四库全书》读解[M]．武汉：华中科技大学出版社，2021：31．

② 张升．四库全书馆研究[M]．北京：北京师范大学出版社，2012：42-63．

2. 删改、重定卷目

《四库全书》所收之书，多有删节，尤以序跋之删除为多。如《张庄僖文集》原六卷六册，四库馆臣删去“礼集”与“外纪”，将所余各集分为卷一至卷五，并重订各卷、各篇标题。

3. 签记违碍之处

纂修官在校办时，若遇到违碍的内容，须签出改正。傅增湘《藏园群书经眼录》载:“《渚山堂词话》三卷，明嘉靖刊本……卷中有四库馆臣签记各条，卷一第六叶至元间傅按察钱塘怀古长阕内涂抹三十三字，当是触忌讳之语，阁中著录已删去。”①

4. 配合总裁审查禁毁书

各纂修官除要校正应抄、应刊之书的违碍内容之外，禁书的查核也成为校理《四库全书》纂修官的一项重要工作内容。乾隆四十七年（1782）十二月初十日，军机大臣福隆安等奏“请将阅过全毁抽毁各书摘开书目刊行片”云:“所有各省解送四库馆遗书内，其应行全毁及抽毁之本，业经大学士英廉于本年三月内奏明，派令各纂修等复加检核，逐一开缮清单，行知各该督抚，令其遵照严查，分别办理在案。”②

---

① 傅增湘．藏园群书经眼录[M]．北京：中华书局，2009：1348．

② 张书才．纂修四库全书档案[A]．上海：上海古籍出版社，1997：1693．

第十一章

古代图书馆藏书利用

第一节　古代图书馆藏书利用发展过程

学术界长期形成的认识是古代图书馆以藏书楼为代表，其藏书特征是“为藏而藏”，私人藏书家“秘不示人”以及“鬻及借人为不孝”的藏书理念始终被人诟病。然而，在悠久的古代藏书历史演变过程中，藏书为公为用的理念表现得也十分鲜明。“藏为用，用而藏”也是古代藏书所遵循的一条基本原则，历代藏书皆为用，只是用的意识、范围有所不同。同时，古人有自己独特的文献典藏价值观，把藏书与资政教化、读书治学、文化传承等联系起来，认为藏书是治理国家、进行伦理教化的参考，藏书是为读书治学。主张藏书，更主张刻书，藏而能刻，则可以更大范围地传播文化。这些观念贯穿于古代图书馆藏书利用活动中。

古代图书馆藏书利用可以追溯到商周时代。商王朝所藏的刻辞甲骨是被利用的，史官对记载祭祀、征战、天时、年成、王事等内容的甲骨进行整理编排并妥善保管，备占卜查用。因当时学术为官方所垄断，统于王室，因此藏书的利用者也仅限于王室统治集团。周王室司典籍的史官利用藏书，接受周天子和诸侯、大臣甚至名士的咨询。阅读服务是周王室藏书利用的另一重要手段。当时的藏书主要供以周天子为首的王室统治集团核心人物阅读，周天子利用典籍的例证，在《尚书》等古籍中有所记载。

春秋战国时期，社会生产力已有相当的发展。书写工具大为改善，图书的制作除使用竹木简册外，也开始使用简便的缣帛。尤其在巩固政权和学术文化发展中，士阶层的兴起，突破了统治阶级对文化的垄断，改变了“学在王宫”的局面。这一时期诸子百家争鸣，他们开始著书立说，私家藏书现象产生，利用藏书的人数增多，范围随之扩大，利用藏书的目的和方向越来越明确，甚至周王室的藏书到春秋时期，阅读对象也扩大到有名望的“士”即知识分子阶层，最突出的例子是孔子修《春秋》时曾与左丘明一道到周王室大史那里观书，他不仅阅读了百二十国史记，还读了虞夏商周四代的典籍。[①]

两汉时期的政府藏书利用，从其范围和效果上看，较前代均有显著的发展。西汉藏书利用典型的事例一是刘向、刘歆父子领校群籍，二是司马迁编纂《史记》。司马迁于汉武帝时曾任大史令、中书令，他在少府的直属领导之下，得到了兼掌和博览内府中的兰台、延阁、广内三大藏书处藏书的机会。为撰写《史记》，他广泛搜集史料，所引证的先秦古籍据司马迁自述就有30多种，唐司马贞在其《史记索隐序》中评论道，司马迁写作《史记》是“先据左氏《国语》《系本》《战国策》《楚汉春秋》及诸子百家之书，而后贯穿经传，驰骋古今”。东汉政府藏书利用也主要表现为撰著：一为官著，朝廷派遣学者，直接索取东观库藏资料，就地撰述国史，如《汉书》《东观汉记》等；二为私著，有志著述的博达人士，通过各种渠道索取东观库藏资料，各记旧闻，抒发己见，所写之书如《风俗通义》《论衡》等。

唐代以后，政府藏书已相当完备，藏书利用也比先秦、两汉及魏晋南北朝时期更加普遍，主要体现在三个方面：第一，利用藏书作为政事参考；第二，利用藏书编纂史书、类书；第三，利用藏书注释、校订“五经”。另外，唐代私家藏书的发展，也极大地增加了藏书的数量，扩大了藏书利用的范围，促进了“读书方能致仕，藏书才可博览”社会风气的发展。唐兴，京师设国子监，各府州县也皆设学校。学校教育与科举制度相结合，构成了读书致仕价值观的现实基础。有许多人藏书就是为了通过苦读以望进士及第，获取功名。

以经藏收藏为基础的寺院藏书在唐代也有突出表现。“经藏”一词最早使用于佛教，在六朝时期一般指称汇集的佛经，与“一切经”同义。到了唐代，随着佛教《大藏经》的完善，“一切经”“藏经”“大藏”“藏”已成为《大藏经》之专有名称，“经藏”一词经过变化发展，已多用来指称寺院藏书处所。据有关文献记载，唐代寺院设立经藏已成定制，或称阁，或称堂，或称院，或称楼，表明唐代寺院经藏制度已经确立并普及。唐代道教受佛教影响，也往往将宫观藏书处所称之为“经藏”。[②]唐代寺观藏书利用的第一个方面是为写经提供底本，唐皇室写经常在寺院、宫观中进行，因为寺院、宫观有经藏可供抄

① 傅璇琮，谢灼华．中国藏书通史[M]．宁波：宁波出版社，2001：26.

② 傅璇琮，谢灼华．中国藏书通史[M]．宁波：宁波出版社，2001：271-272.

写。另外，由于寺观有丰富的藏书，许多经藏还成为教内外人士接受教育、潜心学习的场所，这是寺观藏书利用的第二个方面。

宋代活字印刷术的发明，是图书发展史上的一次革命。随着印刷技术的不断完善，藏书事业迅速发展。以馆阁藏书制度为核心的宋代政府藏书利用，表现在下列方面：

（1）公开借阅流通

读者有皇帝、近臣及政府要员，还有一些经过许可的读书人、科举考生等。这种藏书利用方式的出现，说明当时的藏书楼已经具备了现代图书馆的一般功能和管理意识。

（2）为公私著述提供资料

如司马光编撰《资治通鉴》，于崇文院设馆，借阅龙图阁、天章阁和三馆、秘阁的书籍。沈括、欧阳修等从事科学、史学研究，也曾充分地利用过馆阁藏书。

（3）编制政府藏书目录

如景祐到庆历年间（1034—1048）组织编撰的《崇文总目》、政和年间（1111—1118）纂修的《秘书总目》等等。这些藏书目录是集三馆、秘阁等收藏编成，既可供读者借阅时参考使用，也是皇朝文治盛世的记录。

（4）提供标准文本用于出版

馆阁藏书经校勘整理，内容的谬误较少，凡官刻图书往往利用馆阁藏书作为底本刻印。

明清时期，藏书利用更加普及，利用意识进一步增强，利用范围日趋广泛，利用形式也多种多样。明代对政府藏书的利用除具有前代的功能外，还把藏书利用提到为统治阶级培养人才的高度。如永乐二年（1404），明太祖朱棣命解缙等选新科进士中优秀者修撰曾启等20余人，就学文渊阁。明翰林院是文人学士的“储才重地”，文人学士在文渊阁进修结业后，可升任皇朝重要职务或外放地方官。明曾为修撰史书和编辑《永乐大典》提供藏书服务。明内阁制度规定，“凡修实录、史志诸书，内阁大学士充总裁官”，“凡图书缮写、雠校，皆课而察之”。永乐年间（1403—1424），动用词臣及太学生数千人，开馆于文渊阁，依靠阁中丰富的藏书，编成“包括宇宙之广大，统会古今之异同，巨细精粗，粲然明备”的《永乐大典》。

清代政府藏书也为编史和纂辑大型丛书、类书服务。清朝是历代封建王朝中编纂图书最多的一个朝代。清初为校勘“十三经”“十七史”，修纂《明史》及前代各种诗文总集，需要参考各种藏书；修纂继明代《永乐大典》之后的又一部大型类书《古今图书集成》和至今尚无一部规模与之相比的大型丛书《四库全书》更是如此。清代越来越多藏书家提倡藏书公开，广泛利用藏书，并通过互借互抄、刻印图书等方式推动藏书的流通。晚清时，一些藏书家在西方公共图书馆制度思想影响下，提出适应时代发展的“储书供众”“传布为藏”“流通开放”的藏书利用思想，创办公共藏书楼，使众多学子得以登阁阅读，提高了藏书的利用率。

第二节　古代私家藏书的开放思想和实践

私家藏书为藏书家所私有，多不外传。古代藏书楼也主要是以收藏文献典籍为目的，注重一个“藏”字，独占性和封闭性为其最主要特征。近代图书馆诞生的直接动力正是打破古代藏书楼的私藏功能，建立以公共藏书为主，向社会开放的管理模式，实行开放阅读。然而，我们纵观古代藏书史，对藏书出借持通达、开明态度的私人藏书家代不乏人。他们大胆抨击藏书楼自我封闭性的弊端，提出自己的藏书开放思想。

梳理我国古代藏书开放思想的产生、发展到成熟的轨迹，比较四大藏书类型，私家藏书是开放思想产生和发展的主流。尽管政府藏书是古代藏书的源头，但它缺乏我国古代藏书开放理论产生的土壤，其开放性远不及私家藏书，甚至政府藏书的开放是在私家藏书的开放思想影响下产生的，清代南三阁的藏书开放就是一个例证。书院藏书的目的是为受教育的读者服务，但其规模不大；寺观藏书的利用更为专业。因此，真正的藏书开放始于私家藏书，开放思想理论的形成源于私家藏书，私家藏书的开放思想的发展也主要依靠私家藏书楼的实践。

一、历代藏书开放的藏书家

南北朝时期的崔慰祖是藏书开放的早期代表。据《南齐书》记载，崔氏“聚书至万卷，邻里年少好事者来从假借，日数十帙，慰祖亲自取与，未常为辞”。五代时期的石昂，“家有书数千卷，喜延四方之士，士无远近，多就昂学问，食其门下者或累岁，昂未尝有怠色”[①]。又宋代的藏书家宋敏求，家有藏书

① 欧阳修．新五代史[M]．徐无党，注．北京：中华书局，1974：371-372．

3万余卷，多精审之本。最为人称道的是，他乐于将藏书借人阅读，一时名俊英杰常与他交游。如：欧阳修曾多次向他借书；王安石长期借阅他所藏的唐人诗集，因此编成《唐百家诗选》一书。宋敏求曾居住在春明坊，一些读书人纷纷迁居那里，以便能借阅其藏书，以宋敏求藏书为核心，形成了一个读者群。[①]明清也出现了一系列专门用于向贫寒学子提供阅读场所的开放式私人藏书楼，如明代徐𤆬的红雨楼，清代周永年的藉书园、孙衣言的玉海楼、张金吾的爱日精庐、国英的共读楼、黄澄量的五桂楼、丁雄飞的古欢社、陆心源的守先阁、黄树谷的广仁义塾、张敦仁的六一堂、孙星衍的孙氏祠堂。

政府藏书更具有封闭性，其利用的范围大多局限于皇宫和朝廷有关部门，仅供御览和政府使用。为扩大《四库全书》的使用范围，提高其利用率，乾隆帝命江南三阁实行阁书开放制度，准许士子阅读《四库全书》，使江南三阁成为政府的公共藏书之所。

明清时期关于藏书开放也开始进行理论探讨，并付之于实践。明末清初藏书家曹溶在明崇祯年间所撰的《流通古书约》中首次将私家藏书开放思想归纳成为一种较完整的方法论，将藏书家之间的图书互换方式作了论述，有了馆际互借的系统化理念。他指出："彼此藏书家，各就观目录，标出所缺者，先经注、次史逸、次文集、次杂说，视所著门类同，时代先后同，卷帙多寡同，约定有无相易，则主人自使命门下之役，精工缮写，校对无误，一两月间，各赍所抄互换。"[②]曹溶提倡藏书相互流通，而非秘藏于阁，他分析了"对外借书之难"的原因，提出了解决馆际互借难题的方法，介绍了馆际互借的借阅规则及作用。其理论虽理想化，但作为理论构想，对实践具有一定的指导意义。近代学者缪荃孙高度评价《流通古书约》，认为它"为流通古书创一良法，藏书家能守此法，则单刻为千百化身，可以不致湮灭，尤为善计"。

二、藏书开放的思想体系

具有开放思想的藏书家认为，藏与流、公与私、聚与散是对立统一的，保守的藏书家只认识到其对立，故不愿公开私藏，坚持以聚为藏，以私为藏。

---

① 徐凌志．中国历代藏书史[M]．南昌：江西人民出版社，2004：177．

② 徐雁，王燕均．中国历史藏书论著读本（下卷）[M]．成都：四川大学出版社，1990：504．

开明的藏书家在对立之中寻求统一，形成了辩证的藏书开放思想，主要体现在：

①“储书供众”“互借共读”。开明的藏书家认为，藏书不应是私有财产，应是人类共同的文化财富，藏书除供藏书家本人及家族利用外，还应为天下人所共享。

②“传布为藏”“流通开放”。开明的藏书家认为，流通藏书是保存祖国文化遗产的根本有效、切实可行的途径，批评保守藏书家们“知秘藏之为守，而未知广传于世之为善其守也”。

③“考镜校勘”“刊刻流布”。在许多藏书家心中，刊刻是流布藏书的最佳形式，也是服务社会、流芳百世的至高境界。清藏书家张海鹏说：“藏书不如读书，读书不如刻书，读书只以为己，刻书可以泽人。”[①] 由于历代辗转抄写或刊刻的失误，古籍中几乎没有不出错讹的，开明的藏书家往往以自家藏书为校勘对象，承担起校书刻书的职责。

三、藏书开放的思想实践

藉书园、共读楼和古越藏书楼是三个清代藏书家践行藏书开放思想的具体案例。

1. 藉书园

清代名儒周永年所建。周永年（1730—1791），字书昌，山东历城（今属济南）人，清乾隆进士，曾参与纂修《四库全书》。周氏是“儒藏说”的提出者，为保存儒家文献，他建议仿效佛藏、道藏而建立儒藏，同时强调公开藏书。周永年亲自践行，将一生积累的万余卷藏书全部公开，并把藏书室命名为“藉书园”。藉者，借也，“藉书”意为公开借阅。周永年的思想和行为，影响很大。章学诚《藉书园书目序》云：“若天一阁、菉竹堂、传是楼、述古堂诸家，纷纷著簿，私门所辑，殆与前古艺文相伯仲矣。然或以炫博，或以稽数；其指不过存一时之籍而不复计于永久，著一家之藏而不复能推明所以然者广之于天下。其智虑之深浅，用心之公私，利泽之普狭，与周君（永年）相去当何如耶！”

① 叶昌炽．藏书纪事诗[M]．上海：上海古籍出版社，1989：618．

2．共读楼

清末藏书家国英建立的藏书楼。国英（1823—1884），字鼎臣，满族，道光年间曾任内阁中书。光绪二年（1876），在北京崇文门外东观音寺胡同的国英家族的宗祠东边，盖藏书楼五楹，名曰“共读楼”，意将藏书让大家共读。国英云：“其所以不自秘者，诚念子孙未必能读。即使能读，亦何妨与人共读。成人成己，无二道也。”这充分反映了国英开放藏书的思想。共读楼于光绪七年（1881）正式开放，藏书计3000余种，2万余卷，法帖400余册。其《共读楼条规》规定，每年除正月和腊月外，其余各月逢三、八两日开放，自上午十时开楼，下午四时锁闭，每次接待读者20人。所有藏书，仅允许在楼内阅览，概不得带出楼外。因共读楼邻近贡院，为配合乡试和会试，两试期间连续开楼十日，以供来京应试的举子观阅。“共读楼条规”实质上是我国早期使用开放藏书的一项规章制度，不仅有图书使用的办法，还有保护藏书的办法。

3．古越藏书楼

戊戌变法期间，维新派将藏书楼视为一种辅助教育的机构，赋予藏书楼以新的内容和作用。受维新思想的影响，浙江绍兴藏书家徐树兰（1837—1902）集议建造一座书楼，并命名曰“古越藏书楼”。据张謇《古越藏书楼记》记载，古越藏书楼“其事集议于庚子（1900），告成于癸卯（1903）”，开办古越藏书楼的宗旨有二：一曰存古，一曰开新。徐树兰将自己家藏的经、史大部及一切有用之书全部捐入，并添购了“近来译本新书及图书标本，雅训报章”，合计7万余卷，编目35卷，向社会各阶层人士开放。藏书楼还仿照西方图书馆，于中厅设阅览座位60个，每天上午九点至十一点、下午一点至五点开楼。所有藏书也只允许楼内阅览，不准携出楼外，每次仅许借书一册，阅毕后可再换其他图书。订立的《古越藏书楼章程》内容非常详细，包括名称、宗旨、藏书规则、借书规则及杂规等。与藉书园、共读楼相比，古越藏书楼的藏书开放实践有以下特点：

①其开办方针，打破了儒家一统的观念，提出存古、开新的宗旨。这不仅顺应了当时社会的文化发展思潮，还反映了藏书楼在性质上的变革。

②其办馆措施，在藏书范围上有所扩大，不仅有古书，还添购了一些从国外传入的科学书籍及我国近代出版的报刊。

③其服务范围，向社会公众开放，不问读者身份，不收任何费用，而且每天开楼供人借阅观览。不仅服务范围进一步扩大，在服务观念上也前进了一大步。

第三节　古代书院藏书重在利用

书院藏书的目的，既不同于政府，也有别于私家、寺观，书院藏书供学者、学生借阅利用，服务、服从于书院的教学与学术研究工作，南宋学者包恢《盱山书院记》曾言："夫以书院名，是所主在读书也。"因此，古代书院藏书将"为用而藏，藏以致用"的精神体现得较为充分，形成一系列公共、开放的藏书利用机制。

一、藏书的整理与编目

古代书院藏书来源广泛，书院按不同的分类标准编制不同的书目，供读者检索、查阅，从而提高藏书利用率。书院征集到图书后，在图书进入流通环节之前，还有一个整理与编目环节。整理工作分两步。第一步是先验收登记入账，以备日后稽查。登记的内容各个书院略有区别，大体是要载明书名、书籍数量（包括卷数、册数等）、收书时间、书籍来源。如此信息，类似于今天的图书馆采编目录，其主要功能在于"登记"，方便进行馆藏管理。第二步是进行加盖馆藏印记，如岳麓书院的藏书，每本封面上都要加盖"岳麓书院监院"钤记，首尾两页则盖"岳麓书院藏书"图记。

藏书达到一定量后，编制藏书目录，将院藏图书分门别类。这种目录的主要功用在于为读者提供利用工具，体现藏书的"实用性"。据现存的书院藏书目录，书院藏书分类曾出现过 20 多种门类、50 余种小类目名称，可谓名称繁多。一般按经、史、子、集四部分类，并细分至二级类目，各书皆著录书名、作者、版本、卷数及院藏数量。而虞山书院的藏书目录则分成圣制、典故、经故、子部、史部、理学部、文部、诗部、经济部、杂部、类书 11 类。书院藏书的设类均有一定的依据和标准，例如开封的大梁书院专门制定《编次目录略例》，有专论书院图书分类的内容，以阐明分类原则，这也是对古典目录学的一种贡献。而《萃升书院藏书目录》《广雅书院藏书目录》《岳麓书院书籍目录》和《岳麓书院新置官书总目录》等藏书目录，充分体现了书院藏书管理人员进行藏书编目的成果，它们类目清晰，著录详明，有利于书院典藏上架和流通等利用工作。

二、藏书借阅与阅读辅导

与政府藏书和私家藏书相比较，书院藏书利用率最高。明清时期，书院形成了一整套完备而方便的藏书借阅制度，从借阅的手续、期限、册数、范围到毁损图书的惩罚等，都有明确的规定。如岳麓书院规定，书院院长及住斋诸生取阅书籍时应由监院发交，造册存查，随时登记册数，阅后缴册销号。

（1）书院读者范围

书院最基本的读者是学者和学生，后逐步扩大至书院的管理人员和院外所有的读书人，包括官吏。如惠州丰湖书院《借书约》规定："管理书藏之绅士及董事，许其借书。"南京惜阴书院，其章程规定藏书向"本籍士子无书者"开放，即本地的所有读书人均可借阅书院藏书。厦门博闻书院规定，无论士农工商，只要是"厦地仕宦绅商文雅之士"，皆可领取"执照"（相当于现代图书馆中的借阅证），进入书院读书或者借阅书籍。上海格致书院藏书借阅规定更为宽松，凡遵守该书院约定者都在读者之列。

（2）藏书借阅期限

明清书院有完善的藏书借阅制度，借阅期限 5 天、10 天、15 天不等。肇庆端溪书院借阅期限是 15 天，逾期则由图书管理人员催还。浏阳洞溪书院规定：对那些自备生活用品居住在书院内的读者，书院一次可以借给他们若干本书籍，5 日之内归还者，可以续借；对于居住在书院外的读者，书院准许他们一次借阅若干本，15 日之内归还者，同样可以续借。如果逾期不还，将被罚钱 100 文；倘有污损及遗失书籍者，则按照书籍的"成本及力钱"赔偿。

（3）藏书开放时间

明清时期，书院的藏书场所都有固定的开放时间，一般每年除假期以外，约有 10 个月的开放时间。每个月的开放次数各书院不同，有每 10 天开放一次者，有 5 天开放一次者，还有在学习期间每天开放的书院。如厦门博闻书院于每日早晨十点开门，日落之时关门，天长的时候每天开放时间六七个小时，天短的时候每天开放时间五六个小时，开放时间类似今天的图书馆。[①]

古代书院还普遍重视对藏书目录的利用，将藏书目录悬牌于书院门首，令读者通晓。为了配合教学进度和学习要求，对教师指定学生每月所需阅读的图书，由管理人员斋长负责把目录一一列出，借阅者一览便知。

三、藏书为教学和学术研究服务

书院的教学，一方面是课堂讲授，另一方面特别注重培养学生独立学习的能力。教学中，书院一般以学生个人读书钻研为主，教师重视对学生读书自修的指导，起到“解惑”的作用。因此，书院的藏书楼等图书借阅之所便成为学生读书自学、钻研学问的场所。书院藏书的管理密切配合教学之需，重在使用，为培养人才服务，具有鲜明特色。书院讲学的名师常常为学生开列导读书目，以此指导学生有目的地精读与博览书院藏书。清代乾嘉以后，学术重点由“程朱”转向“汉学”，“汉学”是一种讲究根底的学问，对知识的积累要求很高。诂经精舍、学海堂等书院的师生们利用藏书，精研经史，综览诸子百家，书院成为学术门派的渊薮。书院学术大师通过组织学生参加研讨和著述、编书与刻书，促进学术研究。在教学过程中，名师要求学生研读有关著述、讲义等，引导学生自行钻研、自行体会。如学海堂规定，学生每人发一读书科研日程簿，“依所颁日程簿，逐日自为填注”，所有课业定期交学长评阅。学长根据学生“识见”及功力大小，指导学生治学方法，开列进一步研究的参考书。学生课业和学术研究成果，经学长评阅后，质量好的，推荐收录于《学海堂文集》，刻印出版。

---

① 肖东发. 中国书院藏书[M]. 贵阳：贵州人民出版社，2009：8-11.

第十二章

藏书家、藏书楼和藏书印

第一节 藏书家

在我国古代藏书体系中，私家藏书活动参与人数最多，发展过程最活跃，事业成就最突出。如政府藏书一样，私家藏书也有着悠久的历史。夏、商和西周时期，“学在王宫”，统治阶级掌握着典籍文献的制作、利用和管理，藏书与私人无缘。春秋战国时期，士阶层的兴起，突破了统治阶级对文化的垄断，形成了百家争鸣的学术局面，学人著书立说，出现了私家藏书产生的社会条件。历经汉魏六朝和隋唐五代的不断发展，宋代以后，私家藏书与政府藏书和书院、寺观藏书形成“三足鼎立”的局面。私家藏书具有数量多、分布范围广泛以及遇到社会战乱动荡时不易悉数毁散的特点，对保存典籍、传播文化发挥着不可替代的作用，对推动古代图书馆事业的发展作出了杰出的贡献。

藏书家是私家藏书活动的发起者和亲历者，著名学者胡道静先生曾言：“古籍宏富，甲于寰宇。是虽作者之众，亦赖藏家之多也。我国历史上有闻名、无名之私家护书英杰，节衣缩食，倾力输财，在历史长河中作无穷之接力泳进，积功立德，蔚为景观。”① 范凤书先生探讨藏书家与私家藏书之称谓关系时认为，谈私家藏书，实质上就是言藏书家的藏书历史，而藏书家、藏书楼乃至藏书印是了解私家藏书的一把钥匙，因此，研究私家藏书，就不能不介绍藏书家、藏书楼和藏书印。本章专论私家藏书活动中的藏书家、藏书楼和藏书印，希以此为视角，近距离地考察这些“有闻名、无名之私家护书英杰”在保存典籍、传播文化过程中“作无穷接力”的活动事例。

① 周子美，胡道静．总序[M]// 周子美．嘉业堂钞校本目录·天一阁藏书经见录．上海：华东师范大学出版社，1986：总序5-6．

一、藏书家的界定

“藏书”一词最早见于《庄子·天道》，其曰：“孔子西藏书于周室。子路谋曰：‘由闻周之征藏史有老聃者，免而归居，夫子欲藏书，则试往因焉。’”《韩非子·喻老》亦云，“书者，言也；言生于知，知者不藏书”，“故知者不以言谈教，而慧者不以藏书箧”。可见在战国时期，“藏书”已成为社会固定的交流词语。“藏书家”一词最早见于宋代叶梦得《过庭录》中：“公卿名藏书家如宋宣献、李邯郸，四方士民如亳州祁氏、饶州吴氏、荆州田氏等，吾皆见其目，多至四万许卷。”① 宋代雕版印刷的普及，促进了私家藏书的发展，因而对藏书所有者的称谓也自然成熟固定，形成了“藏书家”这一专用词语。

自宋代以来，“藏书家”一词已使用千余年，但几乎没有给予过“藏书家”规范的定义，就连《辞海》等工具书也没有将其列入词条。研究私家藏书的论著中，也没有对其内涵和定义进行阐述。古籍文献中，仅见到《四库全书总目》卷首载录的乾隆三十九年（1774）七月二十五日圣谕中提到了藏书家，云：“其一人而收藏百种以上者，可称为藏书之家。”所谓“百种”，应该是特指进呈私人藏书达到表彰标准的书籍量。若以此标准定义藏书家，在当时是不合理的，因为按照这个标准，几乎当时所有的读书人都是藏书家。清末《常昭合志稿》指出：“藏书家一目，其标准则称皆有书万卷以上，而且专心笃好者。”意为藏书家应是收藏万卷以上图书，且专心好学的人。这里或指明清时期的藏书家，但若以万卷藏书作为藏书家的条件之一，则此前能达此标准者不会很多。

那么应该怎样界定“藏书家”？藏书家应具备怎样的基本条件？可以通过总结他们的藏书实践活动来认识。名副其实的藏书家对藏书事业发展的贡献是有目共睹的，他们不仅收录大量的典籍文献，还对典籍进行整理，使之收藏有序。他们的藏书具有自己的特色，他们还利用所藏典籍进行一系列学术研究活动。我们梳理出的成为藏书家的基本条件如下：

（1）必须“多书”，有相当数量的收藏积累

藏书家的收藏规模随时代发展而不断增多，所以对藏书量的要求各有不同。如：汉代以前，只要收藏数百卷即可称为藏书家；魏至唐代，应达到千卷

① 张富祥．宋代文献编纂述要[M]．济南：山东大学出版社，2019：358.

以上；宋代至清代，应达到数千卷，甚至万卷以上。

（2）藏书要有一定的质量，数量是前提，质量是根本

具体来讲，要有相当数量的属于中国历代积累的优秀文化典籍，藏本有体现出历史文物价值、研究资料价值和艺术鉴赏价值的文化专藏。

（3）藏书应有一定的整理和应用

藏书整理包括分类编目、著录题跋、曝晒保藏等；藏书应用也是多方面的，除用于藏书主人的学习、研究、著述外，还可以用于教育子女、开放供友人士子研读等。

基于以上三条，可以给“藏书家”作如下界定：指那些对藏书作出贡献，并具有一定图书收藏规模且藏书价值较高的文化人士。

二、藏书世家

纵观古代藏书史，有相当多的藏书家参与整个家族共同的藏书活动，而且，藏书家之书亦是经多方努力获得并长期积累下来的。藏书家多出自文化世族，世代藏书，传之子孙。历代藏书家中，有父子藏书家，有夫妇藏书家，更有相当的藏书流传至二世、三世，甚至六世以上。习惯上，我们把这类藏书很多，并一直延续下去的文化家族，称为藏书世家。“世家”的说法最早见于司马迁的《史记》，他将对历史产生过重要影响的大族人士归之于世家。藏书世家乃指藏书家中历代收藏典籍，并将其作为家族事业累世相传，收藏宏富的著名藏书氏族。它们是藏书事业的文化豪富之家，是真正的书香世家。

据史料记载，宋代沿袭二代以上的藏书世家有数十家之多，其中沿袭三世以上事迹可考的有十四家。① 藏书活动维持三四代，在当时是较普遍的现象，周密称“吾家三世积累”②，晁说之也说“予家则五世于兹也”③。更有甚者，四川眉山孙氏的藏书楼建于唐代后期，经过历代不懈努力，至南宋时已延续十余世

① 傅璇琮，谢灼华．中国藏书通史［M］．宁波：宁波出版社，2001：360．

② 周密．书籍之厄［M］// 周密．齐东野语：卷十二．北京：中华书局，1983：216．

③ 晁说之．景迂生集卷十六·刘氏藏书记［M］// 景印文渊阁四库全书：集部第1118册．台北：台湾商务印书馆，1982：306-308．

之久，人称“书楼孙家”[①]。明清著名的藏书世家有宁波范氏、山阴祁氏、常熟瞿氏、吴县潘氏以及海宁蒋氏等。

藏书世家作为古代藏书文化中独特的文化现象，其形成原因主要有以下三个方面：

（1）家族财力的支持

清代学者黄宗羲曾言：“藏书非好与有力者不能。”对藏书家而言，喜欢藏书是前提，有足够的资金去收购藏书则起决定作用。藏书家的藏书活动必须依靠相当的经济实力来支撑。纵观历代藏书世家，或是郡望显赫的仕宦藏书世家，或是学有渊源的世儒藏书世家，甚至是士族阶层的藏书世家，他们的家庭资产均相当丰厚，为收集藏书、累世传递提供了长期稳定的经济基础。

（2）“耕读传家”的风尚

藏书世家一般都有家学渊源。家学作为世家文化的精神基础，深受“耕读传家、诗书继世”儒家伦理思想的影响。在传统文化中，物质基础是“耕”，文化基础是“读”，藏书世家也建立在“耕读传家”风尚的基础上。藏书世家不是从一开始就是世家，最初的建立者或没有充足的财力支撑，需要用“耕”来维系生活，寒窗苦读数载考取功名，步入仕途，为让后代获取知识，倾心大量藏书。他们多有“遗金满籯，不如遗一经”的思想，认为与其留给子孙大量的田地家产，不如传给子孙求知增智的书籍；家财总有花光的日子，只有知识会带来无穷无尽的益处。

（3）“学优则仕”的观念

从两汉的察举制、魏晋南北朝的九品中正制到隋朝开始的绵延1300多年的科举制，均体现出择读书优秀人才从官辅政的政治理念。自汉代已降，一些藏书家通过藏书苦学而至官宦显达。为保持家族地位，藏书家往往要用搜集的藏书教育子孙，子孙因博学而步入仕途后，反过来光耀门楣，使得家族经世不衰，世家的兴旺与藏书的发展是相互作用的。例如唐玄宗时期的张嘉贞，因博学位至宰相后开始藏书并教育子弟。其子张延赏，能承父志，嗜好读书，唐肃宗时也考取功名，并官至宰相。到其五世孙张彦远，在良好的家风影响下，能继续丰富藏书，读书治学，同样考取功名，保持了家族的兴盛。像这样“三世

① 魏了翁．鹤山先生大全文集卷四一·眉山孙氏书楼记[M]//四部丛刊初编：集部第1247册．上海：商务印书馆，1922．

宰相，五世藏书”的藏书世家例子，充分说明了“学优则仕”的观念是深植于藏书家的藏书思想中的。

三、藏书家类型与流派

（一）藏书家类型划分

1. 藏书家“二类说”

这是藏书家类型划分的最早说法，由明代学者胡应麟提出。他借用宋人对画家的分类方法，将藏书家分为“赏鉴”“好事”两类。他说：“画家有赏鉴，有好事。藏书亦有二家。列架连窗、牙标锦轴，务为观美，触手如新，好事家类也；枕席经史、沉湎青缃，却扫闭关，蠹鱼岁月，赏鉴家类也。”①

2. 藏书家“五类说”

清代洪亮吉继承和发展了胡氏的藏书家分类说，根据藏书家的旨趣和成就等特征，将藏书家分成考订、校雠、收藏、鉴赏和掠贩五类。洪亮吉的“五类说”显然比胡应麟的“二类说”进步。他看到许多藏书家本身就是学者的实际情况，不能一概归之于“好事”“赏鉴”，故将学者藏书家归纳为考订、校雠两类。同时，他还把书贾作为掠贩家划入藏书家行列，这也是比较符合客观事实的。

3. 藏书家“新五说”

清末民初，著名学者叶德辉在对洪亮吉藏书家“五类说”进行研究的基础上，对洪说进行了修正和完善，提出了“新五说”，将洪亮吉五类中的考订、校雠合并为著述，将专门从事刻书者单设一类，即校勘，这样就成了“新五说”：著述、校勘、收藏、鉴赏、掠贩。

4. 藏书家“三类说”

与叶德辉同代的藏书家缪荃孙则将藏书家分考订家、校勘家和收藏家三类。今人程焕文先生也持“三类说”，但与缪氏观点略有不同。程焕文先生认为可将藏书家分为三类，其一曰学问之藏书家，其二曰收藏之藏书家，其三曰掠贩之藏书家。

① 胡应麟．少室山房笔丛·经籍会通[M]．北京：中华书局，1958：62．

（二）藏书家的流派

1. 开放派与保守派

程焕文先生在藏书家“三类说”的基础上进一步分析，认为尽管各家在藏书家类型的具体类目上有所变化，但他们依据的分类标准是一致的，那就是以藏书家收藏图书的目的为标准，这不足以完全概括某类藏书家的特色，若以流派而论，更为贴切。他将藏书家大致分为“开放派”与“保守派”两类。开放派的特点是藏而致用，藏用结合。先贤所谓“考订家”“校雠家”“著述家”“校勘家”“掠贩家”均属此流派。保守派的特点是藏而鲜用，为藏而藏。先贤所谓“收藏家”“赏鉴家”多属这一流派。①

2. 常熟派与浙东派

清代一些学者开始重视藏书家地域特性的研究，并以此作为划分藏书流派的依据。随着宋室南迁和中国文化中心的南移，明清以来江浙地区已成为藏书家密集地区，形成了不同的藏书中心，如浙东和浙西的杭嘉湖地区与江苏常熟、金陵、吴县等地。其中常熟被誉为历代私家藏书的重镇，形成了常熟派（亦称虞山派）；而僻在海隅的浙东地区藏书家，也形成了自己的浙东派。

常熟派藏书家和浙东派藏书家有各自的特点。

首先，在收藏志趣上有差别。以钱谦益为代表的常熟派藏书家首开好古藏书之风，所藏多宋元刻本、抄本及稿本，特好抄书，毛晋父子汲古阁所抄书多达 240 余种。浙东派藏书家比较重视收藏当代人著作，以范氏天一阁为代表，明人著述及明代所刊的明代以前古籍为其藏书特色。

其次，在收藏内容上有不同。常熟派藏书家收藏的图书偏重正经正史，尤其尊经；而浙东派藏书家则比较重视收藏史部、集部图书，史部也不限于正史。现存的天一阁藏书中明代地方志、政书、实录和诗文集特别多。

最后，两派的藏用原则也有区别。浙东派藏书家更偏重于藏；常熟派藏书家还具有一定的流通古籍、藏书致用思想，他们通过传抄、编目、刻书、借用等方式，使得典籍得以传播和利用。

常熟派藏书家的收藏风格及藏用原则对后世产生了深远的影响，清末四大藏书楼（常熟瞿氏铁琴铜剑楼、杭州丁氏八千卷楼、吴兴陆氏皕宋楼、山东聊

① 程焕文．关于私人藏书家的分类[J]．图书馆理论与实践，1985（4）：20-22．

城海源阁）均继承了常熟派传统。现今国家收藏的大量宋元本珍贵古籍，其中有常熟派藏书家的重大贡献。常熟派藏书家好古求全的收藏，还极大地推动了校勘、辑佚、编纂、出版等文化事业的发展。浙东派藏书家厚今薄古，面向当代，重史、求专的收藏也是卓有建树，他们的藏书特色正好弥补其他收藏系统的缺失，对浙东派学术的发展起到了巨大的推动作用。①

① 郑丽．我国古代私家藏书流派浅析[J]．四川图书馆学报，2011（1）：88-90.

第二节　藏书楼

藏书楼是我国古代收藏图书的建筑。从商代设置收藏甲骨文献之所至20世纪近代图书馆诞生，我国古代藏书楼前后历经3000多年。

古代的藏书楼主要有四种，即官府藏书楼、私人藏书楼、书院藏书楼和寺院藏书楼。本节主要介绍官府藏书楼和私人藏书楼。

一、官府藏书楼

中国古代官府藏书楼的雏形是殷商时期甲骨文献集中放置的地方。当时王室在宗庙占卜之后，将所刻的卜辞收藏在宗庙的“龟室”之中。宗庙不仅是重要的行政场所和供奉先祖的庙宇，也是储藏典籍的处所。西周时期，官府藏书机构称“藏室”。

春秋时期的藏书处称作“故府”。秦始皇统一六国后，构建了官府藏书体系。汉代藏书事业发展极快。汉高祖时期的藏书主要收藏于萧何督造的三座藏书楼中，它们是当时朝廷的主要藏书处，分别为收藏入关时得到的秦朝存书的石渠阁、收藏贤臣画像的麒麟阁和收藏其他图书典籍的天禄阁。魏晋南北朝时期，梁武帝积极征集图书，特意开辟了两座藏书楼——文德殿和华林园来收藏图书典籍，到其晚年这两座藏书楼的总藏书量超过7万卷。

隋代官府藏书处以秘阁、观文殿、嘉则殿最为著名，其中嘉则殿规模最大。唐代著名的官府藏书机构是弘文馆、崇文馆等。宋代，统称“三馆”的集贤院、史馆和昭文馆是宋朝官方最重要的藏书机构。明初，朱元璋于南京奉天门外建文渊阁，以储古今载籍，之后又建东阁、华盖殿、弘文馆、秘书监来储藏古今图书，并将秘书监设为独立的国家藏书机构。明嘉靖十三年（1534）建成皇史宬，其所存放的典籍均为历朝宝训、实录和其他重要典籍。清乾隆时期纂修的《四库全书》被抄成七部，分别收藏在七个地方，即文源阁、文津阁、文渊阁、文溯阁的“内廷四阁”，以及镇江文宗阁、扬州文汇阁和杭州文澜阁的“江南三阁”。

二、私人藏书楼

历史文献中对私人构建藏书处的记载最早见于东晋王嘉《拾遗记》卷六所录的东汉曹曾“石仓藏书”故事。北魏平恒的“精庐”，当时可谓一座比较正式的藏书建筑。唐代藏书家构建的藏书楼著名的有三座，即田弘正的“书楼”、李磎的“李书楼”和张建章的“有书楼”，均聚书至万卷。据史料记载，当时的藏书楼已独立于居室。五代十国时，拥有藏书楼的藏书家更多。宋代以后，随着私人藏书数量的剧增，专门的藏书楼不断涌现，且大多有了专名。有资料记载的两宋藏书楼约40座，其中著名者如司马光的“读书堂”、欧阳修的“六一堂”、周密的“书种堂”等。发展到明清时期，藏书楼必称楼号的习俗更是蔚然成风，书楼林立，不胜其数。①

藏书家往往会给自己的藏书楼起一个或多个名号。藏书楼的命名取义多有深刻的文化内涵，每座藏书楼名称的背后都隐含着藏书家的深意，反映出藏书家不同的志趣、修养、情感以及收藏状况等。

（1）以名言典故命名，反映藏书家的性格情趣或志向愿望

如：明代叶盛的藏书楼“菉竹堂”，名称来自《诗经·卫风·淇奥》“瞻彼淇奥，绿竹猗猗”，取藏书楼“学问自修”之义；清代钱曾的藏书楼“述古堂”，典出《论语》“述而不作，信而好古，窃比我于老彭”；等等。

（2）以藏书目的命名，反映藏书家的藏书观

如明代祁承㸁的藏书楼“澹生堂”，取义于《文子·上仁》中“老子曰：非淡漠无以明德，非宁静无以致远”，表达了祁氏淡泊明志的藏书志向。

（3）以表明藏书之富与精命名

如以“万卷楼”命名藏书楼的自宋代至清代不下30家，清代翁方纲藏书楼名“三万卷楼”，陆心源藏书楼名“十万卷楼”，等等。以表明藏书质量之精命名的藏书楼，如：清代黄丕烈的“百宋一廛”，因收藏搜购得到的宋本图书

① 周少川，刘蔷．古代私家藏书楼的构建与命名[J]．中国典籍与文化，2000（1）：37-43．

百余种而得名；吴骞的藏书楼“千元十驾”，“千元”指拥有元刻本藏书千部，“十驾”出自《荀子·劝学》的“驽马十驾，功在不舍”。

此外，还有从纪念先世遗泽的角度命名藏书楼，以藏书家字号或者居处命名藏书楼，以收藏的善本书或珍贵文物命名藏书楼，等等。

著名的藏书楼“天一阁”，位于浙江宁波月湖西面的芙蓉洲上，明代嘉靖四十年至四十五年间（1561—1566）由兵部右侍郎范钦所建，迄今已历经400多年的沧桑。它是中国现存最早的私人藏书楼，也是世界上最古老的藏书楼之一，1982年2月23日被国务院公布为全国重点文物保护单位。

天一阁之名出于汉代郑玄注《周易》之“天一生水，地六成之”，清代学者全祖望《揭文安公天一池记跋》云：“吾乡范侍郎东明筑阁贮书，亦取以水制火之旨，署曰‘天一阁’。”范钦以“天一阁”命名藏书楼，体现了他“以水防火”的建阁理念。

天一阁坐北面南，为一座传统重檐重楼上下两层、硬山式木构建筑，上覆灰瓦，两侧山墙高出屋面呈风火山墙，为防邻里失火受殃及。上层一个通间，下层面阔六间。阁前后开窗，有长廊相互沟通。西端有一开间较小的楼梯间，供人上下。下层存放石刻或供读书阅览，楼上五间畅通用于贮书，南北两面装门设窗以利通风。书橱也是两面设门，便于前后取书，同时还利于通风换气，防霉防蛀。阁前有一水池，池水与月湖相通，终年不涸，池旁堆有假山，环植竹木。天一阁整体建筑既考虑引水蓄水的实用功能，又营造出一种清幽静雅、人文气息浓厚的江南园林景致。天一阁的命名方式与建筑形制还为清代“四库七阁”树立了样板。

第三节　藏书印

一、藏书印

藏书印又称藏书章，是指书籍收藏者（或部分特定阅读者）用以标识物权，兼以反映阅读、鉴赏、整理等藏书活动，或单纯展示个性情怀的一类玺印。[①]换句话说，藏书印是钤盖在图书收藏者自己购置或拥有的典籍文献上，以体现藏本与所有者关系，表达藏本主人个性情趣、爱好的印记。藏书印一般加盖在图书的卷端、目录、序言页、卷末页等处，甚至是书中某一页或书的最后一页。藏书印的功用主要在于征信，以示某藏本曾为某人所有。藏书印历来为版本学家、目录学家和藏书家所重视。藏书印与版式、行款、字体、纸张等均是鉴定古籍版本的重要依据，许多善本书录都将藏书印作为重要的信息内容加以著录。借助藏书印我们可以进一步了解藏书的递藏源流，藏书印是研究藏书家、藏书楼的直接史料。

此外，“自来藏家印记，多倩名人篆刻”[②]，故藏书印还具有一定的艺术鉴赏价值。如：明代毛晋的藏书印多出自汪昊之手，清代潘祖荫的滂喜斋藏书印多赵之谦手治，清代徐乾学的传是楼印乃顾苓之作，等等。这些藏书印或凝重古朴，或温雅秀逸，均可称精美之极。

“玺印之制，昉于秦汉，官私往还，取以征信。衍至唐宋，流传益广。”[③]然藏书用印之源，有学者认为出现于西汉，似难详考。据唐代窦息《述书赋》

① 王玥琳．妙无余：中国藏书印的历史与文化[M]．北京：国家图书馆出版社，2021：3.

② 王玥琳．妙无余：中国藏书印的历史与文化[M]．北京：国家图书馆出版社，2021：3.

③ 潘景郑．序[M]// 林申清．明清藏书家印鉴．上海：上海书店，1989：序1.

载，东晋仆射周颛曾有一枚“古小雌文”白文鉴藏印，这是最早提到鉴藏印章的史料。[①] 有专家认为，最早的藏书印要数唐太宗李世民的“贞观”两字连珠印，用于钤盖在皇宫内府所藏的珍奇书画作品上。如著名篆刻家邓散木认为：“收藏鉴赏印，兴于唐而盛于宋。唐太宗之‘贞观’二字连珠印，玄宗之‘开元’二字连珠印，借用于御藏书画，其滥觞也。”[②] 而著名书法家沙孟海认为鉴赏印章是由书画鉴定签名发展而来的，隋唐人鉴定法书真迹后，就在所鉴定的字迹上或副页上签名，表示负责鉴定结果的意思，后来发展成多用印章来代替签名。[③] 今天我们能够见到最早的藏书印实物是国家图书馆藏南北朝写本《杂阿毗昙心论》卷中所钤“永兴郡印”朱文方形官印，距今已有 1500 多年的历史。两宋时藏书印的刻制和使用已蔚然成风。到明清时期，私家藏书大盛，藏书印使用亦更为普遍，藏书印成为明清藏书文化的一道风景。藏书印格式也已较为定型，清末学者叶德辉《藏书十约·印记》云：“藏书必有印记。宋本《孔子家语》以有东坡折角玉印，其书遂价重连城。”明清两代，一些著名的藏书家几乎都有几方乃至近百方藏书印，每得好书，把玩珍赏后，必钤印藏本上。在藏书上钤印相沿成习，以至藏书上朱痕遍及。如国家图书馆藏《唐女郎鱼玄机诗集》宋临安府陈宅书籍铺刻本，最多一面书页上竟钤藏书印 40 余枚，从项元汴、朱承爵、黄丕烈等递藏，最后归之于袁克文，藏书印记录着这部珍贵宋刻善本的收藏轨迹。

二、藏书印的类型与内容

私家藏书印数量繁富，种类庞杂，形式和内容多彩多姿。从质料上看，藏书印有木、竹、石、玉、角、金属、玛瑙等，以石料为最多。大类下又有细分，如石质有鸡血石、青田石、寿山石等。从形体上看，藏书印有方、圆、条、器物、博古、几何形等，以方形为主。同样可以细分，如方有正方、长方，圆有正圆、扁圆。从书体上看，藏书印有正楷、草书、篆文等。篆文细分为大篆、小篆，以小篆为最多。从制作上看，藏书印有：凸版，形成阳文，又

① 萧高洪．中国历代玺印精品博览[M]．南昌：江西人民出版社，1995：221．

② 邓散木．篆刻学[M]．北京：人民美术出版社，1979：42．

③ 沙孟海．印学史[M]．杭州：西泠印社，1999：73．

称朱文；凹版，形成阴文，又称白文。以朱文最多。从体制上看，藏书印有单印（文字在一方之内）、子母印（又称连珠印，由二至四印文字合成），以单印为主。[①]藏书印的印文最简单的仅一字或一个符号，繁多的则达数百言。如杨继振一方藏书印文竟多达251字。[②]

按照印文内容，藏书印主要分为斋馆与收藏所印、阅读与鉴赏校读印、记书事印、闲章诸类。[③]

藏书楼雅号是藏书家人生志向、个性情趣、藏书宗旨以及学术修养的综合反映。斋馆印是以自家藏书楼的斋、室、楼、堂、阁等名称入印，如藏书家毛晋的“汲古阁”、徐乾学的“传是楼”等。收藏所印则在名号下缀以“珍藏”“秘藏”“收藏印”“书画印”等尾词，如藏书家丁丙的“八千卷楼藏书印”、卢文弨的“抱经堂藏书印”等。[④]

古代藏书家的藏书活动往往伴随阅读、鉴定、校勘和借观等一系列文化学术活动，由此形成了阅读与鉴赏校读印的藏书印类型。阅读类藏书印突出藏书人对书籍的潜心阅览研读之意。专门记录藏书家阅读活动的藏书印如陈鳣的“鳣读”印、吴骞的“吴骞读过”印、汪士钟的“汪士钟曾读”印、刘承干的“乌程刘承干读过之书”印等。鉴赏类藏书印主要是表达藏书家对书籍的欣赏和喜爱之情，多缀以欣赏、珍赏、珍玩、宝玩等字样，如汪士钟“阆源真赏”印、张蓉镜的“芙川张蓉镜心赏”印、乾隆皇帝的“几暇鉴赏之玺”印、刘承干的“翰怡玩赏”印等。鉴定类藏书印旨在记录藏书家考订书籍版本的成果，一般缀以鉴赏、鉴定、审定和精鉴等字样，如朱之赤的“朱之赤鉴赏”、阮元的“臣元奉敕审释内府金石文字”、张之洞的“张之洞审定旧椠精钞书籍印”等。

记书事藏书印又分“得书记事印”“捐书记事印”等，多得书记事印。得书记事印，如何元锡的“钱唐何氏梦华馆嘉庆甲子后所得书”印、张元济的“海盐张元济庚申岁经收”印、叶昌炽的“吴郡叶氏访求先哲遗书记”印。捐

① 刘尚恒．古代私家藏书印鉴的种类和含义[J]．江苏图书馆学报，2000（3）：48-52．

② 熊焰．藏书印的源流类型及功能[J]．收藏家，2003（9）：60-64．

③ 王玥琳．妙无余：中国藏书印的历史与文化[M]．北京：国家图书馆出版社，2021：321-359．

④ 熊焰．藏书印的源流类型及功能[J]．收藏家，2003（9）：60-64．

书记事印，如陆心源的“前分巡广东高廉道归安陆心源捐送国子监书籍”印、徐树兰的“会稽徐树兰捐”印等。

闲章主要是表达藏书家的藏书观、惜书情、旨趣欲求、处世态度等。印文多取材于前人诗词、文句、典故、箴言、警语等。

反映藏书家购书艰辛、藏书不易的，如清代陈鳣的“得此书，费辛苦，后之人，其鉴我”、朱彝尊的“购此书甚不易，愿子孙勿轻弃”等。

反映藏书家志趣爱好的，如明代毛晋的“明月千里故人来”“笔砚精良人生一乐”，清代杨以增的“禄易书、千万值、小胥钞、良友诒、阁主人、清白吏、读曾经、学何事、愧蠹鱼、未食字、遗子孙、承此志”，等等。

选用古之圣贤名人佳句，或摘录诗文典故的某一段落甚至全文的，如有“最长印文”称号的杨继振 251 字藏书印，其印文融藏书经历、先人训诫、抒发情怀、表达意愿于一体，实为藏书印中的巨制。兹录于后：“予席先世之泽，有田可耕，有书可读，自少及长，嗜之弥笃，积岁所得，益以青箱旧蓄，插架充栋，无虑数十万卷，暇日静念，差足自豪。顾书难聚而易散，即偶聚于所好，越一二传，其不散佚殆尽者，亦鲜矣。昔赵文敏有言：‘聚书藏书，良非易事，善观书者，澄神端虑，净几焚香，勿卷脑，勿折角，勿以爪侵字，勿以唾揭幅，勿以作枕，勿以夹刺。’予谓吴兴数语，爱惜臻至，可谓笃矣，而未能推而计之于其终，请更衍曰：‘勿以鬻钱，勿以借人，勿以贻不肖子孙。’星风堂主人杨继振手识，并以告后之得是书，而能爱而守之者。予藏书十万卷，率皆卷帙精整，标识分明，未敢轻事丹黄，造劫楮素，至简首卷尾，钤朱累累，则独至之癖，不减墨林，窃用自喜，究之于书，不为无补。”①

三、藏书印的功能与价值

古代藏书印主要体现了藏书的版本鉴定与递藏源流考察两方面功能，具有重要的史料价值和较高的艺术鉴赏价值。

（一）藏书印为版本鉴定提供了依据和线索

藏书印研究是古籍版本鉴定必不可少的内容，它能使我们掌握更全面的

① 熊焰．藏书印的源流类型及功能[J]．收藏家，2003（9）：60-64．

图书信息。古代藏书家，有许多同时也是知名学者，精于鉴别。他们考证得到的善本书籍，并将版刻源流和个人研究所得撰成题跋、识语，书写在卷首或卷尾，或前后扉页上，同时将个人藏书印钤盖在相应的位置上。因此，在书籍流传过程中附加上去的藏书印，对于版本的鉴定能起到重要的辅助作用。

（二）藏书印能体现出书籍递藏的源流轨迹

在前人流传至今的大量图书上，我们常可以清晰看到钤盖的数个或数十个藏书印。很多珍贵古籍往往经过数代名藏书家递藏，通过印章的钤盖次序，我们可以大致了解一部书的收藏情况和递藏顺序。比如清代顾氏碧筠草堂刻本《重刊校正笠泽丛书》，历经著名藏书家朱彝尊、吴翌凤、刘承干等人递藏，卷内依次钤有“山阳朱氏潜采堂所藏善本图书之印”“吴翌凤家藏文苑”“吴兴刘氏嘉业堂藏”等印章。清代雍正时期的写刻本《唐人万首绝句》上钤有“逸园藏书印”“莲客”“于怀”“莲客读本”等印，可知该书曾经陶湘、于莲客两人递藏。因有印鉴可证，学者一看便知某书的原藏、继藏和终归情形，其传承源流清晰可辨。

（三）藏书印具有重要的史料价值

书籍上钤盖的藏书印为藏书家生前所为，印文属于第一手资料，较之后人笔述更为可信。藏书印印文既可补文献的不足，又可纠文献记载的错谬，还可以订补藏书家传记的阙遗。如清代中晚期藏书家完颜景贤，字享父，号朴孙，满洲镶黄旗人，精鉴赏，富收藏，因得唐代虞世南《孔子庙堂碑》《汝南公主墓志铭》《破邪论》卷册，命名藏书处为三虞堂，今知其藏书印有“金章世系景行维贤”“完颜景贤精鉴”“景行维贤”“完颜景贤字享父，号朴孙，一字任斋，别号小如庵”印，然《藏书纪事诗》等著述均失收，据藏书印可增补。[①]

（四）藏书印具有较高的艺术鉴赏价值

藏书印作为篆刻艺术作品，本身具有极高的欣赏价值。一方镌刻精致的藏书印可以将汉字的魅力展现得淋漓尽致，极具美感，堪称一件艺术品。藏书印

① 刘尚恒．古代私家藏书印鉴的价值和意义[J]．图书馆论坛，2000（2）：22-23，26．

多采用篆字，篆字具有严谨庄重的特征，藏书家将自己的审美追求通过篆字藏书印表现出来。一些藏书家本身就是篆刻艺术家，如元代赵孟頫、明代文徵明之子文彭等；另许多藏书家虽然本身不擅篆刻，但往往请篆刻名家代为镌刻印鉴，如汪关、汪泓、葛潜、赵之谦、王石经、黄牧甫等篆刻名家曾为藏书家治过印。[①] 名手所治之印，其形制、款式、篆法，匠心独运，使藏书印成为篆刻艺术中的精品，艺术价值倍增。

① 刘尚恒．古代私家藏书印鉴的价值和意义[J]．图书馆论坛，2000（2）：22-23，26．

第十三章

20 世纪中国图书馆事业的发展

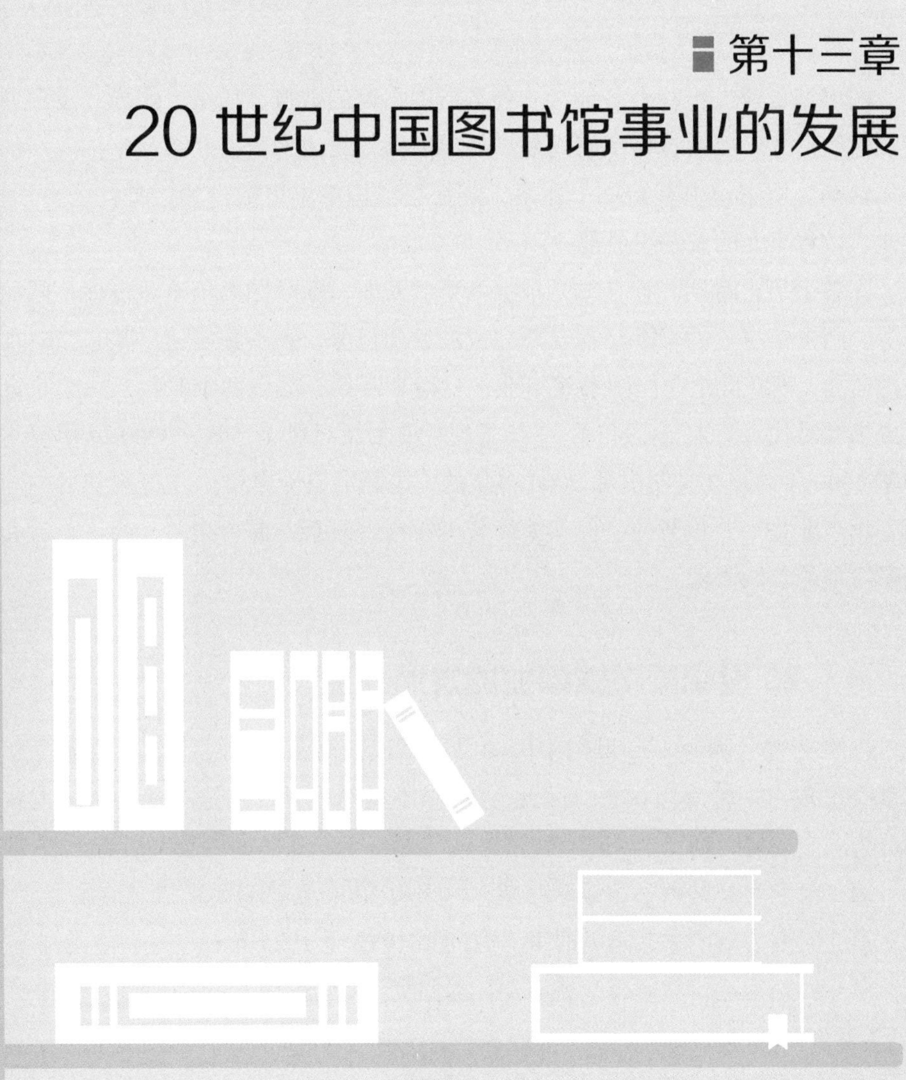

第一节　20 世纪中国图书馆事业发展历程

图书馆事业，指社会各地区、各类型图书馆的数量、质量、规模、发展速度和组织形式，以及提供图书馆发展的保障条件，成为紧密联系、整体发展的整体活动。图书馆事业是一个体系，是社会结构中不可缺少的，是社会科学、文化、教育事业的重要组成部分。

在各个历史时期，社会总是根据本身的需要，赋予图书馆事业发展不同的任务。图书馆事业的全部活动及所完成的一切任务，无不真实地反映了当时社会的需要。①20 世纪中国图书馆事业，自清末开始，经历两个时代，一个是近代图书馆时代（清末至 1949），一个是现代图书馆时代（1949—2000）。尽管与中华 5000 年的悠久文明史和 3000 多年的中国图书馆历史相比，20 世纪的中国图书馆事业是十分短暂的，但却演绎着一段错综复杂、曲折坎坷、起伏跌宕和精彩纷呈的发展历程。

一、20 世纪图书馆事业的发展时期

程焕文先生认为，20 世纪中国图书馆事业的两个发展时代，大约每隔 10 年就会呈现出一种发展状态，因此，他将 20 世纪中国图书馆事业的历史大致划分为八个发展时期。

第一时期为公共图书馆运动时期，时间为 1900 至 1911 年；

第二时期为新图书馆运动时期，时间为 1912 至 1925 年；

第三时期为近代图书馆兴盛时期，时间为 1925 至 1937 年；

① 吴慰慈，董焱．图书馆学概论 [M]．第 4 版，北京：国家图书馆出版社，2019：125.

第四时期为近代图书馆衰落时期，时间为 1937 至 1948 年；

第五时期为现代图书馆兴起时期，时间为 1949 至 1965 年；

第六时期为现代图书馆停滞时期，时间为 1966 至 1976 年；

第七时期为现代图书馆复兴时期，时间为 1977 至 1991 年；

第八时期为现代图书馆黄金时期，时间为 1992 至 2000 年。①

20 世纪中国图书馆事业又经历了三大变革。

第一大变革为图书馆所有制的变革，包括发生在清末到民国初期的从封建图书馆事业向半殖民地半封建图书馆事业变革和发生在 1949 年新中国成立以后的从半殖民地半封建图书馆事业向社会主义图书馆事业变革。

第二大变革为图书馆技术方法的变革，包括发生在从清末一直到 20 世纪 70 年代的从传统手工操作技术方法向现代手工操作技术方法变革，以及发生在 20 世纪 70 年代至 2000 年的从现代手工操作技术方法向自动化操作技术方法变革。

第三大变革为图书馆性质的变革，即图书馆从私有、封闭、专用向公共、公开、共享的变革，这一变革贯穿于 20 世纪中国图书馆事业的发展全过程，自兴办近代图书馆开始，至 20 世纪末仍没有彻底完成。②

二、20 世纪图书馆事业的发展高潮

程焕文还认为，20 世纪中国图书馆事业的发展过程中，还经历三次图书馆建设高潮，它们分别是新图书馆建设高潮、新中国图书馆建设高潮和信息资源共享高潮。

新图书馆建设高潮的标志是 1925 年中华图书馆协会的成立，所处的时间是 1925 至 1937 年。它的意义在于奠定了 20 世纪中国图书馆事业发展的基本格局。这次高潮形成前经历了两个准备阶段，分别是“公共图书馆运动”（1900—1911）阶段和“新图书馆运动”（1912—1925）阶段。

新中国图书馆建设高潮的标志是 1957 年《全国图书协调方案》的颁布，

---

① 程焕文．百年沧桑 世纪华章：20 世纪中国图书馆事业回顾与展望[J]．图书馆建设，2004（6）：1-8．

② 程焕文．百年沧桑 世纪华章：20 世纪中国图书馆事业回顾与展望[J]．图书馆建设，2004（6）：1-8．

所处时间是 1957 至 1962 年。它的意义在于奠定了新中国图书馆事业发展的基本模式。这次高潮形成前经历了两个前奏，分别是旧中国图书馆事业的改造（1949—1952）和新中国图书馆事业的建设（1953—1957）。

信息资源共享高潮的标志是 1999 年教育部启动 CALIS（China Academic Library & Information System，简称 CALIS）项目，所处时间是 1999 年至 20 世纪末，它的意义在于开创了 21 世纪我国信息资源共享的基本模式。这次高潮形成前也有两个前奏，其一是图书馆事业的恢复（1977—1984），其二是图书馆事业的兴盛（1985—1998）。①

三、20 世纪图书馆事业的观念变迁

图书馆观念是指在图书馆事业发展进程中，能指导图书馆事业发展方向和前景的、具有一定前瞻性或预见性的意识或思想。20 世纪中国图书馆事业发展经历的 19 世纪末 20 世纪初从古代藏书楼向近代图书馆变革和 20 世纪 80—90 年代由传统图书馆向现代化图书馆转型，都是由先进观念作为思想启蒙和引导而得以实现的。张树华先生的《20 世纪中国图书馆观念的变迁和发展》按时间顺序，介绍了 20 世纪不同时期图书馆观念的变迁。

1. 清朝末年至辛亥革命前（1898—1911）

主要有清末维新派人士倡导建立开放式藏书楼的观念和清末政府图书馆宗旨的观念。

以康有为、梁启超、汪康年等为主的维新派人士倡导建立新式藏书楼，建立开放式藏书楼的观念。主要体现在以下三个方面：

（1）将藏书楼开放，供士人公共使用

这是对中国数千年封闭式藏书楼的挑战，也可以说是一次革命。

（2）“启迪民智、作育人才”

维新派把建立开放式藏书楼作为“推行新政、作育人才”的一种手段，赋予其新的使命和机制。

（3）“存古开新”

“存古”是指保留我国传统文化精粹。古代的文化、历史、礼仪、制度、

① 程焕文．百年沧桑 世纪华章：20 世纪中国图书馆事业回顾与展望[J]．图书馆建设，2004(6)：1-8.

科技等得以不断继承、延续，多赖“存古”思想。“开新”是戊戌变法的重要思想，“开新”的内容主要是学习西方的政治体制、科学技术、教育制度等。“存古开新”的观念，体现了当时既要保存传统文化，又要开拓西学东渐，借鉴西方学术的态度。

1909 年清政府颁布《京师图书馆及各省图书馆通行章程》，该章程明确了清政府设立图书馆的宗旨，体现的观念有：

（1）“保存国粹”

保存国粹是我国历代藏书楼的优良传统，“保存国粹”观念深入人心，使得我国大批古代典籍得以流传至今，并使藏书得到系统、完整的保存。

（2）“造就人才”

把图书馆当作培养人才的机构。明确图书馆的服务对象既包括硕学、专家，也包括学生、士人，馆藏既供硕学、专家，也供学生、士人参考利用。

（3）“广征博采”

图书馆收藏方面要兼顾中外书刊；在图书馆的工作管理、规章制度、藏书利用等方面要善于汲取西方图书馆管理模式和技术方法。

2．辛亥革命至五四运动前（1912—1918）

这时期形成了许多观念和主张，如平民教育、平民利用图书馆、“兼容并包”等观念。平民教育观念促进了当时通俗图书馆事业的快速发展。“兼容并包”观念对北京大学图书馆的藏书建设有很大的推动作用，图书馆广征博采包容各种政治和学术观点的书刊，通过这些书刊的收藏、流通、推广和利用，培养了北京大学思想争辩的学风，推进了民主、自由风气的形成。

3．五四运动后至全面抗战前（1919—1937）

五四运动高举民主与科学旗帜，对民众来说是一次伟大的思想启蒙运动。在五四精神影响下，图书馆形成了许多新的办馆理念。当时图书馆界受两方面思想的影响，一个是以李大钊为首的无产阶级革命派思想，另一个是以杜定友、刘国钧为代表的欧美海归派思想。

无产阶级革命派的观念包括为劳工服务，平等，提倡开架借阅和采取“兼容互需”藏书建设方针，等等；而欧美海归派的观念包括图书馆是教育机构，图书馆的书籍要为公众所用，“中西合璧”的图书馆理论和方法，图书馆协作，等等。五四运动以后，图书馆数量日益增多，并已逐渐形成体系。图书馆事业的发展需要有理论指导，欧美海归派依据西方图书馆学的内容，编写出版了一些图书馆学著作，但西方图书馆理论和方法并不适合中国的国情，于是编撰“中西合璧”图书馆著作成为共识。如杜威的“十进分类法”被引入我国后，图书馆学者结合中国国情进行大胆改革，以沈祖荣、胡庆生编制的《仿杜威十进分类法》和杜定友编制的《世界图书分类法》为代表。

4. 全面抗战时期（1937—1945）

这一时期，为了避免我国珍贵的古籍善本遭到日寇的掠夺和破坏，许多大型图书馆，甚至学者个人都积极行动起来，为抢救和保护国宝珍本，作出了极大的努力，凸显了我国传统的“保护藏书”观念。

5. 新中国成立初期（1949—1965）

这一时期，形成“为工农兵服务”“为科学研究服务”以及协作与协调的观念。1949 年后的较长一段时间，图书馆办馆思想基本上以国家制定的方针政策为依据，是对自上而下的指示的贯彻执行。这一时期，图书馆成了“为广大工农兵服务”的文化教育阵地，采取“走出去、请进来”的工作方式。所谓“走出去”，就是主动到工厂和农村，通过图书流动站和巡回书库等渠道，将图书送到工人、农民手中；“请进来”则是图书馆开展多种多样的图书宣传活动，如展览、读者座谈会、讨论会等，吸引劳动人民到图书馆来学习知识，以提高文化水平。同时，为做好“两个服务”，必须走协作道路。1957 年制定《全国图书协调方案》，在国务院科学规划委员会下设立“图书小组”，负责全国各类型图书馆的协作与协调。

6.“文化大革命”时期（1966—1976）

这一时期，图书馆被看作阶级斗争和无产阶级专政的工具，图书馆的性质被歪曲，这种“阶级斗争”观念使我国图书馆事业遭受了一场空前的浩劫。

7. 改革开放后（1978 至现在）

1978 年以后，经过拨乱反正，全国呈现安定的良好局面，图书馆事业全面恢复，并有了较快的发展。随着知识经济时代的到来，图书馆新的思想观念纷纷涌现，如“知识是创造财富的第一要素”“知识就是力量”“图书馆是知识经济体系链条中重要的一环”等等。现代信息技术在图书馆的应用，也引发了图书馆价值观念的变化、信息资源建设观念的变化、用户观念的变化和服务观念的变化。这一时期，图书馆指导思想也产生了重大的转变，如反映“以人为本”“平等自由”的思想，体现特色服务、资源共享的观念。

回顾 20 世纪图书馆观念的演变过程可以看出，在各个历史时期，图书馆发挥教育功能是一条主线。同时，观念变化深受各时期政治思想和中心任务的影响。现代信息技术在图书馆的应用，对图书馆观念的变革是根本性的，导致图书馆从“文献的传递者”向“信息资源的导航员”转变，图书馆工作者具有信息专家身份，由“信息检索代理”转向“信息检索指导”[①]。

① 张树华. 20世纪中国图书馆观念的变迁和发展[M]//中国图书馆年鉴(2005). 北京：现代出版社，2006：51-59.

第二节 21世纪中国图书馆事业展望

进入21世纪以来，在国家高度重视和图书馆界的不懈努力之下，中国图书馆事业在20世纪的基础上进一步获得了快速发展，取得了令人瞩目的巨大成就。我国逐步形成了一个由国家图书馆、公共图书馆、学校图书馆、专业图书馆以及工会图书馆、军队图书馆等各类型、各系统图书馆组成的图书馆体系，各类型图书馆得到不同程度的发展，图书馆事业法治化取得重大突破，图书馆在公共文化服务领域和“全民阅读”事业中扮演越来越重要的角色，图书馆事业标准化管理和服务取得明显成效。

一、新世纪10年的中国图书馆事业

新世纪10年的中国图书馆事业得到全面发展，表现在五个方面：一是图书馆硬件建设和软件建设均得到发展，并且硬件与软件有机结合，发挥了应有的作用；二是传统图书馆内容、方法与现代信息技术手段相互融合，形成图书馆复合发展的模式；三是图书馆功能与效益得到同步提升；四是国家在新建一批实体图书馆的同时，也重点发展了一批数字图书馆或网络图书馆等虚拟图书馆；五是图书馆学教育进一步发展。

新世纪10年的中国图书馆事业发展主要特征：一是服务第一，以服务促发展。以服务带动图书馆的全面工作，明确“图书馆的核心价值”是收藏信息资源服务社会，满足社会需求。二是形成以人为本、无差别服务等现代图书馆理念，并且这些理念在图书馆界得到广泛实践。三是新技术在图书馆的广泛应用，使图书馆结构与功能发生重大变化。四是一些地区或系统为了加强地区间、系统间图书馆的合作与协调，探索文献资源共享新模式，构建公共文化服务体系新平台。

二、“十二五”以来中国图书馆事业取得的成就

1. 公共图书馆发展成绩显著

改革开放以来，国家在大力推进公共文化服务体系建设的进程中，为公共图书馆事业发展指明了方向，也提供了前所未有的发展机遇。截止到“十二五”末期，公共图书馆总藏量增长 6.39 亿册，建筑面积增长 1224.8 万平方米，财政拨款增长了 126.48 亿元。[①] 2018 年底的统计显示，全国共有公共图书馆 3173 所，比 1980 年增长了 1441 所，增长近 50%；总流通量 84529 万人次，比 1980 年增长 75489 万人次，增长 8 倍多。“十二五”以来公共图书馆积极推广自助图书馆、流动图书馆、图书馆总分馆制等成功经验，推进图书馆服务不断向城乡基层延伸拓展，城市图书馆连接社区，农村图书馆连接乡村并整合农家书屋。这些举措使公共图书馆服务网络日趋完善，服务效能逐步提升。

2. 高校、科研及基础教育领域图书馆设施装备更加完善

据“教育部高校图书馆事实数据库”统计，“十二五”时期各年高校新馆在建率分别为 57.90%、60.7%、55.0%、49.4%、39.4%。2016 年有 128 所高校图书馆新馆落成开放，2016 年高校图书馆的馆均经费及馆均文献资源购置费、馆均电子资源购置费均呈增长态势。馆舍面积持续扩大，馆均面积为 2.41 万平方米。高校图书馆人才队伍素质进一步提升，高学历人才比例上升。数字化设施全面普及，信息技术应用更加深入。资源共建共享活动走向深入，中国高等教育文献保障系统（CALIS）和中国高校人文社会科学文献中心（CASHL）在资源建设、平台再造、服务提升、管理优化、协同创新等方面发挥了重要作用，已成为支撑和保障中国高校教学科研的重要信息基础设施。

随着国家加大对基础教育的投入力度，中小学图书馆设施建设也快速发展。我国中小学已普遍设立图书馆（室），2012 年东部发达地区的江苏建馆率已达到 99.03%，浙江为 99.23%，中西部地区也均超过了 80%。[②]2018 年全国小学图书馆总面积 2312.79 万平方米，校均面积 142.94 平方米，比 2017 年增

① 中华人民共和国文化部．2016 文化发展统计分析报告[M]．北京：中国统计出版社，2016：363．

② 韩永进．中国图书馆事业发展报告：“十二五”时期图书馆事业发展卷[M]．北京：国家图书馆出版社，2018：8．

加11.48平方米。馆藏图书（含期刊）总量240294.10万册，人均23.24册，超过《中小学图书馆规程》规定的生均藏书册数二类标准（平均15册）8.24册。全国中学（含初中）图书馆总面积3428.08万平方米，校均面积521.78平方米，比2017年增加29.25平方米。馆藏图书（含期刊）总量263017.67万册，人均册数为37.42册，超过《中小学图书馆（室）规程》规定的生均藏书册数二类标准（平均30册）7.42册。①

3．法制及标准规范体系更加健全

继2016年12月25日《中华人民共和国公共文化服务保障法》出台后，2017年11月4日《中华人民共和国公共图书馆法》颁布。《中华人民共和国公共图书馆法》是公共文化领域的第一部专门法，它的颁布标志着公共图书馆事业从政策保障提高到法律保障；它将全民阅读、总分馆制、法人治理等写入法律，也标志着我国图书馆事业法制化建设进入一个新的发展阶段。

教育系统两部图书馆法规也相继修订并颁布实施。新修订《普通高等学校图书馆规程》于2015年底颁布，共8章48条，针对新时期高校图书馆事业的发展，特别是信息化建设与阅读推广等新情况，提出了新要求，制定了新规范，保障了图书馆的各项创新工作有序开展。新修订《中小学图书馆（室）规程》于2018年5月颁布，共7章39条，阐明了在新形势下，中小学图书馆（室）在学校教育教学中的地位、作用和基本任务，进一步明确了中小学图书馆（室）的管理体制，并对中小学图书馆（室）的条件保障作了明确规定。

2008年12月9日，全国图书馆标准化技术委员会成立，标志着我国图书馆行业的标准化工作进入一个新的发展阶段。《公共图书馆建设标准》（建标〔2008〕150号）、《公共图书馆建设用地指标》（建标〔2008〕74号）、《公共图书馆服务规范》（GB/T 28220—2011）等标准规范的颁布实施，使得我国公共图书馆行业管理有了具体的规范依据，极大地促进了行业标准化。

“十二五”时期，依托全国图书馆标准化技术委员会、全国信息与文献标准化委员会，图书馆领域先后立项国家标准制修订项目34项、文化行业标准制修订项目33项、文化部标准化科研项目13项。

4．重点文化工程和全民阅读活动持续推进

2002年正式启动的“全国文化信息资源共享工程”、2011年提出的“数字

① 王富．中国教育装备行业蓝皮书（2019版）[M]．北京：知识产权出版社，2019：138-156．

图书馆推广工程”以及 2012 年开始的“公共电子阅览室建设计划”是我国的三大数字文化工程，也是我国图书馆事业发展的重要工程。《中华人民共和国国民经济和社会发展第十三个五年规划纲要》明确将“全民阅读工程”列为“十三五”时期的重大文化工程之一。2015 年中共中央办公厅、国务院办公厅印发的《关于加快构建现代公共文化服务体系的意见》提出“深入开展全民阅读活动，推动全民阅读进家庭、进社区、进校园、进农村、进企业、进机关”。2014 年至 2019 年，“全民阅读”连续六年写进政府工作报告。全民阅读成为我国建设学习型社会的国家战略，公共图书馆是开展全民阅读活动的主阵地，全民阅读是 21 世纪公共图书馆事业发展的重要内容。

5. 图书馆服务功能进一步拓展

图书馆阅读服务功能不断延伸，阅读推广主体作用日益凸显。公共图书馆以世界读书日、图书馆服务宣传周等为契机，持续开展编制推荐书目、阅读调查、读者沙龙、品牌阅读等各种形式的阅读推广与指导活动。同时不断优化图书馆空间功能，各级图书馆围绕馆舍空间的现代化、人文化、生活化不断努力，逐步把图书馆打造成为人们喜爱和向往的公共文化空间。

三、21 世纪图书馆事业发展展望

（一）图书馆面临的挑战

图书馆将面临与网络搜索引擎、信息服务商、社会公共信息部门以及出版发行业的竞争的挑战，出现四大行业与图书馆服务竞争态势。

图书馆事业发展的不平衡与不充分的挑战。我国图书馆事业发展不仅存在着东西部差异、城乡差别、中心馆和分馆差别，还存在公共图书馆、高校图书馆、专业图书馆三大类型图书馆与其他类型图书馆之间的差别。

乡村图书馆发展存在着诸多问题，且形式化严重，效能很低，影响着我国公共文化服务均等化的进程。全国人口老龄化也带来了图书馆用户结构与服务需求改变等一系列挑战。

图书馆职业的规范化和科学性问题的挑战。我国目前尚未形成科学有效的图书馆职业资格认证制度，建立适合我国国情的图书馆职业资格认证制度任重而道远。

（二）图书馆变革

目前我国图书馆事业正进入新的变革时期，主要体现在以下几个方面。

1. 图书馆转型

图书馆转型即图书馆面对新的环境，对自身的资源、技术、服务、管理进行重新组织、创新与变革。图书馆事业的发展将紧紧围绕变革与转型，以更好地适应不断变化的知识环境，更好地满足用户需求，要在传统图书馆向现代复合型图书馆转化的基础上，实现空间、资源、服务与管理的进一步转型。

2. 前沿技术的运用

在“互联网 +”行动计划和大数据发展战略的推动下，人工智能、大数据、数字学术报告、图书馆服务平台、物联网、在线身份认证等信息技术将成为图书馆技术发展的主要趋势。新技术正在推动图书馆新一轮的技术变革。

3. 人文精神倡导

在新技术和机器逐渐植入图书馆的过程中，机器与人的冲突正在悄然发生。从长远来看，机器和人的关系其实是技术和人文精神的关系，技术崇拜或技术决定论正在弱化人文精神的作用。图书馆一开始并不是因技术而生，而是因文化与知识而生，现代图书馆成为技术驱动者或新技术应用的引领者和实践典范，但技术的运用是为了更好地传承文化、保存知识以及服务于人，因此绝不能丢失其“人文精神”的文化核心。未来的图书馆不仅要应用技术，还要创新技术；不仅要重视技术，还要重视技术背后的人文精神。无论未来图书馆遇到怎样的机遇与挑战，只要它所坚持的文化精神不灭，那么它就能在历史发展的潮流中继续扬帆前进。

（三）发展战略

1. 法治战略

2017 年 11 月 4 日我国颁布《中华人民共和国公共图书馆法》，标志着我国图书馆事业进入法治化新阶段：一是图书馆的资源建设、读者服务等各项业务工作和行政管理都要严格遵守《中华人民共和国公共图书馆法》，以相关法律为依据，形成完备的与法律相配套的各种规章制度；二是地方政府应当以《中华人民共和国公共图书馆法》为基准，大力推进地方立法，形成全国立法和地方立法相统一的法治体系。

2．均衡化战略

我国图书馆事业将着重向均衡化和普惠化、基层化和社区化的方向努力，着重解决我国图书馆事业发展不平衡的问题，包括不同地区之间、不同类型之间、城乡之间发展不平衡问题。通过网络和服务的下沉和扩展，进一步提高图书馆服务的覆盖面和便捷性，努力保障全体公民享有图书馆服务的权利。

3．开放战略

图书馆新业态不断产生。进入 21 世纪以来，在技术发展的推动下，图书馆业态先后经历了从传统图书馆到数字图书馆再到复合图书馆的转变。现在随着大数据、云计算、物联网、人工智能等新科技的快速发展和应用，又有新业态在向我们走来，比如智慧图书馆和 24 小时自助图书馆等。图书馆事业应以开放的胸襟，加强图书馆之间，图书馆理论界和图书馆实践界之间，图书馆与包括教育、文化在内的其他领域之间，国内与国际之间的交流与合作，围绕图书馆空间、资源、服务、管理四大要素创新求变，向以“知识中心”和“智慧图书馆”为代表的下一代图书馆积极转型。[①]

① 陈占强，田涯．从“十三五”到“十四五”：柯平教授谈我国图书馆事业发展与战略规划[J]．福建图书馆学刊，2019（3）：3-8．

参考文献

[1]《十三经注疏》整理委员会．十三经注疏·周礼注疏[M]．北京：北京大学出版社，1999．

[2]白寿彝．中国通史（第十一卷）：近代前编（1840—1919）上册[M]．上海：上海人民出版社，南昌：江西教育出版社，2015．

[3]白新良．中国古代书院发展史[M]．天津：天津大学出版社，1995．

[4]班固．汉书[M]．颜师古，注．北京：中华书局，1962．

[5]曹之．宋代书局考略[J]．河南图书馆学刊，1995（3）：20-23．

[6]曹之．中国古代图书史[M]．武汉：武汉大学出版社，2015．

[7]曹之．中国古籍编撰史[M]．第2版．武汉：武汉大学出版社，2015．

[8]查猛济，陈彬龢．民国文存：中国书史[M]．北京：知识产权出版社，2012．

[9]陈力．中国图书史[M]．台北：文津出版社，1996．

[10]陈占强，田涯．从“十三五”到“十四五”：柯平教授谈我国图书馆事业发展与战略规划[J]．福建图书馆学刊，2019（3）：3-8．

[11]程焕文．百年沧桑　世纪华章：20世纪中国图书馆事业回顾与展望[J]．图书馆建设，2004（6）：1-8．

[12]董治安．经部要籍概述[M]．南京：江苏教育出版社，2008．

[13]杜克．当代中国的图书馆事业[M]．北京：当代中国出版社，1995：17．

[14]范晔．后汉书[M]．李贤，等，注．北京：中华书局，1965．

[15]傅璇琮，谢灼华．中国藏书通史[M]．宁波：宁波出版社，2001．

[16]韩永进．中国图书馆事业发展报告：“十二五”时期图书馆事业发展卷[M]．北京：国家图书馆出版社，2018．

[17]胡道静．中国古代典籍十讲[M]．上海：复旦大学出版社，2004．

[18]胡平生，马月华．简牍检署考校注[M]．上海：上海古籍出版社，2004．

[19]胡应麟．少室山房笔丛·经籍会通[M]．北京：中华书局，1958．

[20]黄丕烈．士礼居藏书题跋记[M]．北京：书目文献出版社，1989．

[21] 黄永年. 史部要籍概述 [M]. 南京: 江苏教育出版社, 2008.

[22] 黄永年. 子部要籍概述 [M]. 南京: 江苏教育出版社, 2008.

[23] 柯平, 胡娟, 袁珍珍. 新中国成立 70 年我国图书馆事业变革: 路径、经验与问题 [J]. 国家图书馆学刊, 2019 (5): 42.

[24] 来新夏, 等. 中国图书事业史 [M]. 上海: 上海人民出版社, 2009.

[25] 李昉. 太平御览 [M]. 四部丛刊三编景宋本.

[26] 李希泌, 张椒华. 中国古代藏书与近代图书馆史料 (春秋至五四前后) [M]. 北京: 中华书局, 1982.

[27] 李延寿. 南史 [M]. 北京: 中华书局, 1975.

[28] 林申清. 宋元刻书牌记概述 [J]. 图书与情报, 1991 (4): 81-85.

[29] 刘尚恒. 古代私家藏书印鉴的价值和意义 [J]. 图书馆论坛,2000(2): 22-23, 26.

[30] 马端临. 文献通考 [M]. 北京: 中华书局, 1986.

[31] 钱泰吉. 曝书杂记 [M]. 北京: 中华书局, 1985.

[32] 瞿冕良. 中国古籍版刻辞典 [M]. 济南: 齐鲁书社, 1999.

[33] 司马迁. 史记 [M]. 北京: 中华书局: 1959.

[34] 苏轼. 李氏山房藏书记 [M]// 苏轼文集. 北京: 中华书局, 1986.

[35] 孙文杰. 清代图书流通传播渠道论略 [J]. 图书与情报, 2012 (6): 130-136.

[36] 陶湘. 清代殿板书始末记 [M]// 陶湘. 书目丛刊. 沈阳: 辽宁教育出版社, 2000.

[37] 王富. 中国教育装备行业蓝皮书 (2019 版) [M]. 北京: 知识产权出版社, 2019.

[38] 王红. 从古代藏书楼到现代图书馆: 社会历史变迁视野下的图书馆事业发展 [J]. 西南民族大学学报 (人文社会科学版), 2010 (2): 271-273.

[39] 王余光, 徐雁. 中国阅读大辞典 [M]. 南京: 南京大学出版社, 2016.

[40] 魏徵, 令狐德棻. 隋书 [M]. 北京: 中华书局, 1973.

[41] 吴慰慈, 董焱. 图书馆学概论 [M]. 第 4 版, 北京: 国家图书馆出版社, 2019.

[42] 肖东发, 陈慧杰. 试论图书流通史的研究: 图书学专题研究之三 [J]. 图书与情报, 1988 (3): 38-43.

[43] 谢灼华. 中国图书和图书馆史 [M]. 第 3 版. 武汉：武汉大学出版社，2011.

[44] 徐凌志. 中国历代藏书史 [M]. 南昌：江西人民出版社，2004.

[45] 徐雁，王燕均. 中国历史藏书论著读本（下卷）[M]. 成都：四川大学出版社，1990.

[46] 严可均. 别录 [M]// 严可均. 全上古三代秦汉三国六朝文. 北京：中华书局，1985.

[47] 姚名达. 中国目录学史 [M]. 上海：上海古籍出版社，2011.

[48] 叶昌炽. 藏书纪事诗 [M]. 上海：上海古籍出版社，1989.

[49] 叶德辉. 书林清话：外一种 [M]. 陈小林，点校. 杭州：浙江人民美术出版社，2016.

[50] 张锦郎，黄渊泉. 中国近六十年来图书馆事业大事记 [M]. 台北：台湾商务印书馆，1974.

[51] 张树华. 20 世纪中国图书馆观念的变迁和发展 [M]// 中国图书馆年鉴（2005）. 北京：现代出版社，2006.

[52] 张舜徽. 中国文献学 [M]. 武汉：华中师范大学出版社，2004.

[53] 郑丽. 我国古代私家藏书流派浅析 [J]. 四川图书馆学报，2011（1）：88-90.

[54] 郑振铎. 西谛书话 [M]. 北京：生活·读书·新知三联书店，1983.

[55] 中国大百科全书总编辑委员会. 中国大百科全书（图书馆学·情报学·档案学）[M]. 北京：中国大百科全书出版社，1993.

[56] 中华人民共和国文化部. 2016 文化发展统计分析报告 [M]. 北京：中国统计出版社，2016.

[57] 周少川，刘蔷. 古代私家藏书楼的构建与命名 [J]. 中国典籍与文化，2000（1）：37-43.